ELON MUSK

DU MÊME AUTEUR

Jeff Bezos, d'Amazon à la conquête spatiale, L'Archipel, 2023.

Scipion l'Africain, le vainqueur d'Hannibal qui sauva Rome, Nouveau Monde, 2022.

La France en colère. 500 ans d'insurrections, de rébellions et de révolutions, Buchet-Chastel, 2021.

100 idées reçues, contrevérités et faits insolites sur la conquête de l'espace, avec Philippe Poinas, L'Archipel, 2019.

On a frôlé la guerre atomique, L'Archipel, 2018.

Ces héros méconnus de l'Histoire, Larousse, 2018.

Folles du Führer, Elith Éditions, 2017.

Lénine, le tyran rouge, L'Archipel, 2017.

L'Inévitable Chute des empires, Trajectoire, 2017.

L'Histoire revue et corrigée en 60 uchronies, L'Opportun, 2017.

Gloire aux vaincus! Les Plus Belles Raclées de l'Histoire, L'Opportun, 2016.

Les Manipulations les plus incroyables de l'Histoire, L'Opportun, 2016.

Les Derniers Jours des chefs nazis, First, 2015.

Les 50 Décisions les plus absurdes de l'Histoire, L'Opportun, 2015.

Ils ont échappé à la mort. Les Tentatives d'assassinat qui ont changé l'histoire de France, Tallandier, 2014.

Quand le Vatican fait l'Histoire, L'Opportun, 2014.

Raspoutine, prophète ou imposteur?, L'Archipel, 2014.

Et si... JFK n'avait pas été assassiné en 1963? ou l'Histoire mondiale du XXe siècle revue et corrigée en 20 uchronies, L'Opportun, 2013.

L'Histoire en état de siège, L'Opportun, 2013.

(Suite p. 301)

LUC MARY

ELON MUSK

De Tesla à X, les défis de l'homme
qui invente notre futur

l'Archipel

Ce livre constitue une version revue et augmentée de
Elon Musk, l'homme qui invente notre futur,
paru aux Éditions de l'Archipel en 2021.

Notre catalogue est consultable à l'adresse suivante :
www.editionsarchipel.com

Éditions de l'Archipel
92, avenue de France
75013 Paris

ISBN 978-2-8098-4488-7

« Le futur appartient à ceux qui croient
à la beauté de leurs rêves. »

(Eleanor Roosevelt)

Introduction

Le futur est son royaume

« La seule façon de découvrir les limites du possible est d'aller au-delà dans l'impossible. »

(Arthur C. Clarke)

29 septembre 2016. Guadalajara, au cœur du Mexique. Vêtu d'une chemise blanche et d'une simple veste sombre, un homme au visage juvénile s'adresse à une foule en liesse. Chacun de ses mots déclenche vivats et hourras. Une atmosphère de kermesse. La personnalité qui se dresse devant ce public fasciné et enthousiaste n'est pourtant ni un artiste d'envergure internationale, ni un politicien de premier plan, pas même un télévangéliste populaire, mais un techno-entrepreneur hors norme, certainement l'homme le plus disruptif et le plus clivant du moment : un certain Elon Musk.

Invité à l'occasion du 67e Congrès international d'astronautique, le patron de SpaceX déchaîne les passions et multiplie les déclarations fracassantes. Devant des fans en délire acquis à sa cause, l'homme de tous les défis expose son projet : couper le cordon ombilical terrestre et transformer le genre humain en espèce multiplanétaire…

Cinq ans plus tard, l'hebdomadaire *Time* le sacrera « personnalité de l'année ». « Peu d'individus ont autant d'influence qu'Elon Musk sur la vie sur Terre et, potentiellement, sur la vie hors de la Terre», écrit Edward Felsenthal, le directeur du célèbre magazine américain. Avec Elon Musk, le futur devient de nouveau fréquentable et le scientisme est de retour…

L'imagination au pouvoir

Raillé par l'Agence spatiale européenne au début des années 2000, Elon Musk, avec son concept de fusée réutilisable, n'est pas seulement devenu le gourou du «New Space», mais le fer de lance de la reconquête de l'espace dont l'acte de naissance officiel a été signé le 30 mai 2020[1]. Il ne la réserve plus à quelques élites, mais parle d'une exploration massive des planètes lointaines ouverte à tout un chacun. En ces années 2020, SpaceX a damé le pion à la Nasa dans l'imaginaire collectif. Et, au contraire de l'agence spatiale américaine, SpaceX est incarné par un seul homme: Elon Musk.

Plus que jamais en 2024, la sacralisation de la technologie avant-gardiste est son alpha et son oméga. Selon le patron de SpaceX, la survie de l'humanité ne passera pas par une réduction draconienne de sa croissance, mais par une redéfinition de son potentiel technologique.

Falcon 9, Crew Dragon, Spaceship, Model 3, Hyperloop, GPT-4, Optimus, Gigafactory, Prufrock[2]… Tous ces noms sont sortis de son seul cerveau. En l'espace

1. Date du premier vol habité effectué par une société spatiale privée, en l'occurrence SpaceX.
2. Des tunneliers ultraefficaces capables de percer des tunnels à raison de 1,6 kilomètre par semaine. À l'heure actuelle, la ville de Las Vegas est le grand chantier de la Boring Company, une société créée par Musk en 2016.

de vingt ans, Musk a transformé le futur en tremplin de notre imaginaire. Sans compter ses prouesses en matière spatiale, cet autodidacte surdoué a mondialisé le marché de la voiture électrique, envisagé un train plus rapide que l'avion et exploré les sentiers scabreux de l'intelligence artificielle. Un vrai personnage de science-fiction.

Contre toute attente, cet innovateur génial à qui tout semble réussir ne court pas après l'argent, ni même après la gloire. Non, il entend être un modèle à suivre, le chef de file d'une nouvelle génération d'entrepreneurs ayant une foi inébranlable en l'avenir. « Notre objectif avec Tesla a toujours été de servir d'exemple à l'industrie automobile en espérant que les autres constructeurs fabriquent aussi des véhicules électriques afin d'accélérer la transition vers des technologies durables », souligne-t-il. Il n'en reste pas moins qu'Elon Musk, en tant que directeur de Tesla, empoche 700 millions de dollars par mois. À Wall Street, en octobre 2021, Tesla a intégré le club très restreint des groupes valant plus de 1 000 milliards de dollars en Bourse.

À n'en pas douter, les seules limites d'Elon Musk sont celles de son imagination. Il est resté fidèle aux envies et aux passions de sa prime enfance, à savoir les microprocesseurs, les fusées, les jeux vidéo et la littérature de science-fiction. Depuis, il n'a cessé de relever les défis et, à raison de cent heures de labeur par semaine, d'agrandir le champ des possibles. Un zeste de chance, une cuillerée d'audace et beaucoup de travail, telle est la recette du succès d'Elon Musk. Dernière de ses trouvailles en date, il envisage de récupérer le carbone de notre atmosphère pour le transformer en carburant de ses futurs voyages vers Mars. En mai 2021, il a même lancé un concours à 100 millions de dollars pour récompenser celui ou celle qui accoucherait d'une grande idée susceptible d'extraire de l'atmosphère au moins 1 000 tonnes de CO_2 superflu.

La grande aventure commence dès l'année 1989. À l'âge de dix-huit ans, bravant les autorités de Pretoria, l'homme qui lorgne vers Mars quitte sa terre natale pour ne plus jamais y retourner. Autodidacte patenté, il part seul sur la route du Nouveau Monde, vit de petits boulots au Canada et fonde sa première start-up en Californie à l'âge de vingt-quatre ans, Zip2. Pressentant l'explosion prochaine d'Internet, il privilégie ainsi le développement d'un annuaire en ligne. Un premier pari gagnant.

En 2002, à trente et un ans, il décide de monter sa propre société spatiale privée et se lance dans l'aventure de la voiture électrique un an plus tard. Six ans après, au bord du gouffre financier, il devient partenaire officiel de la Nasa et à l'aube de ses quarante-neuf ans, en mai 2020, le patron de SpaceX réalise le premier vol habité d'une société privée vers l'ISS. Sans être ingénieur en astronautique, Elon Musk vient de révolutionner la conquête spatiale.

Le champion du « New Space »

Né en juin 1971 entre deux missions Apollo[1], Elon Musk nourrit une triple passion pour l'espace, le futur et la haute technologie. Avec ses collègues et néanmoins rivaux Richard Branson et Jeff Bezos, il replace l'homme au centre du « New Space », la reconquête de l'espace. En multipliant les voyages touristiques en orbite basse, mais aussi en s'érigeant en partenaire incontournable de la Nasa, Musk, visionnaire plus que révolutionnaire,

1. Apollo 14 et Apollo 15.

n'invente pas de nouvelles fusées, mais une nouvelle façon de lancer ses vaisseaux spatiaux, tout simplement en les récupérant pour les réexpédier, comme de simples avions. Une idée aussi simple que novatrice en matière spatiale. En somme, il s'agit de rendre les voyages spatiaux aussi anodins que les trajets aériens.

Idéologie transhumaniste, long-termisme et spationisme, tel est le credo spatial d'Elon Musk. Si le transhumanisme est une célébration du progrès technologique, seul capable d'améliorer les capacités physiques et intellectuelles de l'homme, le long-termisme représente un courant de pensée privilégiant les visions à long terme pour le futur de l'humanité. Quant au spationisme, terme forgé par nous-même, ce serait cette croyance inébranlable en un avenir humain inscrit dans l'espace.

Depuis quelques années, l'espace s'invite au quotidien sur nos écrans, qu'il s'agisse de conquête spatiale ou de connaissance pure en astrophysique. Les milliardaires ne jurent plus que par l'exploration du cosmos. Les médias lèvent enfin la tête vers les étoiles : un hélico vole sur Mars, un océan se cacherait sous Encelade, des exoplanètes deviennent habitables et le télescope James Webb révolutionne notre connaissance de l'univers, laquelle s'élargit, s'enrichit et s'approfondit. Pour couronner le tout, le Pentagone officialise l'existence des ovnis, sans pour autant nous informer sur leur origine. De ce regain d'intérêt pour l'infini, Elon Musk est en partie responsable.

De l'ivresse du succès à la folie des grandeurs ?

Notre monde est fini, vulnérable et périssable. De cette constatation accablante, Elon Musk tire toutes les conclusions… surtout à longue échéance. L'avenir sera multiplanétaire ou ne sera pas ! L'espace, selon lui, n'est pas une simple lubie de savant, c'est une philosophie de l'avenir, qui passe nécessairement par la conquête des étoiles. Elon Musk rêve d'une colonisation martienne, comme autrefois les Européens partaient s'installer en Amérique. Mais ce nouveau monde n'est plus terrestre, il est extraplanétaire. Dans le programme de Musk et des autres arpenteurs du futur, les vaisseaux spatiaux se substitueront aux caravelles et la première fusée martienne fera figure de *Mayflower* du XXIe siècle…

Ce semblant d'hagiographie a ses limites. Car Elon Musk est loin de gagner sur tous les plans. L'homme de tous les projets est aussi l'homme de tous les excès. Dans la foulée de Donald Trump, il use et abuse de tweets… douteux. Quand il ne défie pas en duel Vladimir Poutine sur un ring, il compare à Staline le dirigeant de Twitter, Parag Agrawal… et fait un parallèle entre Hitler et le Premier ministre canadien, Justin Trudeau. En juillet 2018, il a qualifié de pédophile (« *pedo guy* ») un spéléologue britannique qui avait eu l'outrecuidance de le devancer dans le sauvetage de jeunes Thaïlandais coincés au fond d'une grotte. Un scandale. Et, en mars 2022, Tesla aurait versé une indemnité de 137 millions de dollars à un travailleur noir de l'usine californienne de Fremont, à la suite d'une condamnation pour « racisme »[1].

Par ailleurs, Elon Musk se conduit souvent comme un adolescent attardé lorsqu'il scrute les affaires du monde. L'innovateur génial cache en effet un personnage moins reluisant et fréquentable, aussi facétieux que prétentieux. Apparemment, l'entrepreneur qui regarde vers les étoiles est moins inspiré quand il observe les événements

1. Voir p. 247.

d'ici-bas. Comment franchir le pont entre l'économie et la diplomatie, entre la technologie et la politique ? Visionnaire, Elon Musk se révèle souvent maladroit face à l'actualité. Preuve en sont ses nombreux dérapages et ses déclarations intempestives sur tous types de sujets. Géopolitique, écologie, intelligence artificielle, Covid-19 : rien ne semble avoir de secret pour lui.

L'ivresse du succès aurait-elle obscurci son jugement ? En mai 2021, invité sur le plateau de l'émission satirique américaine « Saturday Night Live », Elon Musk a cru bon d'avouer qu'il serait atteint de la maladie d'Asperger, une forme d'autisme. Mais en octobre 2022, le rachat de Twitter et surtout son comportement jugé « odieux » ont provoqué un retournement de l'opinion. De génial et visionnaire, Elon Musk devient alors un mégalomane tyrannique et dangereux aux yeux de ses détracteurs toujours plus nombreux. Ses extravagances et son anticonformisme font désormais plus peur que sourire. Pour couronner le tout, sa fortune a fondu de près de 200 milliards de dollars en l'espace d'un an. Du jamais vu ! Indiscutablement, son étoile pâlit.

Quand le nouveau Von Braun se prend pour Kissinger

À force de regarder les étoiles, Elon Musk finit par se prendre pour un démiurge. Il s'érige en médiateur universel, proposant tantôt la réconciliation entre Taiwan et la Chine, tantôt la paix entre l'Ukraine et la Russie. Quand il revêt les habits du diplomate, il ne pose plus en représentant d'une nation, mais en icône de la planète. Lui-même est un déraciné qui s'est réfugié en Amérique du Nord pour réaliser ses rêves. Néophyte des relations internationales, Elon Musk n'en reste pas moins un « surdoué de l'avenir », un Jules Verne du monde technologique. Si le futur est son royaume, l'imagination est sa couronne et la technologie est son sceptre...

Aujourd'hui, s'il entend élargir le monde pour mieux le sauver, on comprend son inquiétude quand les canons tonnent et que les missiles atomiques pointent au cœur de l'Europe. Après tout, son programme martien n'est-il par un projet de sauvetage de l'humanité ? Comment un homme qui prêche toutes les semaines l'extinction de l'humanité si elle ne change pas de planète pourrait-il rester insensible aux risques d'escalade nucléaire sur notre bonne vieille Terre ? S'affranchissant de la tutelle des États, l'homme qui s'affiche en successeur de Von Braun et d'Howard Hughes s'arroge ainsi le droit de jouer le Kissinger des Temps modernes, tout au moins sur le théâtre russo-ukrainien. Mais l'homme qui pressent les grandes tendances de l'avenir technologique peut-il être tout aussi pertinent sur le grand échiquier géopolitique des temps présents ? Aussi génial soit-il, il ne peut cumuler tous les talents.

Première partie

Elon avant Musk

(1971-2002)

> « *La vie est une aventure audacieuse ou elle n'est rien.* »
>
> (Helen Keller)

Son nom ne suscite jamais l'indifférence. D'aucuns crient au génie quand d'autres parlent de folie mégalomaniaque. Depuis près de vingt ans, il clame haut et fort vouloir conquérir Mars et transformer la planète rouge en une seconde Terre habitée. Depuis l'âge de trente-quatre ans, il est l'homme de toutes les révolutions technologiques. Le futur, il veut non seulement le préparer, mais le construire.

Il s'intéresse à l'avenir de notre planète et de l'humanité sous toutes ses formes. De l'énergie solaire à l'intelligence artificielle en passant par la voiture électrique et bien sûr l'exploration de l'espace, tout ce qui constitue un enjeu technologique pour notre avenir l'interpelle. D'où vient-il ? Qui est-il ? Que cache-t-il ?

L'entrepreneur le plus extraordinaire et le plus excentrique de la planète a vu le jour à Pretoria, le 28 juin 1971. Né d'un père ingénieur mécanicien et d'une mère diététicienne et ex-mannequin, le jeune Elon a grandi en Afrique du Sud. Marqué durablement par la culture afrikaner blanche, cet enfant gauche et imaginatif préfère fuir l'enfer du quotidien sud-africain pour explorer par la pensée des mondes distants de plusieurs dizaines d'années-lumière. Ainsi naît Blastar, un jeu vidéo de guerre interstellaire conçu à l'adolescence.

En 1995, à vingt-quatre ans, pariant avant tout le monde sur l'avenir d'Internet, il crée sa première start-up à Palo Alto : Zip2, une sorte d'annuaire en ligne pour les entreprises. En la revendant à la société Compaq quatre ans plus tard, il hérite de plus de 22 millions de dollars et se lance dans les services financiers en créant la première banque en ligne. C'est la double fondation de X.com, puis de PayPal…

1

Une enfance sud-africaine

« L'Afrique du Sud était comme une prison pour quelqu'un comme Elon. »

(Kimbal Musk, frère cadet d'Elon)

S comme SpaceX et B comme Blastar. *A priori*, rien ne rapproche la société spatiale privée la plus célèbre du globe et ce jeu vidéo de *space opera* tombé dans l'oubli. Si ce n'est qu'ils ont le même concepteur, Elon Musk. Créé en 1984, Blastar est même la première signature technologique de notre jeune prodige. Alors âgé de treize ans, Elon est un fan d'informatique captivé à la fois par la conquête de l'espace et la science-fiction. Étalé sur 167 lignes de programme, le principe de son jeu vidéo est d'une flagrante banalité : détruire des astronefs extraterrestres avant leur débarquement sur notre bonne vieille Terre. Aujourd'hui, Musk décrit sa création informatique de jeunesse comme « un jeu sans intérêt [...] mais meilleur que Flappy Bird ».

Sans être révolutionnaire, Blastar rapporte à l'époque 500 dollars à son créateur[1]. Il démontre aussi que la

1. Elon Musk vend le code source de sa première création à un magazine spécialisé sud-africain, *PC And Office Technology*, qui le publie en décembre 1984. Ancien programmeur chez Google

passion de Musk pour le cosmos ne date pas d'hier. Mieux encore, depuis l'âge de treize ans, le jeune Elon, enfermé dans sa coquille, nourrit des aspirations métaphysiques en se persuadant que son existence personnelle est indissociable de la future place de l'homme dans l'univers. De là à crier à une mégalomanie précoce, il n'y a qu'un pas que certains franchiront allègrement. Non, Elon est avant tout un grand rêveur ; il aspire seulement à réaliser ses rêves de son vivant.

L'avenir d'Elon commence à quatorze ans…

« La seule chose qui ait un sens est de lutter pour une meilleure clairvoyance collective », déclare le jeune Elon. Âgé de tout juste quatorze ans, l'adolescent sud-africain fait déjà preuve d'une incroyable maturité philosophique. Aurait-il grandi trop vite ? Pas tout à fait. Son environnement social et spatial n'est sans doute pas étranger à cette prise de conscience.

Depuis ses premiers pas à Pretoria dans les années 1970, le jeune Elon est en effet confronté au climat malsain qui mine la société sud-africaine depuis plusieurs décennies. Plongé en plein apartheid[1], l'enfant connaît les temps de la discrimination et ceux de l'extrême violence qui divisent l'Afrique du Sud et opposent cruellement les communautés. Pas plus tard qu'en juin 1976, alors qu'Elon était tout juste âgé de cinq ans, ont éclaté les dramatiques émeutes de Soweto,

---

ayant par la suite intégré SpaceX, Tomas Lloret Llinares a reproduit le fameux jeu en 2015 et l'a rendu accessible à tous.

1. Instituée en 1948, cette « politique dite de développement séparé » sera abolie en 1990. La politique d'apartheid est le résultat de « l'anxiété historique des Afrikaners obsédés par leur peur d'être engloutis par la masse des peuples noirs environnants ».

le *township* le plus peuplé, mais aussi le plus pauvre de Johannesburg. Pour disperser la foule menaçante, la police sud-africaine n'a pas hésité à tirer à bout portant sur les manifestants, provoquant la mort de vingt-trois d'entre eux. Même si les émeutes raciales n'ont pas atteint Pretoria, à moins d'une heure de route de Johannesburg, Elon et sa famille sont durablement ébranlés par ces événements dramatiques. Résidant dans le quartier chic de Waterkloof, les Musk sont *a priori* loin de ce monde de violence. Ils n'en sont pas moins condamnés à vivre reclus et armés dans leur splendide villa. En 1990, bien après le départ d'Elon pour l'Amérique, Errol, son père, abattra trois jeunes Noirs qui s'étaient introduits dans sa maison…

Vive le Guide du voyageur galactique*!*

Son adolescence est ainsi conditionnée par la peur des autres. Cloîtré chez lui la plupart du temps, il devient solitaire et se consacre à la conception de son propre univers. Pour échapper à l'enfer de la société sud-africaine, il lit toute la journée des bandes dessinées de science-fiction, quand il ne crée pas des jeux axés sur l'imaginaire spatial. Son énergie n'a d'égales que ses rêveries.

À l'école, il fait souvent bande à part et ressasse les histoires lues la veille. Ses professeurs considèrent ce rêveur impénitent comme un attardé mental. À aucun moment, Elon ne cherche à obtenir des bonnes notes ni à briller en classe. Son seul souci est de rentrer chez lui tous les soirs pour s'adonner à ses lectures et à ses expériences. Sans doute la maladie d'Asperger n'est-elle pas étrangère à cet état de fait. Sa grande mémoire visuelle lui permet en effet de retenir des chapitres entiers au mot près. À l'heure où les autres garçons s'amusent, jouent au football ou se chamaillent pour gagner le cœur des filles, le fils aîné d'Errol et Maye préfère s'égarer dans la lecture assidue de livres ésotériques ou fantastiques qui excitent son imaginaire et son insatiable curiosité. « Lorsque dans une grande fête les gens passaient un bon moment à boire et parler de toutes sortes de choses, comme le rugby ou le sport, Elon avait trouvé la bibliothèque de leur hôte et parcourait ses livres », confiera son père à *Bloomberg News*. Un vrai « rat de bibliothèque » qui dévore des heures durant des ouvrages d'aventures spatiales ou temporelles.

La librairie du quartier devient rapidement sa seconde maison. Les ouvrages d'Asimov, de Heinlein et de Tolkien suscitent sa totale adhésion. Avec une mention spéciale pour le *Guide du voyageur galactique*, de Douglas Adams, qui manie l'humour spatial à sa façon. Dès le début de cette histoire rocambolesque, on apprend que la Terre sera détruite dans les deux minutes car elle a la malchance de se trouver sur le tracé d'une future voie express interstellaire. L'humanité a été prévenue de l'échéance fatale par une pancarte plantée depuis cinquante ans sur une planète d'Alpha du Centaure, à quelque quatre années-lumière[1]. Malheureusement, aucun Terrien n'a jamais mis les pieds sur cette planète ! Mieux encore, le meilleur ami du héros ne serait qu'un alien en provenance de Bételgeuse dont le passe-temps favori serait de faire de l'autostop sur la route des étoiles. L'auteur fait même parler Dieu : « Je refuse de prouver que j'existe, car prouver c'est renier la foi et, sans foi,

1. Une année-lumière représente la distance que franchit la lumière en l'espace d'un an, soit environ 10 000 milliards de kilomètres. En termes de temps-lumière, le rayon de notre système solaire ne dépasse pas six heures.

je ne suis plus rien. » Un guide où l'on apprend que pour faire fonctionner un « générateur d'improbabilité infinie », engin capable de franchir les distances qui séparent les étoiles en une fraction de seconde, il suffit d'y verser une bonne tasse de thé chaud avant d'aller casser la croûte au « Dernier Restaurant avant la fin du monde ».

De simples galéjades, les histoires du *Guide du voyageur galactique* ? Pas vraiment. Car Elon ne jure que par ce *space opera* loufoque, proche de l'esprit délirant des Monty Python. Plus que les cours de physique ou d'histoire du lycée, l'ouvrage fétiche de Douglas Adams est sa bible ; indiscutablement, ce *Guide* a forgé son imaginaire, orienté son comportement atypique et déclenché sa passion pour l'exploration spatiale. « Il montre que l'une des choses vraiment difficiles est de savoir quelles questions poser, affirmera Musk dans une biographie américaine ; une fois que j'ai trouvé la question, la réponse est relativement facile[1]... »

Un esprit d'aventure bien ancré dans la famille

À l'école, sa personnalité hors norme intrigue, quand elle ne provoque pas des railleries. Son prénom, Elon, pour le moins singulier[2], est hérité de son arrière-grand-père, John Elon Haldeman, que le jeune Musk tient en haute estime et qui, au tout début du XXe siècle,

1. Ashlee Vance, *Elon Musk*, Eyrolles, 2015.
2. Selon Errol Musk, le prénom de son fils aîné proviendrait de la lecture d'un ouvrage futuriste de l'ingénieur allemand Wernher von Braun, *Project Mars*, une aventure futuriste décrivant l'histoire d'une colonisation de la planète rouge et dont le héros s'appelait Elon. À croire que le choix d'un prénom détermine votre destin !

a vécu dans le Minnesota, dans une modeste cabane en rondins. Mais l'homme auquel Elon voue une admiration totale est sans conteste Joshua, le fils de John Elon. À l'instar du futur créateur de SpaceX, ce Joshua n'était pas dépourvu d'excentricité. Tour à tour ouvrier du bâtiment, artiste de rodéo et chiropracteur, le grand-père maternel d'Elon était un grand gaillard de 1,90 mètre, lui aussi, qui s'était engagé en politique et pilotait quotidiennement son aéroplane. Installé au Canada, dans la province de Saskatchewan, cet homme à l'ambition démesurée n'hésita pas à tout vendre – sa maison, son cabinet de chiropracteur, l'école de danse de sa femme[1] – pour venir s'installer de l'autre côté de l'Atlantique, au beau milieu de l'Afrique du Sud.

Loin de se contenter de ce nouveau havre de paix, les Haldeman ne résistèrent pas à leur soif de découvertes et d'aventures. Pour la seule année 1954, précise Ashlee Vance, biographe d'Elon Musk, le couple a parcouru près de 50 000 kilomètres en avion (à une époque où le voyage aérien ne s'était pas encore démocratisé). Sans compter leurs interminables excursions dans la brousse ! Après avoir exploré de fond en comble le désert du Kalahari dans l'espoir de retrouver les traces éventuelles d'une quelconque cité perdue, le couple Haldeman et ses cinq enfants ont sillonné le bush, installant leurs feux de camp au milieu de nulle part, dépourvus de moyens de communication et sans réellement se soucier des hyènes et des léopards qui rôdaient autour du campement. Un soir d'été, le camion des Haldeman, entré en collision avec un tronc d'arbre qui barrait la route, resta trois jours immobilisé dans le désert sans que Joshua

1. Surnommée « Wyn », Winnifred Josephine Fletcher était monitrice de danse.

et les siens ne s'effraient de la situation. Il leur fallut chasser des animaux sauvages pour survivre et manger. Les récits épiques de ces excursions, contés par sa grand-mère, ont durablement impressionné le jeune Elon.

L'esprit de Joshua demeure...

Même si Elon n'a jamais connu son grand-père maternel, disparu en 1974 dans un accident d'avion, il n'en reste pas moins présent dans son esprit. Il a hérité du goût du danger et de l'aventure qui a rythmé toute la vie de son aïeul. Joshua prenait des risques inconsidérés, partant sans radio et sans instruments de navigation aux commandes de son bimoteur. Il préférait se diriger à l'aide de simples cartes routières, pour le simple plaisir de s'égarer et de retrouver sa route ! Un apprentissage de la survie, en quelque sorte. Selon Joshua Haldeman, de telles aventures ne pouvaient qu'avoir un effet bénéfique sur ses enfants. Ces épreuves les rendraient plus forts, plus persévérants et plus humains.

Nonobstant, les principes éducatifs de son grand-père étaient très relâchés. Même s'il prohibait chez lui toute forme de jurons, interdisait de fumer ou encore de boire du Coca-Cola en sa présence, Joshua était partisan du « laisser-faire éducatif ». Autrement dit, les enfants Haldeman pouvaient brailler dans la maison, rentrer à n'importe quelle heure ou refuser de déjeuner avec leurs parents, Joshua et Winnifred les laissaient agir en adultes responsables. Même leur travail scolaire n'était jamais suivi. Non par indifférence ou par démission, mais parce que Joshua avait une confiance aveugle en l'intelligence de sa progéniture : ses enfants étaient les meilleurs et resteraient les meilleurs...

Quand d'autres adulaient Superman ou Spiderman, Elon vouait un culte inextinguible à son grand-père, le héros de son enfance. À tel point que, devenu adulte, il essaiera de retrouver, mais en vain, l'avion de Joshua, un Bellanca rouge, abandonné dans le désert après une excursion mouvementée…

Voyage au bout de l'enfer… scolaire

Maye Musk, la première, idéalise son père. Femme de tête, férue de sciences, la mère d'Elon est en outre bien pourvue par la nature. Élancée et raffinée, elle est aussi belle qu'élégante. Après son entrée à l'école de mannequinat, peu s'en faut qu'elle ne finisse Miss Afrique du Sud en 1969. Elle deviendra diététicienne. Aujourd'hui encore, âgée de soixante-seize ans, Maye Musk est un mannequin célèbre aux États-Unis. En 2017, à soixante-neuf ans, elle a été surnommée « la reine de la Fashion Week de New York » par le tabloïd britannique *Daily Mail*. La mère d'Elon est aussi considérée comme « le mannequin du moment » par le mensuel *Vanity Fair*, qui la qualifie en outre de « *it-girl* ». Les cheveux coupés court, elle joue à fond la carte du naturel en les laissant blanchir, ne cachant ni son âge ni ses rides[1].

À l'inverse, le père d'Elon, Errol Musk, n'est pas un bosseur-né, mais il est d'une persévérance à toute épreuve. Il a rencontré Maye alors qu'elle n'avait pas onze ans. Amoureux éconduit pendant plus de sept ans, il lui a fait la cour jusqu'à ce qu'elle craque, peu après ses dix-huit ans. « Errol est tombé amoureux de moi à cause de mes jambes et de mes dents », ironisera Maye. Toujours est-il qu'il finit par l'épouser, un beau matin de septembre 1970, à Pretoria. Et neuf mois et deux

1. Aux dires des journalistes Béatrice Mathieu et Emmanuel Botta, auteurs d'un livre remarqué sur Elon Musk (*L'Enquête inédite*, Robert Laffont, 2023).

jours plus tard vient au monde le petit Elon, premier-né d'une famille qui en comptera bientôt trois, avec la naissance de son frère, Kimbal, et sa sœur, Tosca, au cours des trois années suivantes.

Fils aîné et choyé d'un ingénieur mécanicien surdoué et d'une mannequin diététicienne, tous deux anglophones et catholiques pratiquants et ne parlant pas la langue des Boers, Elon connaît une enfance radieuse. Il convient toutefois de nuancer d'emblée l'image idyllique de la famille. À la maison, l'atmosphère est souvent électrique, du fait des sautes d'humeur d'Errol, le père d'Elon. Lui aussi touche-à-tout, aventurier dans l'âme et coureur de jupons, il est par ailleurs très exigeant et coléreux, sermonnant souvent sa femme et ses enfants pour des broutilles.

À la maison, Elon peut librement s'adonner à ses passions, la littérature et l'informatique. Dès l'âge de sept ans, il exprime aussi son goût pour la conquête de l'espace. Faute de fusées en kit, il crée ses propres mélanges chimiques, fabrique sa poudre à canon avec du salpêtre, du soufre ou encore du charbon de bois. Mélangeant le tout dans de vulgaires boîtes en fer-blanc, il explose de joie en voyant sa première fusée de fortune s'élever de quelques dizaines de mètres dans les airs. Sa soif de connaissances est à la mesure de son aptitude indéniable pour les travaux pratiques, encouragée par Errol Musk.

Avec son père touche-à-tout et son frère, Kimbal, Elon apprendra ainsi à réparer des ordinateurs, à faire du ciment, ou encore à brancher l'électricité. Sans compter les multiples voyages à l'étranger avec sa famille, notamment en Amérique du Nord, la terre natale de son grand-père. En 1979, le divorce de ses parents perturbe quelque peu sa vie privée. Après avoir vécu deux ans avec leur mère près de Durban, Elon et Kimbal décident de rejoindre leur père resté à Pretoria. Pour le jeune Elon en mal de protection, si Maye Musk est une mère formidable, elle n'est pas très rassurante. Surmenée, perturbée et vulnérable, elle le tranquillise moins que son père, au physique imposant et surtout très à l'aise matériellement. « C'est un robuste gaillard aux grandes mains, à la présence magnétique… Il possède une Rolls-Royce Corniche décapotable couleur or et, surtout, deux encyclopédies, quantité de livres, et tout un assortiment d'outils d'ingénierie[1]. » Elon va toutefois déchanter : « Ça s'est vraiment révélé une mauvaise idée, dira-t-il bien plus tard. J'ignorais à quel point il était épouvantable. »

Mais la vie ne se limite pas au cercle familial et à l'ambiance bon enfant de la maison de Pretoria. Rattrapé par le climat délétère qui gangrène la société sud-africaine, Elon a toutes les peines du monde à se faire respecter dans le milieu scolaire, où il est régulièrement pris à partie par « une bande de connards désaxés », selon ses propres mots. De toute évidence, le syndrome d'Asperger n'a pas vraiment facilité ses relations avec ses camarades de classe. Isolé, malingre, le jeune Musk, avec sa tête de premier de la classe, est une cible idéale pour des adolescents sadiques en mal de sensations fortes. Un matin de 1985, l'un de ses « camarades » le pousse carrément au bas de l'escalier de l'école. D'autres élèves se précipitent vers lui pour le passer à tabac[2]. Après avoir perdu connaissance, Elon,

1. Propos rapportés par Walter Isaacson, dans sa monumentale biographie (*Elon Musk*, Fayard, 2023).
2. Ces faits de harcèlement ont été mis en doute par le père d'Elon dans un document diffusé sur France 2 en mai 2023. Selon lui,

âgé de quatorze ans, est hospitalisé pendant près d'une semaine…

Son retour de l'hôpital ne sonne en rien l'heure de l'accalmie. Certains élèves lui reprochent de ne pas s'impliquer dans les activités sportives de l'école, un « crime » dans ce milieu afrikaner idéalisant l'athlétisme et le culte du corps. D'autres ne supportent pas les prises de position d'Elon en matière d'écologie. Apologiste de l'énergie solaire aux dépens des hydrocarbures, le fils d'Errol Musk apparaît en effet comme un traître dans un pays résolument tourné vers l'exploitation des mines de charbon.

Assurément, l'Afrique du Sud n'est pas l'endroit le plus emballant au monde pour un gamin qui rêve quotidiennement de grandes réalisations technologiques. N'aspirant qu'à rejoindre la Silicon Valley, il a pour plus cher désir de quitter cet enfer austral au plus vite et de sauter dans le premier avion pour l'Amérique…

Elon aurait été poussé au bas de l'escalier, non par une bande d'ados sadiques, mais par un élève que son fils avait insulté. Cet élève, dont le père venait de se suicider, n'arrêtait pas de pleurer. Elon lui aurait déclaré qu'il était complètement « stupide » de réagir ainsi.

2

WELCOME IN AMERICA

« Nous sommes en train de changer le monde, de changer l'Histoire, et vous en êtes ou pas. »

(Elon Musk, 2016)

Juin 1989. À tout juste dix-huit ans, Elon Musk débarque au Canada, la terre de son aïeul, le vénéré Joshua. Il ne compte plus jamais revoir l'Afrique du Sud. Plus encore que l'attrait de la nouveauté et de l'aventure technologique, il a voulu échapper au service militaire auquel il était astreint dans son pays. Lors de sa dernière année à Pretoria, il s'était inscrit à l'université pour y suivre distraitement des cours de physique quantique. Mais son esprit était ailleurs, de l'autre côté de l'Atlantique, sur cette terre lointaine dont on vantait l'esprit d'initiative et d'innovation. Une fois muni du « sésame » tant attendu, à savoir l'obtention de la nationalité canadienne (grâce à sa mère !), Elon a tôt fait de prendre son envol pour Montréal. Une nouvelle vie commence…

18 dollars de l'heure dans une scierie à Vancouver

Parachuté dans un premier temps dans la capitale du Québec, sans diplômes ni moyens, le jeune homme est entièrement livré à lui-même. Pour subvenir à ses besoins, son père lui a octroyé la somme modique de 2 000 dollars en chèques de voyage. Sa mère lui a confié la même somme, argent qu'elle aurait gagné lors d'un concours de beauté.

La première chose qui le frappe à Montréal est l'absence de barreaux aux fenêtres des maisons. Dans l'auberge de jeunesse où il débarque, Elon ne se sépare à aucun moment de son sac à dos, même pendant son sommeil, craignant à tout instant d'être dévalisé et tabassé par des malfrats. Mais il se rend compte très vite que Montréal n'est pas Pretoria. La brutalité de la société sud-africaine n'a apparemment pas franchi l'Océan atlantique.

Cherchant en vain dans son carnet d'adresses des amis de ses grands-parents, Elon décide d'acheter un billet d'autocar pour foncer vers les grandes prairies de Saskatchewan, la province natale de Joshua. Un parcours de plus de 3 000 kilomètres réalisé au moyen d'un unique billet de 100 dollars.

Une fois sur place, Elon déchante : la modeste maison de Joshua a été rasée depuis belle lurette. Criblé de dettes au début des années 1930, Joshua s'était en effet vu saisir son exploitation de 2 000 hectares. Mais l'adolescent persiste. L'aventure nord-américaine ne peut tourner au cauchemar ; il croit en sa destinée. Sillonnant le Canada d'est en ouest, toujours en autocar, Elon quitte le Saskatchewan, traverse l'Alberta avant de débarquer en Colombie-Britannique, dans la cité côtière de Vancouver. Il loge alors chez le demi-frère de sa mère.

Comme son grand-père expulsé de sa propriété, il enchaîne les petits métiers ; non pas ouvrier du bâtiment ou artiste de rodéo, mais cultivateur ou bûcheron, quand il ne nettoie pas des chaudières à pulpe de bois dans une scierie. Pour un modeste salaire de 18 dollars de l'heure, deux fois plus que les jobs qu'il a exercés précédemment, l'adolescent de Pretoria ne rechigne pas à travailler accroupi toute la journée au fond d'un trou aussi exigu que crasseux pour en extraire de la boue, du sable et du « paillis » fumant dans une chaleur infernale. Pour échapper à l'hyperthermie, les ouvriers de l'usine doivent changer de position tous les quarts d'heure. Aux dires d'Elon, le travail dans cette scierie l'aurait marqué à vie. Son activité de nettoyeur de chaudière n'a pas duré une semaine. Quatre jours, pour être exact, mais ces quatre longues journées de stress à crever de chaleur au fond d'un trou sont certainement les plus pénibles qu'il ait vécues.

Le temps des études et des rencontres

Travaillant parfois cent vingt heures par semaine pour un salaire dérisoire, dormant à même le sol dans des usines désaffectées, Elon pourrait commencer à douter du rêve nord-américain. À la fin de l'année 1989, sa mère et sa sœur Tosca le rejoignent au Canada, à Toronto, dans un modeste deux-pièces. C'est alors que débarque Kimbal. Sa vie change du jour au lendemain. Au côté de son frère cadet, il recouvre soudain son énergie, son enthousiasme et sa soif de découvertes.

À Kingston, dans l'Ontario, Elon décide de reprendre le chemin des études en entrant à la Queen's University. Quand il ne s'adonne pas à l'étude de la physique et de l'économie, l'adolescent en profite pour élargir le cercle de ses connaissances. Avec Kimbal, il passe ainsi le plus clair de son temps à appeler les personnes les plus en vue de la région – journalistes, patrons, industriels, businessmen, susceptibles de fournir aux frères Musk de précieux renseignements sur la création et le mode de fonctionnement d'une future entreprise. Toujours à court d'argent, leur objectif le plus pressant est de trouver un emploi rémunérateur et dans un avenir relativement bref.

Et leur persévérance paie. Un matin du printemps 1990, Elon et Kimbal rencontrent un certain Peter Nicholson, le patron de la Bank of Nova Scotia à Toronto. Un rendez-vous concluant à plus d'un titre. Impressionné par le culot, la culture scientifique et la débrouillardise de ses jeunes interlocuteurs, Nicholson propose un stage d'été dans sa banque aux deux adolescents pour un salaire modique de 14 dollars de l'heure. Un revenu insuffisant au regard des multiples dépenses des Musk, à commencer par leurs exorbitants frais de scolarité. Toujours en quête de « thunes », Elon exploite alors son savoir-faire en informatique pour vendre au noir à d'autres étudiants des ordinateurs réparés par ses soins. « Je pouvais construire quelque chose pour répondre à leurs besoins, comme une machine à sous décorée ou un simple logiciel de traitement de texte moins cher que ce qu'ils pouvaient trouver en magasin », confiera Musk dans les colonnes du magazine d'information en ligne sur l'économie, la technologie et l'innovation *Business Insider France*.

Une fille nommée Justine…

Sur les bancs de la fac, Elon nage dans le bonheur. Au moins sur le plan intellectuel. À la grande différence de ses condisciples en Afrique du Sud, ses camarades ne lui rient plus au nez ou ne le frappent pas quand il leur parle de ses projets en matière de consommation d'énergie, d'astronautique et d'automobile électrique. Les moqueries, les quolibets et les coups ont fait place aux conversations passionnées, à la complicité intellectuelle et aux verres entre amis.

Qui plus est, Elon commence à s'intéresser de très près aux jeunes femmes. Si Christie Nicholson, la propre fille de son patron banquier, retient un moment son attention, c'est surtout une camarade de fac, une certaine Justine Wilson, qui remporte la palme de la séduction. D'emblée, Elon craque pour cette brunette pimpante aux jambes de gazelle et au tempérament de feu. Intello et sportive – elle est ceinture noire de taekwondo –, Justine est *a priori* trop parfaite pour s'intéresser à ce jeune étudiant au physique d'adolescent attardé, exilé et désargenté, obsédé par les voitures électriques. Pour leur premier rendez-vous, Justine pose carrément un lapin au jeune homme de dix-neuf ans, prétextant un examen à préparer. Mais c'est compter sans l'esprit de persévérance d'Elon. Un jour, il frappe à la porte de sa chambre universitaire avec deux cornets de glace au chocolat. La jeune femme oppose une fin de non-recevoir. Un autre jour, Elon lui offre un bouquet de roses, chacune renfermant un petit mot galant. Sans compter les interminables coups de téléphone. Quand Justine ne décroche pas, il peut laisser sonner quarante fois de suite.

Fatiguée par ce prétendant pour le moins insistant, Justine n'en pince que pour les écrivains d'un certain âge. Et voilà qu'un *geek* aux allures d'adolescent l'assaille jour et nuit ! Dix fois, cent fois, Justine exprime son intention de cesser toute relation avec Elon, mais c'est mal connaître la psychologie féminine. Tout en repoussant ses avances, elle finit toujours par lui pardonner ses assauts. Au fil des mois, la jeune femme lâche du lest. Personnage ô combien paradoxal, son camarade de cours l'intrigue plus qu'il ne l'agace. Aussi gauche que puéril, Elon lui paraît par ailleurs brillant et intéressant. « Peu à peu, il m'a eue », confiera la jeune femme au biographe Ashlee Vance.

« Le Soleil sera découvert demain »

En 1992, après deux ans passés à la Queen's University, Elon change de fac, de ville et de pays. Laissant Justine à Kingston, sans pour autant la quitter[1], l'exilé de Pretoria atterrit ainsi à Philadelphie, aux États-Unis, à la Wharton School, pour y poursuivre des études d'économie financées grâce à une bourse. Il entame ensuite un cycle de physique nucléaire à l'université de Pennsylvanie (dite « Penn »). Il y rencontre un certain Adeo Rossi, un grand gaillard quelque peu excentrique, mais surtout un vrai copain avec qui il se découvre beaucoup d'affinités. Ensemble, ils décident de louer une grande villa de dix chambres hors du campus et, pour répondre à leur éternel besoin d'argent, ils la transforment en boîte de nuit. Débordant lui aussi d'idées et d'énergie, son nouvel ami prend l'initiative de couvrir les fenêtres de sacs-poubelles pour plonger les pièces dans le noir. Quant à Elon, après avoir œuvré dans la réparation d'ordinateurs à Kingston, il s'improvise barman à Philadelphie, le temps des week-ends, dans sa propre maison. À raison de 5 dollars l'entrée et de cinq cents personnes par soirée, ce petit boulot clandestin lui permet de récolter en une seule nuit l'argent nécessaire pour s'acquitter d'un mois de loyer, avouera le futur milliardaire. Aux dires d'Adeo Rossi, ces fêtes nocturnes de Philadelphie étaient extravagantes. Mais, tandis que lui-même s'excitait comme un fou au milieu des convives, Elon ne dansait pas, ne buvait pas et se contentait de compter les billets. « C'était un mec ultra-coincé », commentera Rossi.

1. Ambitionnant de devenir écrivain, faute d'en épouser un, la jeune femme rejoindra régulièrement Elon à New York, le temps d'un week-end entre amoureux.

Même pendant ces fêtes nocturnes, Elon ne peut s'empêcher de penser à ses lubies, jeux vidéo, fusées ou supercondensateurs. Depuis quelque temps, le sujet du défi de l'énergie dans un avenir proche est dans toutes ses conversations. En décembre 1994, il rédige un « devoir » intitulé « Le Soleil sera découvert demain ». Un vrai sens de la formule. Âgé alors de vingt-trois ans, l'étudiant de la Wharton School souligne la nécessité de privilégier au plus vite les énergies renouvelables, faute de quoi l'humanité sera condamnée à court terme. Et Musk d'expliquer le fonctionnement de sa future station solaire. Placée en orbite géostationnaire, la centrale spatiale déploiera des panneaux de plus de 4 kilomètres d'envergure. À 36 000 kilomètres d'altitude, les collecteurs recevront huit fois plus d'énergie solaire que sur la Terre. Renvoyant ensuite au sol les rayons en provenance du Soleil sous forme de micro-ondes, cette énergie inépuisable pourrait répondre aux futurs besoins en électricité de l'humanité sans pour cela polluer la planète. Jugé intéressant et bien écrit, son devoir décroche la note de 98 sur 100.

3

Le futur s'écrit sur Internet

« L'énergie d'Elon Musk n'avait pas de limite. »

(Bruce Leak, ingénieur en chef du QuickTime d'Apple)

Octobre 1995. Titulaire d'une licence de physique et d'économie, Elon Musk voit grand. Il entend poursuivre un doctorat en science des matériaux à Stanford, où un groupe d'ingénieurs quelque peu avant-gardistes tente de mettre au point, dans un vieux hangar, la future voiture solaire. Un projet qui pourrait bien attirer le jeune Elon, passionné par les énergies renouvelables.

Il n'y restera que deux jours. L'univers académique de Stanford ne correspond pas à son état d'esprit. Il s'est pris d'une passion dévorante pour un média appelé selon lui à un grand avenir, Internet. En ce milieu des années 1990, Amazon est embryonnaire, Google n'est qu'un songe et Facebook n'existe pas encore. Avant de regarder vers la planète Mars et l'infiniment grand, notre jeune diplômé de vingt-quatre ans est attiré par le monde de l'infiniment petit. À n'en pas douter, l'idée d'une start-up informatique naît au cours de ses stages dans la Silicon Valley. Travaillant comme un forçat, Elon veut aller plus vite que le temps, quitte à sacrifier son sommeil sur l'autel de sa réussite. En cas d'échec, il n'écarte pas l'idée de retourner à Stanford.

Le « stakhanoviste » de la Silicon Valley

Depuis l'été 1994, parachuté dans la Silicon Valley, Elon slalome entre deux sociétés, le Pinnacle Research Institute et Rocket Science Games. La première de ces start-up travaille sur les supercondensateurs haute densité, nouveaux moteurs révolutionnaires pour les futures voitures électriques ; la seconde invente des jeux vidéo sur CD et non plus dans de simples cartouches.

Au sein du Pinnacle Research Institute, le jeune diplômé de « Penn » évolue comme un poisson dans l'eau. Cette société high-tech répond à la fois à son goût pour l'astronautique et à sa passion pour la science-fiction. Quand il est fatigué d'imaginer des supercondensateurs censés alimenter les moteurs des fusées, il conçoit des plans de sabres laser tout droit sortis de *Star Wars*. Là réside aussi le secret de la future réussite d'Elon : quels que soient les obstacles et ses soucis, il ne cesse de croire à ses rêves d'enfant.

C'est d'ailleurs un rêve d'enfant, la création de Blastar[1], qui le conduit à rejoindre l'équipe déjantée de Rocket Science Games[2] à Palo Alto. À partir de 17 heures, tous les jours durant l'été 1994, il ôte son habit de physicien pour revêtir celui de créateur de jeux vidéo. Son travail est pourtant pénible et ardu : il consiste à rédiger d'interminables fichiers supposés faciliter la connexion entre les souris et les manettes de jeux vidéo. Tout un programme, dans tous les sens du terme…

---

1. Voir chapitre 1, p. 19.
2. Ladite société a déposé son bilan en 1997, faute de réussite commerciale.

Un « rendez-vous raté » riche d'avenir ?

C'est au cours d'un stage à la Rocket Science Games, en juillet 1995, qu'Elon nourrit l'idée d'un annuaire téléphonique en ligne : sa première start-up.

À l'instar de nombreuses inventions qui ont rythmé la grande histoire de l'humanité, tout commence de façon fortuite, pour ne pas dire anodine. En histoire des sciences, le phénomène est appelé « sérendipité ». La structure de l'ADN, l'aspirine, le principe d'Archimède, le chlorure de vinyle, les édulcorants intenses, le Nylon, la pénicilline, le LSD, le polyéthylène, le Post-it, les rayons X, le Téflon : autant d'exemples de découvertes où le hasard a joué un rôle essentiel.

Un soir de juillet, un délégué des « pages jaunes » locales vient frapper à la porte de l'entreprise de jeux vidéo. Son objectif : arracher une inscription sur un hypothétique annuaire téléphonique en ligne, en plus du format papier. Mais son argumentation est hésitante et maladroite. Le jeune homme est aussi peu fait pour l'informatique qu'Elon pour un championnat de boxe. Cette histoire d'annuaire en ligne interpelle le diplômé de « Penn ». Le soir même, Elon en parle à son frère, Kimbal. Pourquoi ne pas aider les entreprises locales à se développer en les répertoriant sur le Web ?

Pour le concepteur de Blastar, Internet est la clé de tous les futurs. Dans un avenir relativement proche, le numérique remplacera le papier, Elon en est intimement persuadé. Si son interlocuteur malheureux n'a pas su vendre son produit, le concept est néanmoins génial. Après d'interminables discussions, Elon tombe d'accord avec Kimbal : il leur faut se lancer dans l'aventure Internet, à défaut de quoi ils risquent de rater la plus grande révolution scientifique depuis les premiers pas de l'homme sur la Lune.

Mais en cet été 1995, les obstacles sont nombreux. Sans compter leur inexpérience en informatique et le manque d'argent chronique de nos deux ex-Sud-Africains, Internet est encore un concept flou, un outil compliqué pour les néophytes, et surtout un média peu connu du grand public. Personne n'en anticipe l'expansion et les créateurs de sites web sont encore considérés comme de doux rêveurs. L'idée d'Elon est pourtant simple : si vous avez besoin de faire réparer votre voiture ou de commander des sushis, où trouver le garage ou le restaurant japonais le plus proche sans consulter un épais bottin ? Banale en 2024, cette idée paraît révolutionnaire il y a un quart de siècle. « En 1995, il n'était pas du tout clair qu'Internet allait devenir ce grand outil commercial. À vrai dire, la plupart des investisseurs auxquels je m'adressais n'en avaient même jamais entendu parler. Mais je voulais faire quelque chose dans ce domaine, j'étais sûr que ça deviendrait très important et que c'était le genre de chose qui se produit très rarement », confie aujourd'hui Elon Musk.

Immédiatement, les deux frères Musk mettent les bouchées doubles, épluchant toutes les adresses d'entreprises dans l'équivalent américain de l'annuaire téléphonique des pages jaunes. De la mécanique à la robotique, des salons d'esthétique aux boulangeries, en passant par les sociétés high-tech, les journaux, les restaurants et les épiceries, Elon et Kimbal démarchent le plus grand nombre possible d'entreprises du quartier. La plupart de leurs interlocuteurs sont cependant perplexes, quand ils ne sont pas carrément hostiles. « Internet ? Qu'est-ce que c'est que ce machin, je n'ai pas de temps à perdre avec des démarcheurs », s'entendent le plus souvent dire les frères Musk.

Ces réactions ne les découragent pas. Quand une idée nouvelle se fait jour, le réflexe de l'opinion publique est le rejet. De peur de remettre en question leurs certitudes ou leur mode de vie, les gens ferment la porte à toute innovation. Naguère, l'invention du téléphone, de l'ampoule électrique ou encore des cartes à puce a d'abord été perçue comme l'arrivée d'un gadget sans avenir. Quelques décennies plus tard, personne n'en conteste plus l'utilité; ce sont devenus d'indispensables outils de notre vie quotidienne.

Face à l'indifférence de ses premiers contacts, Elon pense à resserrer un peu plus la cible de ses appels. Il imagine alors une espèce de guide urbain en ligne censé aider les entreprises à se développer. À mi-chemin entre Yelp et Google Maps, le nouveau moyen de communication des frères Musk doit fonctionner comme un répertoire numérique classant les entreprises par secteurs géographiques.

Nommée dans un premier temps Global Link Information Network, la première start-up des frères Musk voit le jour un soir d'octobre 1995, dans l'avenue Sherman de la paisible ville californienne de Palo Alto. Un an plus tard, l'entreprise est rebaptisée Zip2 et Elon Musk est nommé directeur de la technologie. Ainsi commence l'aventure futuriste de l'enfant de Pretoria…

Une première start-up… dans un décor spartiate

Le premier local de travail des Musk ne paie pas de mine: pas plus de 50 mètres carrés dans un immeuble miteux, humide, sans ascenseur et pourvu de toilettes perpétuellement bouchées. Pour se doucher, les deux frères doivent se rendre à l'université. Dormant à même le sol sur des matelas défoncés, Elon et Kimbal conservent leur énergie et leur soif de réussite. Rien ne les arrête. « Pour obtenir une connexion Internet rapide, commente Ashlee Vance, Elon Musk passe contrat avec Ray Girouard, créateur d'un nouveau fournisseur d'accès Internet dont les bureaux se trouvent au-dessous des leurs. Elon perce alors un trou dans la cloison de son local et tire un câble Ethernet dans la cage d'escalier jusqu'au fournisseur d'accès[1]. » Système D !

Bénéficiant d'un apport de 28 000 dollars avancé par leur père, qui leur a également offert une vieille voiture, les frères Musk sacrifient tout leur temps à la réalisation de leur projet. Quand Elon s'occupe du travail fastidieux du codage, Kimbal n'hésite pas à parcourir la Silicon Valley en tous sens pour présenter leur nouvelle start-up. D'une certaine façon, l'un s'improvise technicien quand l'autre joue le commercial en titre. Et tous deux se heurtent toutefois à des obstacles énormes. Autodidacte de l'informatique pour l'un, démarcheur pour un produit encore fictif pour l'autre, ils évoluent en terre inconnue. Leur chemin de croix ressemble à un fil dont le funambule ne verrait pas la fin. Kimbal, en particulier, est confronté au scepticisme de ses interlocuteurs : mais comment faire payer les gens avant même qu'ils aient pu apprécier la portée réelle du produit ?

« We Power the Press », *ou la naissance de Zip2*

L'idée vient alors à Musk de créer un logiciel pour aider les médias, les journaux en particulier, à se développer sur le Web. Et sur l'ensemble du territoire américain ! La providence sourit aux apprentis sorciers du Net : au cours de l'été 1996, une première manne

1. Ashlee Vance, *op. cit.*

céleste sort les Musk de la « mouise ». Global Link hérite de 3 millions de dollars de la société de capital-risque Mohr Davidow. Fort de cet apport financier, Elon engage de nouveaux ingénieurs et concrétise son projet de fournir sous licence aux grands journaux américains des logiciels de guide urbain en ligne. C'est la naissance officielle de Zip2 – à prononcer « *zip to* », expression anglaise qui signifie « filer tout droit vers sa destination[1] ».

Du jour au lendemain, cette nouvelle stratégie se traduit par un changement de local et d'adresse. Sans quitter Palo Alto, les frères Musk déménagent du 430 Sherman Avenue pour s'installer au 390, Cambridge Avenue. Évoluant dans des locaux plus vastes et plus confortables, ils n'en continuent pas moins à dormir sur de simples matelas. Un an durant, leur nouveau trois pièces devient à la fois leur bureau, leur salle à manger et leur chambre à coucher. En 1997, ils déménagent à nouveau dans un logement plus adapté aux activités de Zip2, au 444 Castro Street, à Mountain View. Et leur acharnement au travail se révèle payant. En 1998, à l'instar du *New York Times*, une centaine de journaux américains[2] souscrivent un abonnement à la start-up californienne, ce qui lui rapporte plus de 50 millions de dollars.

Résultat : trois ans après sa création, en février 1999, Zip2 est racheté cash par Compaq Computer pour la « modique somme » de 307 millions de dollars. Après le

1. Information livrée par Walter Isaacson, *op. cit.*
2. En 1998, sur cent soixante journaux répertoriés, vingt d'entre eux ont publié régulièrement des guides urbains à grande échelle. Zip2 leur a aussi fourni un répertoire en ligne, un calendrier et un courriel parallèlement à l'offre de base.

coup de Mohr Davidow, ce rachat apparaît comme une nouvelle manne céleste pour Elon et Kimbal Musk, qui héritent respectivement de 22 et 15 millions de dollars.

Investissant cette fois dans un grand appartement de 170 mètres carrés, Elon commence à être gagné par la folie des grandeurs. Il achète simultanément un coupé McLaren F1 d'un million de dollars et un avion biplace. Mieux, il convoque les caméras de télévision pour assister à la livraison de sa voiture de luxe au moyen d'un camion. « Il existe soixante-deux McLaren dans le monde et l'une d'elles va m'appartenir », s'enthousiasme-t-il devant les journalistes.

Une satisfaction de courte durée. Dès le printemps 2000, Musk subit un terrible accident de voiture sur Sand Hill Road, à Menlo Park, alors qu'il va rejoindre un certain Michael Moritz, investisseur de Sequoia Capital. Voulant impressionner son passager, Peter Thiel, le jeune homme de vingt-huit ans, grisé par sa réussite, a brutalement accéléré et heurté un talus. « Qu'est-ce qu'elle a dans le ventre, ta voiture ? », avait osé lui demander Thiel. La McLaren s'est envolée et s'est retournée pour s'écraser quelques mètres plus loin. Littéralement réduite en bouillie.

Fort heureusement, les dégâts ne sont que matériels. Sortis indemnes du vol plané, les deux rescapés doivent faire de l'auto-stop pour gagner le lieu de leur rendez-vous. Nullement traumatisé ni décontenancé, Musk s'amuse même de la situation, déclarant : « Le plus drôle, c'est que je ne suis même pas assuré. »

Loin d'être anecdotique, cet accident est très révélateur de la mentalité d'Elon. Fonceur, ne doutant jamais de ses capacités, le fondateur de Zip2 s'estime invulnérable. Que de changements depuis l'arrivée du jeune homme, en 1989, sur le sol du Nouveau Monde !

Elle est loin désormais, l'époque où l'exilé sud-africain naturalisé canadien survivait pour 18 dollars de l'heure comme nettoyeur dans une chaudière de scierie. Ce rêve américain, il a maintenant l'impression d'y toucher. Son euphorie de 1999 et sa folie des grandeurs explosent au terme de onze années d'épreuves et de travail acharné.

Après le succès de Zip2, Elon lorgne l'industrie bancaire. Selon lui, en cette fin de xxe siècle, le monde de la banque affiche une génération de retard. « L'argent est du bas débit », proclame-t-il. Si les banques veulent affronter le futur siècle du Web, il leur faut maîtriser les systèmes de paiement en ligne.

Sus aux banques !

Créer une banque en ligne ? Un défi autrement plus risqué qu'un simple logiciel pour aider les entreprises à se développer sur le Web. Les obstacles sont ici d'une autre nature. Il lui faut à présent convaincre et les banquiers et les clients. Passer du mode papier au numérique n'a pas été une sinécure ; désormais, il s'agit de publier en ligne des informations financières privées concernant des millions de comptes bancaires. D'aucuns rechignent à saisir les numéros de leur carte de crédit sur un écran, de peur d'être piratés. L'univers des finances est par ailleurs solidement établi, avec ses règles, son mode de fonctionnement, ses traditions ; un monde où notre jeune homme de vingt-huit ans apparaît comme un néophyte, ou comme un homme seul qui voudrait affronter toute une armée. Autant vouloir déplacer les montagnes.

Elon entend pourtant mettre le paquet. Pas moins de 12 millions de dollars sont investis pour créer sa première start-up financière. Répondant au nom ambigu de X.com, la nouvelle société d'Elon est inaugurée en novembre 1999, le soir même de Thanksgiving. Pour la monter, il n'a pas hésité à potasser des nuits durant tous les ouvrages sur la question bancaire et à s'entourer d'une équipe d'ingénieurs en informatique et de financiers hors pair, tels Christopher Payne, Mike Morris et Scott Anderson.

« Il vous suffit de taper une adresse mail ou un identifiant unique pour transférer de l'argent d'un compte à un autre », explique Musk. Reposant sur un concept à la fois nouveau, simple et efficace, la société X.com obtient des licences de banque et de fonds de placement, s'associe avec Barclays et garantit à ses utilisateurs des privilèges nouveaux. À titre d'exemple, les pénalités de dépassement sont annulées et tout client hérite d'une carte de paiement de 20 dollars au seul titre de son inscription. En sorte qu'un particulier peut expédier de l'argent en ligne à n'importe qui, à la seule condition de mentionner le nom et l'adresse du bénéficiaire. Une véritable révolution bancaire qui ne tarde pas à rameuter plus de deux cent mille adhérents vers X.com en l'espace de deux mois.

Une fois encore, le succès est au rendez-vous. Mais aussi la concurrence. Une idée nouvelle arrivant rarement seule, deux autres jeunes créateurs en herbe, Max Levchin et Peter Thiel, fondent à leur tour une société de paiement en ligne, Confinity. Un nouvel obstacle pour Elon Musk ? Non, un duel d'adolescents attardés qui va déboucher sur un nouveau pari, celui de PayPal.

Mars 2000 : de la fusion à la confusion

Des épreuves naissent souvent les grands défis. Pendant plusieurs semaines, les ingénieurs de Confinity et de X.com se livrent un combat sans merci pour trouver de nouveaux clients, au point de se ruiner mutuellement.

Avec leur seul produit PayPal, Max Levchin et Peter Thiel dépensent plus de 100 000 dollars par jour en versant des primes à leurs utilisateurs.

Au terme de quelques mois de rivalité et de compétition acharnée entre les deux champions du paiement en ligne, Elon Musk décide d'enterrer la hache de guerre en proposant une fusion des deux sociétés. Nous sommes en mars 2000. Encore faut-il être sur la même longueur d'onde. À commencer par le type de logiciel utilisé. Quand Levchin penche pour Linux, Musk ne jure que par Microsoft. Qui plus est, même si Elon décide d'adopter le produit PayPal de ses adversaires, il entend imposer son matériel et ses méthodes de travail en conservant le nom de X.com pour cette nouvelle société.

Deux petits mois après la fusion, c'est le clash. Peter Thiel claque la porte et Levchin menace à son tour de quitter X.com. Comme si cela ne suffisait pas, le système informatique implose, incapable de répondre au nombre croissant de clients. À compter de mars 2000, six mois durant, il ne s'écoule pas une semaine sans que le site web ne tombe en panne. Victime de son succès, X.com n'est pas en mesure de faire face à l'explosion simultanée des transactions, des frais perçus par les banques et des multiples fraudes.

L'impensable surprise de Sydney

D'aucuns accusent Musk, alors directeur administratif, de mal gérer la situation. Décision est prise de l'évincer… Sa mise à l'écart est un vrai coup de Jarnac ! En septembre 2000, alors qu'Elon est en voyage de noces à Sydney avec Justine, au moment des Jeux olympiques d'été, il apprend simultanément son licenciement et son remplacement par son pire adversaire,

Peter Thiel, lequel avait claqué la porte de l'entreprise six mois plus tôt. Cette double décision assassine a été prise secrètement par une cohorte de conjurés dans un bar aujourd'hui disparu de Palo Alto.

Il n'en faut pas plus pour qu'Elon reprenne le premier avion pour la Californie. *A priori*, il compte ruer dans les brancards. Dans les faits, il va faire preuve d'un surprenant esprit de conciliation. Entendant plaider sa cause dans un premier temps, Musk finit en effet par accepter la décision du conseil de surveillance, faisant contre mauvaise fortune bon cœur. La raison l'emporte sur l'émotion. Plus vexé d'avoir été mis devant le fait accompli que d'avoir perdu sa place de directeur administratif, il a à cœur de savoir si ses conseils sur le fonctionnement de la société seront pris en considération par la nouvelle équipe. « Ce n'était pas tant que je voulais être PDG, commente-t-il. C'était plutôt : "Hé, je crois qu'il y a plusieurs choses importantes à faire et je ne suis pas sûr qu'elles seront faites si je ne suis pas PDG[1]." »

Après leur avoir passé un savon, il se range finalement à l'avis de Levchin et de Thiel, lesquels lui promettent qu'ils continueront à suivre sa politique commerciale. « Si tu ne peux le combattre, embrasse ton ennemi », dit un proverbe tibétain. Mais autour d'Elon Musk, ses fidèles sont beaucoup plus amers et n'acceptent pas ce coup fourré...

Humilié et bafoué... mais riche

Simulée ou pas, la réconciliation de Musk avec les anciens dirigeants de Confinity se révèle payante.

1. Ashlee Vance, *op. cit.*

Toujours conseiller avisé de l'entreprise, Elon laisse ainsi son rival Peter Thiel rebaptiser la société X.com du nom de PayPal. Pourquoi ce nouveau nom ? Tout simplement parce que l'appellation X.com induisait parfois les gens en erreur, beaucoup la confondant avec celle d'un site pornographique.

Nous sommes alors en juin 2001. Dans l'année qui suit, PayPal, surtout connue comme plate-forme d'alternative au paiement par chèque ou par carte bleue, opère une ascension fulgurante, générant pas moins de 20 millions de dollars de recettes par mois. Quelle curieuse ironie du destin. Au moment même où Elon subit la pire vexation de son existence, il n'a jamais été aussi riche, aussi comblé.

Certains en profitent cependant pour tirer à boulets rouges sur le patron viré de X.com. À commencer par Eric Jackson, l'un des anciens salariés de Confinity, qui l'assassine dans un livre où Musk est présenté comme un type imbu de lui-même, invivable et dévoré par un ego démesuré, n'ayant qu'une connaissance partielle du monde des entreprises. Un site à ragots minimise carrément le rôle du créateur de Zip2 dans la naissance et la réussite commerciale de PayPal. D'après ses nombreux détracteurs, l'entreprise de la première banque en ligne n'aurait pas survécu si Musk n'avait pas été viré.

Face à cette horde de harpies, Musk contre-attaque. Non seulement il qualifie Jackson de « lèche-bottes imbécile », pas plus au fait de l'entreprise qu'un simple stagiaire, mais il met en avant son rôle déterminant dans la croissance de PayPal et dans le recrutement de ses meilleurs salariés.

Quoi qu'il en soit, depuis plus d'un an, Elon Musk nourrit d'autres rêves. Maintenant qu'il dispose de fonds suffisants, l'exilé de Pretoria a de nouveau les yeux tournés vers le cosmos, sa passion de jeunesse. Avant de décrocher les étoiles, il entend surtout explorer la planète rouge, qui fait fantasmer les hommes depuis les débuts de l'exploration spatiale. Selon lui, Mars sera à plus ou moins long terme un nouvel eldorado ; mieux encore, une nouvelle Terre abritant d'ici un millénaire une colonie de plusieurs millions d'êtres humains. En ce début de XXIe siècle, l'aventure fantastique d'Elon ne fait que commencer…

Deuxième partie

L'irrésistible appel de l'espace

(2002-2017)

« L'une des grandes facultés d'Elon,
c'est de présenter sa vision
comme un mandat du Ciel. »

(Max Levchin)

Incontestablement, Elon Musk est un Américain dans l'âme, animé d'un véritable esprit pionnier. Non seulement le milliardaire sud-africain naturalisé américain en 2002 imagine le futur, mais il entend l'accélérer en matérialisant ses rêves. Les Russes ne veulent pas lui vendre leurs anciens missiles balistiques ? Qu'importe, Elon décide de construire ses propres fusées à un coût défiant toute concurrence, de fonder sa propre société spatiale en Californie et de s'entourer des meilleurs ingénieurs. Pour un espace plus accessible et moins coûteux : tel est son objectif.

Pour mener à bien la réalisation entière d'une fusée, Elon Musk n'hésite pas à rechercher des sous-traitants dans des secteurs radicalement différents de l'aérospatiale, tels que… l'industrie du lait. Et le succès de son premier lanceur arrive, certes après bien des déboires, un certain 28 septembre 2008. Près de six longues années ont été nécessaires, à partir du lancement de sa société spatiale privée SpaceX, pour arracher la fusée *Falcon 1* à la pesanteur terrestre. La porte des étoiles s'entrouvre…

En ce début de XXIe siècle, le futur spatial se confond avec ses projets d'exploration martienne. Laquelle en est encore à sa préhistoire : telle est la conviction la plus solide du futur fondateur de SpaceX. Notre futur sera martien ou ne sera pas… Et il commence dès l'été 2001, sous le soleil californien.

4

La route des étoiles passe par Los Angeles

« Tout ce qu'un homme est capable d'imaginer, d'autres hommes seront capables de le réaliser. »

(Jules Verne, lettre à son père)

Juin 2001. À peine remis d'une malaria très éprouvante qui lui a fait perdre plus de 20 kilos en l'espace de six mois[1], Elon Musk n'en nourrit pas moins ses pensées d'horizons lointains, en regardant notamment très haut vers les étoiles.

La conquête de l'espace ? Un rêve de jeunesse, mais surtout un défi à la mesure de ses colossales ambitions. Un champ des possibles illimité, un futur fantastique, une moisson ininterrompue de découvertes et une odyssée sans fin... L'exploration des seules planètes de notre système solaire représente la plus grande aventure de l'homme depuis la traversée de l'Atlantique par Christophe Colomb, il y a plus de cinq siècles. C'est du

1. En janvier 2001, Elon Musk a contracté la malaria lors de son voyage de noces en Afrique du Sud. Une convalescence de plus de six mois, au moment même de l'affaire PayPal, au cours de laquelle il s'est presque vu mourir. « Les vacances me tueront », confie-t-il alors à un journaliste.

moins le sentiment d'Elon Musk, frustré de se limiter à la seule création des services internet. Selon lui, l'homme a besoin de nouveaux défis, de nouvelles dimensions, de nouveaux exploits.

Los Angeles, la porte du futur…

Cette future aventure humaine hors du cocon terrestre, le milliardaire sud-africain y croit dur comme fer. Et elle passe par la Californie ; plus précisément encore par Los Angeles. Assurément la mégalopole de tous les excès, de tous les rêves, mais surtout de tous les projets avant-gardistes et de toutes les industries de pointe dans le domaine de l'aérospatiale et de l'astronautique. De Boeing à Lockheed Aircraft, en passant par l'US Air Force et le JPL[1] de Pasadena, nombreux sont les grands de l'exploration verticale qui y ont élu domicile, multipliant leurs sites, leurs laboratoires et leurs centres de recherches.

Si Elon Musk a débarqué dans la « cité des Anges » en cette aube du XXIe siècle, ce n'est pas le fruit du hasard. Los Angeles est une ville résolument tournée vers le futur, où l'imagination, la créativité et l'audace sont les vertus les plus conseillées pour espérer réussir son ascension sociale. Et, à l'approche de son trentième anniversaire, Elon fourmille d'idées et de projets. Pour

1. Le Jet Propulsion Laboratory, à partir duquel sont guidés nos engins interplanétaires. Parmi eux, nos robots explorateurs les plus lointains, à savoir les sondes Voyager, se trouvent désormais à plus de 20 milliards de kilomètres de la Terre. Autrement dit, ils ont franchi l'héliopause, la limite au-delà de laquelle le Soleil n'exerce plus la moindre attraction gravitationnelle. D'une certaine façon, le JPL est le seul centre de recherche terrestre à communiquer avec le milieu interstellaire.

les réaliser, quoi de mieux que la ville où l'on trouve le plus de « barjots de l'espace » au kilomètre carré ?

Parmi eux, les membres de la Mars Society méritent une mention spéciale. Plus que toute autre, cette société s'est assigné pour but de transformer la planète rouge en seconde planète bleue d'ici à la fin du siècle. Et au plus tard avant l'expiration du millénaire, ses membres en sont intimement convaincus. En 3030, selon eux, Mars – dont la surface est égale à la superficie totale de la Terre sans ses océans – abritera autant d'humains que notre bonne vieille Terre. La découverte de l'espace martien puis sa « terraformation » et sa colonisation rythmeront ainsi toute l'histoire du troisième millénaire.

En somme, les membres de la Mars Society sont de vrais mordus de l'espace, obsédés par la conquête de la planète rouge. N'allons pas croire pour autant qu'il s'agit d'une secte d'illuminés. Fondée en 1998, cette société hors norme rassemble d'éminents scientifiques, dont des ingénieurs de l'aérospatiale, des astrobiologistes et des chefs d'entreprise.

Premier contact avec un certain Robert Zubrin

6 mai 2001, tout juste un an avant la création de la société SpaceX. Ayant eu vent de la tenue d'un dîner mondain à 500 dollars le couvert organisé par la Mars Society, Elon Musk n'hésite pas à s'y incruster, quitte à se faire chasser *manu militari*.

Triés sur le volet, les convives ont été rassemblés sous un immense chapiteau d'un blanc immaculé, dans une propriété somptueuse de la Portola Valley, quelque part entre San José et San Francisco. Sans même avoir été invité, Elon signe un chèque de 5 000 dollars et se présente sans complexe à la cérémonie. Contre toute attente, son comportement et sa personnalité intriguent, en particulier Robert Zubrin, qui n'est autre que le fondateur de la Mars Society.

A priori, l'intrusion de ce jeune trentenaire ambitieux dans ce dîner très VIP aurait dû provoquer la colère noire de Zubrin. Il n'en est rien. C'est la curiosité qui l'emporte. Loin de chasser Musk, Zubrin réserve un accueil privilégié à son mystérieux invité. On ne peut décemment virer un homme, si prétentieux soit-il, détenteur de plus de 22 millions de dollars. Qui plus est, ce dernier a fait preuve d'une générosité inhabituelle en payant une somme exorbitante pour assister à ce dîner. Cette attitude est plus intrigante que révoltante.

Invitant Elon Musk à partager un café avant le dîner, le patron de la Mars Society entend ausculter les motivations du créateur de PayPal et mesurer son intérêt pour la conquête de l'espace. Cet élan vers le cosmos, serait-ce un coup de bluff, une simple lubie, ou est-ce une résolution mûrement réfléchie ? En tête à tête, le fondateur de la Mars Society lui relate les expériences inédites menées récemment au pôle Nord canadien et censées préparer les futures missions habitées sur Mars. Un véritable module-habitacle avec des scientifiques déguisés en « martionautes » aurait été érigé sur l'île Devon, un site vieux de 23 millions d'années ressemblant à s'y tromper aux vastes déserts froids et rocailleux de la planète rouge.

Visiblement captivé par son interlocuteur, Elon Musk ne perd pas un mot de ce discours. Acquiesçant à de multiples reprises et posant des questions adéquates et directes, il redécouvre ses rêves de jeunesse et montre qu'il n'est pas un néophyte en matière d'exploration spatiale. Cette simulation de vie martienne est pour lui plus qu'un défi, c'est sa raison d'être, le « must » de ses projets titanesques.

Des Martiens, des hommes et des souris

Séduits l'un par l'autre, Zubrin et Musk affichent rapidement leur connivence et leur complicité. « À ce moment-là, Musk ne connaît rien à l'industrie spatiale. Pourtant, dès le départ, il a posé les bonnes questions », confiera Robert Zubrin[1]. Le fondateur de la Mars Society en vient alors aux confidences ; parmi elles, le projet apparemment saugrenu de faire circuler autour de la Terre une capsule spatiale occupée par des souris. Non seulement cette fusée tournerait autour de notre globe, mais aussi sur elle-même. D'après Zubrin, ce semblant de pesanteur représenterait un tiers de la gravité terrestre, soit exactement celle que l'on trouverait sur la planète Mars. Musk ne peut s'empêcher de sourire :

« Et si, au lieu de les faire tourner indéfiniment autour de la Terre, notre fusée de souris se dirigeait directement vers Mars ? Ce serait plus exaltant.

— Pourquoi pas ? », répond Zubrin, étonné, moins intéressé par les compétences de son jeune interlocuteur en matière spatiale que par son enthousiasme démesuré pour le cosmos lointain.

La soif d'aventure et de découverte : un sentiment ignoré de nombreux millionnaires. Lui, Musk, considère son compte en banque non comme l'aboutissement d'une vie, mais comme un moyen de réaliser ses rêves les plus fous.

Les deux hommes sont en symbiose. Chacun s'étonne que son interlocuteur le prenne au sérieux. « Musk découvre un homme qui pense comme lui, qui rêve

1. Propos rapportés par Béatrice Mathieu et Emmanuel Botta, *Elon Musk. L'enquête inédite*, *op. cit.*

comme lui… le délire égotique en moins. Il n'y a jamais eu de compétition entre eux[1]… »

Une fois n'est pas coutume, notre rêveur juvénile est par ailleurs un millionnaire patenté. Zubrin n'a même pas besoin d'insister. D'emblée, Musk lui propose 100 000 dollars de plus pour mener le projet arctique à son terme, après avoir accepté d'adhérer à la Mars Society. Visiblement subjugué par Elon, Robert Zubrin l'invite alors à partager sa table aux côtés d'invités prestigieux. Parmi eux, le célèbre réalisateur James Cameron et l'ingénieur Carol Stoker. Une occasion pour Musk de revenir sur le projet des « souris martiennes ». Le Sud-Africain propose non seulement de les expédier sur la planète rouge, mais de les faire revenir sur Terre, quitte à ce qu'elles se multiplient pendant le voyage retour. Les premiers héros de la conquête martienne ne seraient ainsi que de simples souris !

Une expédition interplanétaire avec de petits rongeurs aux manettes ? L'idée soulève l'hilarité de ses interlocuteurs. Jeff Skoll, un salarié fortuné d'eBay, s'amuse de la quantité de fromage à embarquer pour nourrir cette colonie martienne hors norme. Loin de désarçonner notre explorateur spatial en herbe, les plaisanteries le stimulent. L'idée ne paraît pas sérieuse aux convives ? Qu'à cela ne tienne : pour raviver la passion du grand public pour la question spatiale, Elon envisage des projets d'envergure qui replaceraient l'homme au cœur de l'aventure cosmique.

1. *Ibid.*

L'exploration du cosmos ne doit pas oublier l'homme

Selon Elon Musk, le récent désamour de l'Américain moyen pour l'exploration spatiale serait à mettre sur le compte de l'absence de l'homme dans ce grand projet. Depuis près de trente ans, à savoir les derniers pas de l'homme sur la Lune en décembre 1972, les agences spatiales russe et américaine se sont contentées d'envoyer des robots soulever les jupes des planètes lointaines[1] ou de faire tourner indéfiniment des navettes autour de la Terre. En cette aube du troisième millénaire, aucun projet cyclopéen, aucune expédition exaltante, aucun calendrier n'est prévu par la Nasa, ou ses homologues russe et européen pour lancer une nouvelle mission habitée vers le cosmos lointain.

À commencer par la conquête de Mars. Depuis les années 1980, les projets de missions humaines sur la planète rouge sont sans cesse reportés, sinon annulés. Même l'idée d'un retour des hommes sur la Lune avorte régulièrement. Au fil des ans, l'enthousiasme soulevé par le succès des missions Apollo s'est érodé, au même titre que les crédits alloués à la Nasa. Au lendemain de l'historique exploit d'Armstrong, les experts prévoyaient même un futur débarquement des hommes sur Mars dès l'année 1984. Ils ont dû cruellement déchanter. En cause, des préoccupations bassement terrestres, à savoir l'absence de crédits, de motivation et surtout de compétition entre les puissances spatiales. Le double choc pétrolier des années 1970 et surtout l'effondrement du rival soviétique ont fait échouer la plupart des projets spatiaux interplanétaires. Qui plus est,

1. À l'exemple des sondes Voyager qui, dans les années 1980, ont successivement exploré Jupiter, Saturne, Uranus et Neptune.

un voyage interplanétaire, ne serait-ce que sur Mars, serait une tout autre entreprise qu'un aller-retour sur la Lune. La planète rouge est mille fois plus éloignée que notre satellite naturel ; un simple voyage aller sur Mars nécessiterait ainsi au moins six mois de périple interplanétaire, au lieu des trois jours requis pour fouler le sol sélène.

Le défi ne serait pas seulement technologique, il serait aussi humain ; comment gérer les relations entre cinq ou six membres d'équipage sur une durée excédant vraisemblablement plus de deux ans ? Il faut en effet compter non seulement les mois de vol en direction de Mars, mais aussi le temps passé sur place et le voyage retour vers la Terre. Pour une mission d'une telle importance, les candidats à la vie martienne seront non seulement sélectionnés en fonction de leurs compétences scientifiques, mais aussi en vertu de leurs qualités morales et de leur sociabilité dans un milieu ultraconfiné[1].

En attendant cet avenir hypothétique, la Nasa concentre tous ses efforts sur les seuls vols de la navette spatiale[2]. En guise de rêve spatial, les astronautes se contentent de jouer les mécanos de l'espace en assemblant les modules de la future Station spatiale internationale, à environ 400 kilomètres au-dessus de nos têtes. Ce qui manque, aux yeux d'Elon, ce sont des défis de première grandeur plaçant l'homme au centre d'un grand voyage inédit vers l'infini. Une exploration cosmique qui ne

1. Dans les années 2010, dans le cadre de l'expérience Mars 500, des hommes de différentes nationalités ont simulé les conditions d'un vol sur Mars pendant une durée de cinq cents jours, dans les environs de Moscou.
2. En cette année 2001, la navette *Columbia* n'a pas encore explosé en vol. Les lancements de navettes ne cesseront qu'en 2011, faute de rendement.

s'opérerait plus par le seul biais des sondes automatiques, mais au moyen de véritables missions habitées, avec des hommes et des femmes de chair et de sang, relancerait automatiquement l'intérêt du public pour le grand saut vers les étoiles. Avant de conquérir le cosmos, il faut gagner le cœur des hommes...

Le bonheur est dans le pré... martien

Des hommes sur Mars ? L'idée relève encore de l'utopie, même si à long terme elle ne pourra qu'aboutir. En attendant de concrétiser ce grand rêve de coloniser notre voisine planétaire, Elon Musk songe à un autre plan, celui d'exporter vers Mars une immense serre robotisée. Ainsi naît le projet Mars Oasis.

Selon Dave Bearden, ingénieur de l'aérospatiale, il s'agissait de dire : « Oui, il y a de la vie sur Mars, et c'est nous qui l'y avons mise[1]. » Fini les hommes, fini les animaux, place au règne du végétal : le nouveau projet muskien semble plus réaliste qu'un voyage piloté par des astronautes ou des milliers de souris. Elon n'entend pas pour autant renoncer à ses rêves de grandeur et d'originalité. Afin de passionner le public et notamment les plus jeunes, il envisage de filmer « en direct » la pousse des plantes sur Mars. Pour couronner le tout, elles produiraient de grandes quantités d'oxygène, un processus qui, à long terme, pourrait rendre l'atmosphère martienne respirable.

Dans le même temps, les adolescents pourraient faire grimper des plantes de la même espèce dans leurs propres serres, de façon à comparer leur pousse dans deux environnements planétaires différents. Toujours

1. Propos cités par Ashlee Vance, *op. cit.*

selon Elon Musk, une telle expérience ne pourrait qu'inciter la jeune génération à encourager les premiers pas de l'homme sur Mars. En observant que les plantes martiennes grandissent deux fois plus vite que sur Terre, les adolescents constateraient que le milieu martien n'est pas si hostile à la vie et s'enthousiasmeraient pour cette expérience. D'une certaine façon, les plantes devraient frayer le chemin aux futurs colons.

Pour concrétiser son projet végétal *made in Mars*, Elon est prêt à tous les sacrifices financiers, quitte à dépenser la somme astronomique de 30 millions de dollars. De son côté, Robert Zubrin ne peut s'empêcher d'afficher son scepticisme à l'égard de ce projet fantasque de « plantes martiennes ». Selon le fondateur de la Mars Society, il s'agit d'une pure opération de prestige. Loin de nous familiariser avec la planète Mars, elle pourrait surtout se solder par une catastrophe écologique. À l'instant même où la trappe s'ouvrirait, des milliers de microbes d'origine terrestre s'échapperaient dans l'atmosphère martienne. Par ailleurs, rien n'autorise à croire que les plantes survivraient dans ce nouvel environnement planétaire.

Si logique apparaisse-t-elle, l'opinion de Robert Zubrin n'est sans doute pas dénuée d'arrière-pensées. En effet, à peine Musk a-t-il adhéré à la Mars Society qu'il démissionne du conseil d'administration, quelques mois plus tard, pour créer sa propre association, la Life to Mars Foundation. Assurément, « le temps est venu d'aller sur Mars », pour reprendre un slogan de la société de Zubrin, mais ni la Mars Society, ni la Nasa, ni aucune agence spatiale dans le monde ne s'en donne les moyens. Pour transporter ses plantes sur la planète Mars, Elon Musk est prêt à toutes les solutions, même à acheter ses propres lanceurs.

Dans cette perspective, il lorgne vers les Russes : les prix de vente de leurs lanceurs défient toute concurrence. Depuis le démantèlement de l'Union soviétique en 1991, les anciens missiles balistiques sont en effet en vente libre. De vieilles fusées intercontinentales, les redoutables ICBM SS-18 [1], source de crises très intenses entre les deux superpuissances pendant la guerre froide, n'ont fort heureusement jamais servi et rouillent désormais dans d'immenses hangars. Pour acquérir ne serait-ce qu'un seul lanceur, Elon Musk est prêt à verser près d'une dizaine de millions de dollars. Il s'intéresse en particulier au lanceur Dnepr, mis en service par la société russe ISC Kosmotras. En l'espace de quatre mois, Musk rencontre à trois reprises les ingénieurs spatiaux russes.

D'anciens missiles russes transformés en fusées d'exploration ?

Octobre 2001. En pleine tourmente post-11-Septembre, Elon Musk s'envole pour Moscou. Il n'est pas seul. À ses côtés, son ami de fac Adeo Rossi, et surtout l'ingénieur prisé du Pentagone, Jim Cantrell. Fervent partisan de la voile solaire, ce technicien hors pair au physique rondouillard a été contacté quelques semaines plus tôt par Musk en personne. « Il faut absolument que je vous parle, je suis milliardaire, je vais lancer un

1. Pendant la guerre froide, ce missile de première frappe (baptisé R-36 chez les Soviétiques) dépassait 210 tonnes et était capable de lancer à plus de 11 500 kilomètres une charge offensive de 8,8 tonnes contenant jusqu'à dix têtes nucléaires. À la suite du traité de réduction des armes stratégiques Start-2, les SS-18 ont été désamorcés et cent cinquante d'entre eux sont devenus disponibles pour servir de lanceurs civils.

programme spatial[1] », lui a assené un Elon laconique au téléphone. Les deux hommes se sont ensuite rencontrés brièvement dans un salon de l'aéroport de Salt Lake City. Elon lui a fait part de ses projets spatiaux et de sa volonté de transformer Mars en seconde Terre dans un avenir assez proche. Apparemment convaincu par l'enthousiasme de son interlocuteur, Cantrell a répondu favorablement à son invite de l'accompagner en Russie…

En cette froide journée d'automne moscovite, trois Américains en quête de missiles obsolètes arpentent la terre russe. Tel un adolescent en colonie de vacances, Elon Musk affiche une excitation sans pareille. Son engouement est d'autant plus vif qu'il est rejoint à l'aéroport de Moscou par un certain Mike Griffin. Futur administrateur de la Nasa – à compter de l'année 2005 –, l'ingénieur américain n'est pas un néophyte en matière spatiale. Âgé de cinquante et un ans, il travaille depuis plusieurs années au JPL de Pasadena. Avec Griffin à ses côtés, Musk se sent littéralement pousser des ailes. Il va pourtant déchanter…

Le premier contact du petit groupe d'Américains avec l'ancienne patrie de Lénine n'a rien d'emballant. La plaine qui sépare l'aéroport de la capitale russe est d'un blanc immaculé ; elle apparaît vaste, froide, un tantinet hostile. Dans le passé, toutes les armées d'invasion ont été arrêtées par l'espace russe et son principal défenseur, le « général Hiver ». La ville même de Moscou a conservé de l'ex-période soviétique son aspect austère et monumental. Les gratte-ciel staliniens, plus tassés et plus massifs que l'Empire State Building, défient un ciel sombre et gris. Surmontés d'une longue flèche coiffée

1. Cité par Ashlee Vance, *op. cit.*

d'une étoile rouge, ces rescapés architecturaux, témoins d'un passé totalitaire, flanquent toujours les principales artères de la capitale russe.

Quand les Russes font le bonheur d'Elon... malgré eux

Dès le lendemain de leur arrivée, Elon Musk et ses trois acolytes sont conviés à un premier rendez-vous avec les spécialistes russes des sociétés Kosmotras et NPO Lavotchkine à Khimki, dans la banlieue nord-ouest de Moscou. La rencontre est fixée à une heure inhabituelle pour se restaurer, 11 heures du matin. Faute de petit déjeuner, les Russes préfèrent en effet disserter autour d'un copieux déjeuner de saucisses arrosé de vodka. Un prélude interminable, en vérité. Durant un temps exceptionnellement long, de l'avis des Américains, les Russes tournent autour du pot et palabrent sur la situation internationale – les récents attentats du 11-Septembre sont dans tous les esprits –, sans entrer vraiment dans le vif du sujet.

Le repas achevé et les cigarettes grillées, les Russes s'enquièrent enfin du motif de la visite de leurs hôtes.

« Acheter vos missiles, bien sûr, assène Elon Musk, entre deux verres de vodka, au milieu d'une fumée étouffante.

— Huit millions, rétorquent les spécialistes de Kosmotras, pas un dollar de moins.

— Huit millions ? répond Musk. Pour ce prix, je vous en achète deux ! »

Une fois n'est pas coutume, l'audace et le charme du Californien n'opèrent pas. En guise de réponse, les Russes se contentent de sourires sarcastiques. Visiblement, ses interlocuteurs le prennent au mieux pour un doux rêveur, au pire pour un guignol qui se croit chez le marchand de tapis...

Deux autres rendez-vous avec les ingénieurs russes ne seront pas plus concluants. En février 2002, les quatre Américains, dépités, quittent l'ancienne patrie de Youri Gagarine sans regret. Si Griffin et Cantrell affichent une mine d'enterrement, Musk n'abdique pas. Au contraire, sa déception lui donne une nouvelle idée : faute de fusée à vendre, il va la fabriquer lui-même. Et à un prix bien moindre que les engins spatiaux russes !

À n'en pas douter, ce fiasco moscovite est la première étape de l'ascension fulgurante de la future société SpaceX.

5

Le pari de l'exploration spatiale privée

« L'homme qui n'a pas d'imagination
n'a pas d'ailes. »
(Mohamed Ali)

« Je crois que nous pouvons construire cette fusée nous-mêmes[1] », confie Musk à ses compagnons de voyage. Après avoir détaillé sur une simple feuille de calcul le coût exact des matières premières nécessaires à la fabrication de chaque pièce, le trentenaire en a conclu qu'il peut allégrement se passer des Russes et élaborer sa propre stratégie spatiale.

Abandonnés, le plan saugrenu des souris martiennes et le projet surréaliste des plantes de l'espace ! Musk a un nouveau rêve : concevoir une exploration du cosmos *low cost*, lancer dans l'espace une fusée réutilisable qui réduirait *ipso facto* le coût de mise en orbite des satellites. Dans cette perspective, le créateur de PayPal entend s'entourer de spécialistes compétents mais surtout efficaces, motivés et foncièrement optimistes.

Jim Cantrell glisse alors à l'oreille d'Elon un nom, celui de Tom Mueller. À l'entendre, il serait le plus

1. Cité par Ashlee Vance, *op. cit.*

habile bricoleur de l'âge spatial. Âgé de trente-neuf ans en 2002, ce concepteur de moteurs de fusées travaille dans l'atelier de John Garvey, lequel n'a pas hésité à abandonner son poste chez McDonnell Douglas pour lancer sa propre société spatiale.

La carte Tom Mueller

Tout juste revenu de Russie, Elon Musk se présente à Huntington Beach, une cité balnéaire à une vingtaine de kilomètres au sud-est de Los Angeles. John Garvey et son brillant acolyte y ont loué un immense hangar pour y expérimenter leurs moteurs de fusées.

En cette froide matinée de février 2002, une McLaren flambant neuve se gare devant la grande porte du bâtiment métallique. En sort un homme de haute stature, bien sapé et sûr de lui : Elon Musk. Vêtu d'un trench-coat de cuir noir, on le croirait sorti de *Men in Black*. Et il n'est pas venu seul : une fois n'est pas coutume, il est accompagné de sa femme, Justine. Quelques secondes se sont à peine écoulées qu'il croise un grand individu efflanqué portant un moteur sur ses épaules ; c'est l'homme qu'il recherche, Tom Mueller.

Aux yeux de tous les experts en astronautique, ce quadragénaire californien apparaît en 2002 comme l'amateur le plus doué au monde en matière de conception de moteurs à combustible liquide. Dès l'âge de douze ans[1], le jeune Tom épatait ses camarades de classe en fabriquant lui-même un semblant de navette spatiale avec ses deux propulseurs d'appoint à poudre, les fameux boosters. Pour payer ses études de génie mécanique, ce

1. En 1975, soit six bonnes années avant le lancement de la navette *Columbia*, mise sur orbite en avril 1981.

fils de bûcheron n'a pas hésité à exercer le métier de son père pendant plusieurs années. « J'aime les machines, déclare l'ingénieur à la presse. J'aime la haute énergie, rapide et dangereuse. J'ai toujours aimé les motos. J'aime les voitures rapides. Les fusées m'attiraient particulièrement parce que ce sont les dispositifs mécaniques les plus énergétiques que l'on puisse fabriquer. »

D'emblée, Elon le bombarde de questions sur les moteurs à oxygène et hydrogène liquide, les prix de revient de fusées à bas coût, la possibilité de construire un engin spatial en un temps record. Nullement décontenancé, l'ingénieur lui répond du tac au tac. Loin de tourner court, la discussion se prolonge des heures durant. Franc et direct, Mueller confie à son interlocuteur qu'il ne pourra rivaliser avec la Nasa ni avec l'agence spatiale russe. S'il entend placer des satellites dans l'espace, il devra tout d'abord se contenter de mettre en orbite des objets d'un poids n'excédant pas celui d'un homme, et non d'un char d'assaut. Toutefois, la miniaturisation accélérée des technologies peut laisser entrevoir d'autres options.

Les deux hommes sont sur la même longueur d'onde. Elon Musk admet que cet ingénieur est un expert hors norme. « Tom Mueller connaît tous les tenants et aboutissants de la construction de fusées », confie-t-il à Justine. De son côté, l'ancien employé de Hughes Aircraft et de TWR Space & Electronics est conquis par le Sud-Africain. Régulièrement courtisé par des hommes aussi riches que déraisonnables, il considère que, cette fois, ce nouveau milliardaire fou d'espace « semble savoir ce qu'il fait ».

Mueller ne le sait pas encore, mais sa vie vient de basculer. En l'espace de quelques mois, il va devenir le « directeur propulsion » incontournable d'une société appelée à révolutionner le vol spatial : SpaceX, enfant chéri des défis pharaoniques d'Elon Musk.

SpaceX, ou la renaissance de l'esprit pionnier

Avril 2002. Deux mois après leur rencontre déterminante à Huntington Beach, Musk et Mueller sont devenus inséparables. Des lancements spatiaux à bas prix : l'idée obsède Musk, qui songe désormais à découvrir de nouveaux horizons, à diversifier le marché spatial, et surtout à créer une entreprise aéronautique à but lucratif.

Le 6 mai, le premier rêve spatial de Musk se concrétise pour une poignée de dollars. Physiquement, il ressemble à un vieux hangar poussiéreux et désaffecté d'environ 7 000 mètres carrés et de près de 12 mètres de hauteur. Nous sommes à El Segundo, dans la grande banlieue de Los Angeles. Officiellement, cet ancien entrepôt de camions sera le siège d'une nouvelle société astronautique, la Space Exploration Technologies Corporation. Plus connu aujourd'hui sous le nom de SpaceX, le hangar d'El Segundo, au 1310 East Grand Avenue, est le nouvel antre d'Elon Musk, à partir duquel le milliardaire sud-africain entend réinventer l'avenir, révolutionner l'espace, et transformer Mars en future colonie terrestre.

En l'espace d'une semaine, les livraisons se succèdent, les ordinateurs s'accumulent, et les bureaux s'installent. Très rapidement, le hangar désaffecté fait figure d'immense glacier rectangulaire tout droit venu de l'Antarctique. Musk, en effet, a décidé de badigeonner de blanc toute sa surface et de tapisser le sol d'un revêtement époxy brillant.

Après le décor, reste à trouver les hommes. À commencer par les cadres les plus performants, dont l'ambition n'a d'égale que l'efficacité. « Pour être le meilleur, commente Elon Musk, il faut s'entourer des meilleurs. » Outre l'incontournable Tom Mueller, on peut ainsi noter la présence de Chris Thompson, Gwynne Shotwell, Tim Buzza, Steve Johnson, Hans Koenigsmann, sans oublier la remarquable Mary Beth Brown. Issus d'horizons divers – Boeing, Lockheed, le JPL de Pasadena –, tous sont des scientifiques hors pair et des techniciens de l'aérospatiale expérimentés, dans les domaines ultraspécialisés que sont les vols de fusées et les systèmes d'avionique et de guidage.

Surnommée « MB », Mary Beth Brown devient rapidement l'éminence grise de SpaceX. Chaque visiteur doit traverser son bureau avant de parvenir dans celui d'Elon. Aussi stakhanoviste que son illustre patron, Mary Beth veille au moindre détail des activités au sein de la société. En l'espace de quelques mois, non seulement elle planifie tous les rendez-vous d'affaires de Musk, mais elle assure toutes les relations presse et finit par connaître par cœur les diverses humeurs du fondateur de SpaceX.

Et n'allons pas croire qu'Elon Musk se contente de privilégier ses ingénieurs. Loin de s'intéresser aux seuls premiers de cordée, il examine les dossiers de tous les cadres et de tous les ouvriers désirant travailler sur le futur chantier de SpaceX. Recrutant bien au-delà des frontières de la Californie, il engage aussi bien des soudeurs, des mécaniciens que des ingénieurs et des informaticiens. Tous se doivent de travailler sous le même toit, en parfaite harmonie et en parfaite complémentarité, sans distinction de grade, de métier ou de diplôme. Comme pour une armée en campagne, il exige une camaraderie et une entraide sans faille. La discipline, l'enthousiasme au travail, la persévérance et la ponctualité sont les vertus cardinales qu'Elon Musk impose à son bataillon de choc. Une collaboration de classes et de métiers indissociable de l'esprit pionnier qui doit présider à la conquête d'une seconde Terre, la nouvelle frontière du XXIe siècle.

En 2002, cet état d'esprit tranche singulièrement avec les habitudes de travail des usines aérospatiales. Comme dans un vaisseau spatial qui dériverait seul sur l'océan de l'infini, toute tension ou toute division entre les membres de l'équipage serait fatale à la réussite du voyage interstellaire. Le périple virerait à la tragédie.

Un coup de poker

Une révolution sociétale avant la grande révolution cosmique ? Pour décrocher Mars et créer une humanité multiplanétaire, le fondateur de SpaceX entend en priorité expérimenter une société spatiale multiservice d'un nouveau style. Le premier but assigné aux salariés est de construire leurs propres moteurs et de tout parachever sur place. Dans les faits, la société spatiale privée d'Elon Musk privilégie un dispositif industriel intégré verticalement, en concevant et fabriquant en interne 70 % des composants de son lanceur sur un seul site, alors que ses principaux concurrents confient notamment le développement de la propulsion à des sociétés de motorisation. Si pénurie de matériaux il y a, SpaceX fera appel à des sous-traitants hors du domaine de l'aérospatiale.

En agissant de la sorte, Musk rompt radicalement avec toutes les traditions de l'industrie spatiale, n'hésitant pas à aller chercher des sous-traitants ailleurs que dans le milieu astronautique. À la fin de l'année 2002, il contacte ainsi des industriels du lait. Pour quelle raison ? Acheter leurs citernes métalliques et les transformer en réservoirs de carburant…

À long terme, Musk désire assembler toutes les pièces de ses futurs vaisseaux interplanétaires sous le même toit, réduisant ainsi le temps de construction de ses fusées et par conséquent leur prix de vente. Du réservoir cryogénique à la mise au point du système de guidage, en passant par l'installation de la turbopompe et bien sûr la construction du moteur, tout devra être fabriqué sur place, dans le grand hangar d'El Segundo.

Fort de son expérience acquise auprès des start-up de la Silicon Valley, et du progrès réalisé en matière d'informatique et de matériaux, Musk se veut résolument optimiste. Au mois de juillet 2002, il a d'autant plus de raisons de s'enthousiasmer que la société eBay rachète PayPal pour la coquette somme d'un milliard et demi de dollars. Ce jackpot va lui ouvrir de nouveaux horizons. Héritant de plus de 180 millions de dollars à l'issue de ce vrai coup de poker[1], Elon Musk peut maintenant se consacrer à corps perdu à son projet spatial.

En souvenir de Star Wars… Falcon 1

À l'été 2002, Elon Musk peut voir l'avenir en rose, ou plutôt en rouge, couleur de la planète Mars. Au fil des mois, son équipe s'étoffe[2], son ambition grandit et ses projets se précisent. À commencer par le nom de baptême de sa future fusée : elle s'appellera *Falcon*,

1. Au moment du rachat par eBay, Musk possède 11,7 % de PayPal.

2. Au cours de l'année 2002, SpaceX embauche dix nouveaux employés par mois. L'entreprise connaît par la suite une croissance exponentielle. De cent soixante employés en novembre 2005, le nombre des salariés passe à plus d'un millier en 2010. Trois ans plus tard, SpaceX en compte près de quatre mille. Au printemps 2017, le nombre d'employés dépasse six mille. Et l'aventure est loin d'être terminée.

en souvenir du vaisseau spatial de *La Guerre des étoiles*. Musk promet à la fois de tripler la masse des charges mises en orbite et de réduire singulièrement leurs coûts. Là où les fusées classiques satellisent environ 250 kilos à 400 kilomètres au-dessus de nos têtes pour un total de 30 millions de dollars, le fondateur de SpaceX propose dorénavant d'envoyer des objets de plus de 600 kilos en orbite circumterrestre pour une somme ne dépassant pas 7 millions de dollars.

Plus puissant et moins coûteux *a priori*, c'est un programme enthousiasmant à bien des égards. Encore faut-il avoir les moyens de ses ambitions et concevoir dans un délai relativement bref cette hypothétique fusée, du premier circuit intégré jusqu'au dernier boulon. Si une pièce vient à manquer, Musk est prêt à parcourir la terre entière et dans un temps record pour trouver l'objet en question.

Dans ce ciel en apparence sans nuages, on doit toutefois déplorer un drame, et non des moindres, celui de la perte de son premier enfant. Baptisé Nevada Alexander, le nouveau-né décède subitement au bout de dix semaines. Cette mort subite est d'autant plus brutale qu'aujourd'hui encore les causes de ce syndrome, touchant des bébés de moins d'un an en apparente bonne santé, restent en partie inexpliquées. Elon Musk et sa femme sont effondrés, mais ils surmontent ensemble l'épreuve en se tournant résolument vers l'avenir.

Optimiste par nature, Elon Musk établit un calendrier. Il programme de lancer son premier modèle de fusée dès le mois de novembre 2003. Quant aux premiers pas de l'homme sur Mars, il les envisage pour l'année 2009, une façon toute muskienne de célébrer les quarante ans de la marche d'Armstrong sur la Lune. Il va rapidement déchanter.

Les débuts de l'aventure SpaceX sont en effet catastrophiques. À raison d'une perte de 100 000 dollars par jour de 2005 à 2008, trois échecs de tirs sont enregistrés par les collaborateurs de Musk sur leurs différents sites de lancement. Il faudra attendre le mois de septembre 2008, soit six longues années après les premiers essais, pour voir enfin décoller le premier engin de SpaceX, la fusée *Falcon 1*, d'une île perdue au milieu de l'océan Pacifique…

6

Le chemin de croix du projet *Falcon*

« Si vous n'échouez jamais, c'est que vous ne prenez pas assez de risques. »

(Elon Musk)

Le temps, telle est la variable essentielle de la société SpaceX. Pour parvenir à ses fins, Elon Musk, pragmatique, a commencé par établir un calendrier, tant pour la réalisation de ses moteurs que pour le prochain lancement de ses fusées. Même si les délais ne sont pas respectés, le fait d'imprimer une date butoir incite sa kyrielle de collaborateurs à s'activer. Du délai de construction des moteurs Merlin à l'assemblage de toutes les pièces du lanceur, absolument tout est programmé.

La « transhumance du Texas »

L'unité de temps ne se double pas d'une unité d'action. Pour des raisons évidentes de sécurité, les essais du moteur de la future *Falcon* ne se réalisent pas à l'intérieur du hangar d'El Segundo, mais dans une zone très éloignée du siège central, au-delà même de l'État de Californie. Précisément à McGregor, une petite ville du Texas perdue au milieu des champs[1]. Loin d'avoir été choisi au hasard par Musk et Mueller, le site est un ancien terrain d'expérimentation de missiles de l'US Navy.

Tout juste deux ans auparavant, ce centre spatial désaffecté appartenait encore à un certain Andrew Beal, autre pionnier de l'exploration spatiale privée. Fou et féru de technologie spatiale, brillant mathématicien, milliardaire ayant fait fortune dans la banque, jeune et ambitieux, ce Musk avant la lettre avait été, l'espace de trois ans, l'enfant chéri des médias. Le but avoué de ce « dandy du désert » était alors de placer en orbite, et à un moindre coût, des satellites de communication. Mais son aventure a tourné court en octobre 2000, sous la pression concurrentielle de la Nasa dopée par des subventions du gouvernement fédéral. Beal avait pourtant connu son heure de gloire. Le 4 mars 2000, devant les caméras de plusieurs télévisions régionales, ses deux cents employés testaient avec succès le moteur BA-810 Stage 2, alors le plus puissant jamais construit par les Américains depuis l'arrêt du programme Apollo. Sous les yeux d'un public enthousiaste, le moteur en question, placé à l'horizontale, avait brûlé ses 400 tonnes de peroxyde d'hydrogène liquide et de kérosène pendant une durée exceptionnelle de vingt et une secondes. Un passé désormais révolu, faute de subsides…

1. Depuis 2021, SpaceX dispose de quatre terrains de lancement pour expérimenter ses fusées. Parmi eux, le site même de Cap Kennedy alloué par la Nasa. En 2022, Elon Musk a acquis un nouveau terrain à Boca Chica, toujours au Texas.

Étalé sur près de 120 hectares[1], l'ancien site de la Beal Aerospace Technologies dispose en particulier d'un « tripode de trois étages en ciment avec des piliers gros comme des troncs de séquoia[2] ». Lorsque Andrew Beal a décidé de cesser ses activités, deux ans plus tôt, ce joueur de poker invétéré a tout bonnement laissé sur place tout le matériel de construction et de réparation de sa fusée géante de trois étages.

Objectif : 180 secondes !

Automne 2002. SpaceX connaît son baptême du feu. Sous une chaleur accablante, le premier moteur, un générateur de gaz, est expérimenté sur l'ancien site de la Beal Aerospace. Effectué quelques mois plus tôt sur le site désertique de Mojave, le premier essai a tourné au fiasco après une phase d'allumage dégageant une insupportable fumée noire. À présent installés dans le désert rocailleux de McGregor, les collaborateurs d'Elon Musk s'évertuent à mettre au point un générateur capable de cracher du feu l'espace de 180 secondes. Une éternité pour les concepteurs, mais un temps absolument nécessaire à la mise en orbite des futures fusées *Falcon*. Qu'il fonctionne moins de trois minutes et la route des étoiles demeure à jamais interdite.

Malgré un personnel de choix – l'indispensable Tom Mueller, mais aussi l'énergique Jeremy Hollman, un ancien ingénieur de chez Boeing –, les essais piétinent, le matériel casse et les moteurs calent régulièrement. Quand ce n'est pas le générateur qui explose, c'est une

---

1. En avril 2011, la société SpaceX a doublé la surface de ses installations sur le site de McGregor.
2. Propos rapportés par Michael Belfiore (*Rocketeers*, Smithsonian Books, 2009).

pièce défectueuse qui endommage l'engin ou une vanne de carburant qui s'ouvre mal. Sans compter le matériel qui s'use à grande vitesse. À chaque test, la jupe de la tuyère se gonfle et fond littéralement sous la poussée des gaz. Quoi qu'il en soit, l'équipe persévère et les essais s'enchaînent, bon gré mal gré. Si le processus l'impose, l'équipe de SpaceX n'hésite pas à travailler dix jours consécutifs, au milieu des fourmis rouges, des scorpions et des serpents à sonnette, quitte à sauter des repas et à revenir *illico presto* en Californie en jet privé pour aller chercher du matériel neuf.

Affrété par Musk en personne, un appareil est mis à l'entière disposition de ses salariés. Pour encourager son personnel dans son labeur quotidien, le fondateur de SpaceX est prêt à tous les sacrifices, à tous les cadeaux, à toutes les aides possibles et imaginables. Mais il exige en contrepartie un investissement total. Cent heures par semaine, un travail harassant, long et quotidien qui n'autorise pas l'amateurisme, la mauvaise volonté ou le défaitisme. Ce qu'il ne supporte pas et qui le met hors de lui, ce sont surtout les prétextes pour prendre une pause. Intraitable, il n'hésitera pas à licencier un ingénieur et n'admet jamais ses propres erreurs.

N'allons pas croire pour autant que Musk exerce une véritable tyrannie. Preuve en est sa passion pour les jeux de rôle sur ordinateur. Pour détendre l'atmosphère et retrouver son esprit d'enfance, surtout après une bonne journée de stress, vers 20 heures, le directeur de SpaceX ôte ainsi régulièrement ses habits de grand patron pour revêtir ceux d'un tueur sans états d'âme lors de séances vidéo inénarrables, et ce plusieurs fois par semaine. Un véritable combat à mort où tous les coups et tous les jurons sont permis. L'espace de quelques heures, Musk et ses salariés redeviennent de vrais gamins qui ne songent qu'à se divertir en buvant du cognac dans des verres en plastique. Armés de mitrailleuses, de grenades nucléaires et de pistolets à plasma fictifs, deux équipes s'affrontent pour désactiver des bombes, neutraliser des terroristes ou libérer des otages, comme dans le jeu Counter-Strike. À la façon des anciens Spartiates, d'aucuns en profitent pour s'injurier[1] et tentent de canarder l'intouchable patron. En pure perte : à en croire ses salariés, Musk excelle dans ces jeux de tirs à la première personne.

Et le crachat fut !

Au chevet du moteur baptisé Merlin, des semaines durant, Tom Mueller et son équipe font preuve d'une mentalité de fer. Un esprit pionnier digne des premiers explorateurs de l'Antarctique, l'épreuve du froid en moins. Mueller, tout le premier, n'a jamais renoncé à un projet. Cet objectif des 180 secondes, c'est son passeport pour la conquête de l'espace.

Dérivé de l'ancien moteur-fusée RL-10, premier moteur à hydrogène liquide, qui équipait les modules lunaires des missions Apollo, Merlin utilise comme carburant un subtil mélange d'oxygène liquide et de RP-1, une variante du kérosène[2]. À la fois simple et complexe, il se présente sous la forme d'une chambre

1. Au ve siècle avant notre ère, l'éducation spartiate avait pour but de transformer tout jeune citoyen en futur soldat. Un quotidien fait de privations, de combats et d'épreuves en tout genre. Les seuls moments de détente étaient les repas, où chacun s'exerçait à injurier ses camarades sans ménagement. Une seule recommandation : ne jamais perdre le contrôle de soi.

2. Le RP-1 (*Rocket Propellant 1*, ou *Refined Petroleum 1*) est un produit spécialement raffiné comme carburant liquide pour les

de refroidissement et d'une énorme tuyère évasée en composite à base de fibre de carbone dont le revêtement ablatif est censé ralentir l'érosion mécanique. Quant au circuit d'alimentation du moteur, il repose sur une turbopompe unique alimentée par un générateur de gaz.

Loin de décourager les hommes de SpaceX, les échecs répétés des tests les motivent et renforcent leur détermination à monter de nouveaux appareillages et de nouveaux bancs d'essai. Si la société d'Andrew Beal a laissé sur place tout son matériel après le dépôt de bilan, c'était encore insuffisant pour satisfaire les appétits des apprentis sorciers de SpaceX. Dans les premiers mois de leur installation à McGregor, Mueller et ses amis montent ainsi un gros bloc d'une dizaine de mètres de long sur cinq de hauteur pour expérimenter leur moteur : l'antre de Merlin. Lorsque l'appareil crache ses gaz, Mueller et ses équipiers se réfugient derrière un abri pour en mesurer les effets sur leurs écrans de contrôle. L'expérience se répétera un bon millier de fois, produisant un bruit d'enfer audible à plus d'un kilomètre à la ronde. Un cauchemar pour les voisins de la base et un casse-tête pour les observateurs.

L'expérimentation du moteur Merlin est le premier épisode, terrestre, d'une authentique odyssée spatiale. Qu'elle vienne à échouer, et c'est l'ensemble du programme martien de SpaceX qui tombe à l'eau. Il faut attendre près de deux ans, sous un ciel plombé de nuages gris, pour assister enfin au moment tant attendu : un crachat d'ergols liquides de plus de 180 secondes, soit trois longues minutes d'éjection de gaz. L'équivalent de près de 40 tonnes de poussée. Nous sommes en

fusées. Moins puissant que l'hydrogène liquide, il se révèle plus facile d'emploi.

octobre 2004. Un indéniable succès, mais qui accuse déjà près d'un an de retard sur le calendrier préétabli par Elon Musk à la fin de l'année 2002.

Impasse à Vandenberg

Le moteur Merlin mis au point, la route des étoiles est encore semée d'obstacles en tout genre, en matière d'avionique notamment. Le logiciel de pilotage de la future fusée *Falcon 1* se révèle ainsi défectueux. Six mois sont nécessaires pour résoudre le problème : six nouveaux mois de retard pour le programme Falcon, à en croire Mueller...

Au printemps 2005, la première fusée de SpaceX est enfin prête pour le décollage. Répondant au nom de *Falcon 1*, comme prévu, elle se présente sous la forme d'un « suppositoire » de plus de 21 mètres et d'une masse supérieure à 27 tonnes. Théoriquement, la fusée d'Elon est un lanceur réutilisable capable de placer plus de 670 kilos en orbite basse. Or, la base de McGregor ne dispose pas d'un pas de tir assez important pour lancer le prototype. Courant toujours après le temps, Musk s'empresse alors de contacter la base militaire californienne de Vandenberg[1] pour solliciter une fenêtre de lancement. Située non loin du quartier général d'El Segundo, cette base de l'US Air Force serait idéale pour expérimenter le moteur-fusée révolutionnaire.

1. La Vandenberg Air Force, dans le comté de Santa Barbara, relève du Commandement des forces spatiales (Air Force Space Command, AFSPC). C'est l'une des trois principales bases de lancement de fusées du programme spatial américain. Ses pas de tir servent essentiellement à propulser des satellites sur une orbite polaire et plus généralement à tester des missiles balistiques intercontinentaux.

Mais c'est compter sans les concurrents de l'industrie spatiale.

D'accord pour accueillir l'équipe de SpaceX, les militaires de Vandenberg s'ingénient en réalité à mettre des bâtons dans les roues des nouveaux venus de l'ère spatiale. Au grand dépit d'Elon Musk, pendant plusieurs semaines, les lanceurs de Lockheed et de Boeing sont systématiquement privilégiés par les ingénieurs de la base californienne. À l'évidence, certains voient d'un mauvais œil ces apprentis sorciers qui entendent casser les prix de mise en orbite des satellites[1].

Reculant sans cesse le jour et l'heure du départ de la fusée *Falcon*, les responsables de Vandenberg font preuve d'une mauvaise volonté évidente. Faussement aimables, ils répètent à l'envi que les derniers arrivés doivent attendre sagement leur tour. « Ils avaient beau dire que nous pourrions voler, il était clair que c'était non », constate amèrement Gwynne Shotwell[2], la responsable commerciale de SpaceX. De leur côté, les ingénieurs de Lockheed ne cachent pas leur agacement devant cette armée de techniciens regardés comme plus gênants que compétents.

Dans l'impasse, l'ambitieux Elon Musk ne décolère pas. Il prend alors une décision radicale : au terme de quarante jours de présence à Vandenberg, il claque la porte de la base, au risque de froisser la moitié de l'état-major de l'armée américaine. Nonobstant, l'US Air Force ne lui en tient pas vraiment rigueur. Bien au contraire. Preuve en est le nouveau point de chute de

1. En ce printemps 2005, la firme Lockheed met en orbite des satellites espions dépassant le milliard de dollars. Et leurs fusées ne sont pas réutilisables.
2. Citée par Ashlee Vance, *op. cit.*

l'équipe de SpaceX. Dès le mois de juin 2005, l'équipe d'Elon Musk plie bagage et embarque tout son matériel à bord du jet privé du patron. Destination l'atoll de Kwajalein, un coin perdu des îles Marshall, au beau milieu du Pacifique. Le choix du site peut surprendre, surtout en raison de son éloignement ; il ne doit pourtant rien au hasard. Situé près de l'équateur, où la gravité de notre globe se révèle moindre, « Kwaj » fait figure de lieu idéal pour lancer des fusées avec une poussée moindre[1].

Direction Omelek

Kwajalein, atoll de près de 17 kilomètres carrés ancré à environ 4 000 kilomètres au sud-ouest d'Hawaï, se compose de quelque 97 îlots disposés autour d'un des plus vastes lagons au monde. Théâtre d'une bataille mémorable pendant la guerre du Pacifique[2], l'atoll a depuis été accaparé par la marine américaine, laquelle y a testé avec succès plusieurs dizaines de missiles balistiques.

Un beau matin de l'été 2005, l'équipe d'ingénieurs de SpaceX débarque au grand complet. Parmi eux, l'incontournable Tom Mueller, Hans Koenigsmann, Jeremy Hollman, mais aussi Kimbal Musk. Vêtus de sahariennes et coiffés de casquettes de l'US Navy, les camarades d'Elon Musk ont l'air d'un commando de marine, ou à tout le moins d'aventuriers en quête de

1. C'est en raison du même principe, une vitesse de rotation plus élevée de notre planète à l'équateur, que la France a choisi le centre de Kourou, en Guyane, après avoir perdu son site algérien. En effet, plus proche on est de l'équateur, plus fort est l'effet de fronde imprimé aux engins spatiaux.
2. La bataille américano-japonaise de Kwajalein s'est déroulée au début du mois de juillet 1944.

sensations fortes. Avec leurs sacs sur les épaules et les conteneurs qu'ils débarquent en masse sur l'aérodrome principal de l'atoll, on croirait des chasseurs sortis tout droit de *Jurassic Park* ; ne manquent que les bazookas et les grenades explosives.

C'est pourtant bien l'aventure qui les attend, dans un milieu aussi inhospitalier qu'enchanteur. En guise de dinosaures, l'équipe va devoir affronter, des mois voire des années durant, des ennemis plus petits mais tout aussi coriaces : une armée de moustiques, de souris et de fourmis rouges. Sans compter un taux d'humidité qui rend le moindre mouvement pénible, si ce n'est épuisant. Tout un programme.

L'aventure commence par un petit périple en bateau. Sitôt arrivés sur « Kwaj », Mueller et ses amis ingénieurs embarquent sur un navire, avec armes et bagages, en direction d'un minuscule îlot : Omelek, une parcelle de terre de moins de 3 hectares. Après quarante-cinq minutes de traversée sans histoire, l'îlot se découpe sur l'horizon. Planté de palmiers, couvert d'une végétation aussi dense que luxuriante, l'endroit est complètement plat et semble vierge de toute présence humaine. L'armée américaine y a pourtant élu domicile pendant plusieurs années pour y tester ses missiles[1]. Mais il semble que la nature y ait repris ses droits. Tout est à construire, ou plutôt à reconstruire, des baraquements de fortune aux aires de lancement, en passant par les hangars, les entrepôts et un camp de retranchement contre les bêtes sauvages. Voyant qu'ils ne peuvent plus se contenter de leurs compétences d'ingénieurs et de commerciaux, les collègues et les assistants d'Elon Musk vont devoir s'improviser charpentiers, maçons ou encore cuisiniers.

1. Le dernier test remonte à l'année 1996.

Une vraie vie de baroudeurs ou de légionnaires romains en campagne !

Neuf mois de galère sur un atoll

Des mois durant, de l'installation de l'électricité à celle des douches, en passant par le coulage du béton et le défrichement de l'îlot, Mueller et les siens redoublent d'efforts et d'inventivité pour édifier un centre, ou plutôt un camp digne de ce nom. Faute de matériel adéquat, on installe des lits de camp, on taille des troncs en guise de bureaux et on pose la fusée sur des grumes pour la faire rouler jusqu'à son hangar. Qui plus est, le logement et la nourriture des ingénieurs sont spartiates. D'aucuns n'hésitent pas à sauter des repas pour s'avancer dans leur travail.

Fils de bûcheron et bricoleur hors pair, Tom Mueller se sent parfaitement à l'aise sur cet îlot perdu. Stimulant ses camarades, il est toujours le premier levé, debout dès 6 heures du matin, et le premier à l'ouvrage pour défricher, bâtir ou encore paver la piste qui mènera la fusée *Falcon* du hangar jusqu'à son pas de tir. Le tout sous un soleil de plomb.

Mille fois, les ingénieurs de SpaceX montent et démontent leur matériel, plaçant leur fusée à la verticale sur son pas de tir improvisé, puis la reconduisant, au prix d'efforts titanesques, dans le hangar où elle est posée horizontalement. En cause : les taux d'humidité et de salinité excessifs de l'air. Dans cette brousse souffrent les hommes, mais surtout les machines, attaquées en permanence par la corrosion. Régulièrement, Mueller et ses amis s'évertuent à racler le sel qui s'accroche à la coque de la fusée. Sans compter les imprévus : un boulon mal serré, un condensateur à remplacer, une météo déplorable… les motifs d'annulation de vol ne manquent pas.

Un matin de novembre 2005, alors que l'équipe de SpaceX s'affaire à sa première tentative de lancement, on s'aperçoit juste à temps d'une fuite du réservoir d'oxygène liquide, à raison de 2000 l/h. Une catastrophe. Le vol est reporté, les militaires n'ayant octroyé qu'une fenêtre de lancement de six heures. Et la galère de continuer. Dans les semaines qui suivent, les incidents se multiplient et les casses s'aggravent, en particulier dans le système électrique de la *Falcon*. Nullement découragés, les ingénieurs n'hésitent pas à reprendre l'avion pour Los Angeles pour en rapporter de nouveaux condensateurs.

Enfin, le moment tant attendu se présente : le premier lancement de la fusée.

La faute à Hollman ?

Vendredi 24 mars 2006. Branle-bas de combat sur la petite base d'Omelek. La météo est excellente ; aucun cumulonimbus n'assombrit le ciel, l'équipe de SpaceX va pouvoir observer en toute quiétude l'évolution de son bijou technologique. Au regard de l'importance de l'événement, Elon Musk s'est rendu sur place. Chaussé de tongs et affublé d'un simple short, le fougueux directeur de SpaceX observe avec une anxiété presque palpable la *Falcon 1* posée sur son pas de tir. Dressée comme un obélisque, la fusée d'une vingtaine de mètres se découpe sur l'horizon bleu du Pacifique.

Pour la circonstance, Musk et son équipe se sont réfugiés dans un bunker dissimulé dans la brousse, à quelques kilomètres du centre d'essais. En aucun cas, ce stakhanoviste de l'espace n'entend réitérer l'expérience du 26 novembre précédent. Il y va de sa crédibilité auprès de la communauté spatiale. De la turbopompe aux injecteurs, en passant par le système de refroidissement et la chambre de combustion, tout a été contrôlé avec minutie la veille du lancement. En d'autres termes, Musk ne veut pas hériter du surnom d'Icare des Temps modernes, mais être le digne successeur de Wernher von Braun, le père mythique des fusées Saturn V.

Au milieu de la matinée, à l'heure prévue par Mueller, la tuyère de Merlin crache ses gaz. La fusée s'élève lentement puis plus rapidement dans les airs, sans le moindre incident. Un sourire, crispé il est vrai, se dessine sur le visage d'Elon Musk. Est-il sur le point de décrocher le Graal de l'espace ? Il est encore trop tôt pour exploser de joie. La suite des événements le confirme. Trente secondes sont à peine écoulées depuis le décollage qu'un éclair apparaît au-dessus de la tuyère. C'est le signal du décrochage.

Tout va alors très vite. Dans les secondes qui suivent, la fusée part en vrille en tournoyant sur elle-même à une vitesse folle, descend en flèche vers la base d'Omelek, puis s'écrase avec fracas sur un récif situé à quelques centaines de mètres du bunker. Elon Musk est littéralement effondré. En guise d'excuse, le père de Merlin rappelle que chaque société spatiale a connu ses difficultés et ses vicissitudes. À son tour, SpaceX paie son tribut. Qu'il s'agisse d'Ariane, de Soyouz ou des fusées Proton, toutes les agences ont connu leur part d'échecs. « Nous avons tous une croix à porter », se console Elon Musk.

Dans les semaines qui suivent, l'accablement se transforme en colère. Si échec il y a, c'est que l'ouvrage a été mal conçu, s'indigne l'ambitieux directeur. Et de désigner un coupable : Jeremy Hollman. L'ancien ingénieur de Boeing est accusé, à tort ou à raison, d'avoir péché par précipitation la veille du lancement. D'après

Musk, il aurait oublié de resserrer une fixation sur un tuyau de carburant. De retour dans leur antre californien, les deux hommes s'expliquent et la confrontation tourne à l'affrontement. Devant l'insistance de Musk, Hollman s'emporte et nie toute responsabilité. Fait inimaginable encore quelques jours plus tôt, l'un des piliers du programme Falcon claque la porte au nez du boss. En ce mois de mars 2006, le programme Falcon a du plomb dans l'aile…

Trois échecs en trois ans

Sur la base de fortune d'Omelek, l'heure est à la grande déprime. Neuf mois de travail acharné anéantis après seulement une minute de vol, il y a de quoi cauchemarder. Tout est à refaire. Non seulement il n'y a plus d'exemplaire de fusée disponible sur l'atoll, mais il manque la plupart des pièces de rechange. Plus de condensateurs, plus d'injecteurs ni même de tuyères, ce petit coin de paradis des îles Marshall se transforme en enfer. Faute de comprendre la raison de leur échec, d'aucuns se perdent dans la boisson, d'autres rongent leur frein en silence, en regardant les horizons lointains. Entre Musk et ses salariés, l'ambiance devient exécrable. Mueller lui reproche en particulier son attitude à l'égard d'Hollman. Nous sommes au bord de la rupture. On frôle la « mutinerie ». Finalement, au terme de quelques semaines d'enquête, le défaut de la cuirasse est identifié : la faillite du 24 mars serait due à un problème de corrosion. En raison du fort degré de salinité de l'atmosphère et malgré tous les efforts entrepris par l'équipe de Mueller pour retirer le sel de la coque et remplacer par endroits des morceaux d'inox par des pièces faites d'aluminium, le travail de mère Nature avait sapé le projet Falcon.

Nonobstant, bon gré mal gré, les hommes de Musk se remettent à l'ouvrage. À compter du mois de mai 2006, tous ont tourné la page calamiteuse du 24 mars. Comme Musk, on se veut de nouveau volontaire, passionné, discipliné. Pour parvenir à leurs fins, les ingénieurs de SpaceX prennent la ferme résolution de ne négliger aucun aspect technique ni aucune concertation. Le collectif, voici le maître mot du nouveau SpaceX. « Discuter et travailler ensemble », telle pourrait être la nouvelle devise de ces fanas de l'espace perdus au milieu du Pacifique. En d'autres termes, il ne s'agit pas d'avoir les meilleurs ingénieurs du monde pour être performants. Ce qui compte, insiste désormais Musk, c'est l'esprit d'équipe ; mieux encore, celui de la camaraderie dans l'effort mais aussi dans l'échec. Si le projet échoue, la faute en sera dorénavant collective. Fini les boucs émissaires, fini les engueulades. À l'image d'une équipe de footballers, SpaceX ne doit pas être une somme d'individualités, mais un collectif structuré et discipliné où l'empathie doit l'emporter sur la rivalité.

Des vœux pieux, des résolutions sans lendemain ? Quoi qu'il en soit, le travail reprend de plus belle. Nombreux sont ceux qui n'hésitent pas à dormir sur place, au pied même du pas de tir de la fusée, dans un abri de fortune. Du nouveau matériel est importé par avion de Californie, le rythme des journées redevient haletant et, au terme de quelques mois, une fusée *Falcon* flambant neuve se dresse sur le minuscule îlot. Faute de trouver dans l'immédiat le bonheur dans l'espace, Musk se réconforte avec sa famille. En cette année 2006, sa femme, Justine, lui donne trois nouveaux enfants. Trois garçons de plus ! Répondant aux noms de Damian, de Saxon et de Kai, ces triplés agrandissent encore le cercle familial après la naissance de jumeaux en 2002…

Trois cent cinquante-six jours. Il faut attendre pas moins d'un an pour voir à nouveau une *Falcon made in SpaceX* prendre le chemin des étoiles. Nous sommes le 15 mars 2007. Au début du lancement à proprement parler, tout semble se dérouler pour le mieux. Cinq minutes d'extase au cours desquelles Elon et les siens retrouvent le sourire et commencent à croire au succès. Après deux minutes de vol, des applaudissements rompent même le silence de plomb qui prévalait lors des premières phases de la mission. En effet, la *Falcon* s'élève sans le moindre tremblement et, à l'instant T, elle se sépare de son premier étage, puis de sa coiffe. Mueller et ses amis croient à une toute prochaine mise en orbite quand survient le drame. Après cinq minutes de vol et 320 kilomètres d'ascension, la fusée se met brusquement à vaciller, le moteur de son second étage s'éteint prématurément et c'est l'explosion.

Blottis dans leur centre de contrôle, les membres de SpaceX demeurent interdits. Musk tape rageusement du poing sur une table. Un deuxième échec. Ce n'est pas possible ! Cette fois, pas de bouc émissaire désigné ni même de hurlements. La tristesse l'emporte sur la colère, mais l'interrogation demeure. Il s'agit de savoir au plus vite où le bât blesse. Contrairement au test précédent, la nature de l'incident est identifiée à l'issue d'une enquête de quelques jours. La corrosion, il n'en est plus question. La faute en incombe à présent au réservoir d'ergols liquides. « Quand le niveau de carburant avait baissé dans le réservoir, commente avec justesse Ashlee Vance[1], la quantité restante avait commencé à s'agiter, clapotant contre les parois à la manière d'un vin qu'on fait rouler dans un verre. À un moment, le vacillement produit

1. Ashlee Vance, *op. cit.*

par cette agitation avait été suffisant pour mettre à nu une ouverture du moteur. Celui-ci avait alors aspiré une grande bouffée d'air et s'était éteint »...

Contrairement au premier essai, Elon Musk ne ressent ni colère ni découragement. Loin de chercher des responsables de ce nouvel échec, il entend continuer coûte que coûte, croyant toujours dur comme fer à sa réussite finale. Le succès est dans la patience et la persévérance, assure-t-il.

Et vint le quatrième essai... celui de la victoire

En l'espace de deux essais, les fusées *Falcon* ne sont restées que six minutes en l'air, en tout et pour tout. Un fiasco qui en découragerait plus d'un. Mais il en faudrait davantage pour abattre l'équipe de SpaceX. Après vingt et un mois pleins passés sur Omelek, on ne peut se permettre de baisser les bras. Sitôt constaté l'échec de la deuxième fusée, Mueller et ses collaborateurs bossent comme des forçats. Sans vraiment révolutionner leur lanceur, ils décident toutefois d'en améliorer le moteur Merlin en changeant son système de refroidissement. Résultat, le 3 août 2008, soit un an et demi après le deuxième vol avorté, une nouvelle version de la *Falcon 1* est prête au décollage.

Une fois encore, les premières phases du vol se réalisent sans anicroche, au grand soulagement de Mueller. Et pourtant, le vol se révèle encore plus catastrophique que le précédent. L'incident survient cette fois dès la troisième minute d'ascension. En cause, la séparation manquée des premier et second étages de la fusée, qui entrent alors en collision. Paradoxalement, la faute en incombe au nouveau moteur Merlin à refroidissement régénératif actif, plus léger, dont la poussée était supérieure au précédent. Résultat : cette force d'accélération supplémentaire oubliée par les ingénieurs de SpaceX a fait voler la mission en éclats. Contrairement aux prévisions, le moteur du premier étage s'est amorcé alors que les deux éléments sont restés soudés, générant ainsi l'explosion fatale.

Après le problème de la corrosion en 2006, celui du réservoir en 2007, c'est maintenant au moment de la phase cruciale de la séparation entre les deux étages que se produit le drame. Pire que les deux précédents, ce troisième fiasco plonge l'équipe de Musk dans le désarroi le plus total. Après une très brève phase d'euphorie, ce dysfonctionnement inopiné du moteur sape littéralement le moral des troupes. D'aucuns pleurent quand d'autres s'arrachent les cheveux. Le premier, Elon Musk accuse le coup. Non seulement il ne dispose plus de fusées, mais l'argent vient à manquer. Depuis l'arrivée de son équipe sur l'atoll, plus de 3 millions de dollars par mois sont partis en fumée ; Elon Musk en est même venu à revendre ses voitures de luxe, comme sa McLaren. Pour ne rien arranger, SpaceX perd la confiance des entrepreneurs privés et de l'armée ; n'oublions pas que *Falcon 1* devait placer en orbite une charge satellitaire. À la perte des fusées s'ajoute le déshonneur.

En raison de son investissement croissant dans le projet Tesla[1], un autre défi technologique qui lui coûte pas moins de 4 millions de dollars par mois, Musk est au bord de la faillite. Pour corser le tout, sa vie privée bat de l'aile. L'année 2008 est celle de son divorce avec Justine, laquelle hérite de 80 000 dollars par mois à titre de pension alimentaire pour elle et ses cinq enfants. Si le prochain test de la *Falcon* échoue une quatrième fois, Elon peut dire adieu à SpaceX et à son défi utopique

1. Voir chapitre 16, p. 229, « Au cœur de l'aventure Tesla ».

d'aller conquérir la planète Mars avant 2020[1]. Et il ne va pas attendre un an.

Malgré sa situation financière catastrophique, Musk emploie alors les grands moyens. À commencer par la location d'un avion-cargo militaire pour transporter le nouvel exemplaire de la fusée : 90 000 dollars le voyage, pour gagner du temps ! Le vol Los Angeles-îles Marshall dure une bonne dizaine d'heures, mais la poisse continue. L'avion ne s'est pas écrasé, mais le transfert de la *Falcon* s'est révélé désastreux. La pression atmosphérique, à l'intérieur de l'appareil, a fendu la coque du bijou de SpaceX en plusieurs endroits. De nouvelles pièces de rechange sont nécessaires. Les hommes de Musk n'hésitent pas à s'échiner seize heures par jour mais, malgré un travail acharné, le programme prend deux nouvelles semaines de retard sur les prévisions.

Le 28 septembre 2008, le quatrième exemplaire de la *Falcon 1* campe enfin sur son pas de tir. Cette fois, la fusée ne transporte aucune charge, par précaution. Le ciel est limpide et d'un bleu intense. En fin d'après-midi, c'est le décollage. Le monstre d'aluminium noir et blanc s'élève dans les airs avec majesté. Les cœurs des ingénieurs de SpaceX battent à l'unisson. À chaque phase réussie du vol, les esprits s'enflamment et s'inquiètent à la fois. La Falcon tiendra-t-elle jusqu'au bout, ou la Providence leur réserve-t-elle encore un mauvais tour ? Non, tout se déroule impeccablement. Une, deux, trois longues minutes s'égrènent… La phase de séparation des étages se passe sans accroc et le moteur ne s'emballe pas. À l'heure dite, au terme de neuf minutes de vol, la Falcon 1 atteint son altitude de mise en orbite. Le succès

1. Depuis l'échec de Falcon 1 en 2007, l'objectif Mars a été repoussé à 2025.

est total, Musk et les siens exultent. Les larmes de joie du 28 septembre succèdent aux larmes de désespoir du 3 août.

Pour la première fois dans l'histoire de la conquête spatiale, une entreprise privée a réussi à satelliser une fusée. Et elle s'appelle SpaceX. Le quatrième vol de Falcon 1 lui permet d'entrer dans la cour des grands conquérants de l'espace. Ce 28 septembre 2008 signe l'acte de naissance de la société d'Elon Musk. Le futur commence maintenant…

7

Quand la Nasa sauve SpaceX

« À la Nasa, on dit bêtement
que l'échec n'est pas une option.
Chez SpaceX, l'échec est *une option. »*

(Elon Musk)

En cet automne 2008, malgré son dernier succès spatial à Kwajalein, Elon Musk est au bord du gouffre. Les trois quarts de sa fortune initiale, pas moins de 200 millions de dollars, sont déjà partis en fumée. Or le seul carburant d'une fusée coûte plus de 300 000 dollars par lancement…

La réussite sans l'argent

Lors du vol réussi du 28 septembre 2008, par sécurité, aucun satellite commercial n'avait été embarqué ; la charge de 160 kilos était factice. Certes, son succès a suscité une demande de mise en orbite d'un satellite malaisien, mais le lancement n'est pas prévu avant la mi-juillet 2009.

Elon Musk est aux abois. Si la situation financière se détériore encore, les salaires de ses ingénieurs pourraient ne plus être versés d'ici à trois mois. Et les tuiles s'accumulent. Si SpaceX redresse quelque peu la tête, sa société Tesla touche le fond, tandis que son ex-femme tente de lui porter l'estocade en le faisant passer pour un fou furieux obsédé par sa réussite professionnelle, doublé d'un monstre inadapté au monde réel. La presse relate à cœur joie les relations houleuses du couple Musk.

Après son divorce, Elon a rencontré une actrice anglaise de vingt-deux ans, dotée de tous les atouts propres à le séduire. Belle, élégante, raffinée, un tantinet espiègle, elle s'appelle Talulah Riley[1]. Le coup de foudre aurait eu lieu au cours de l'été 2008, en pleine tourmente des vols de la Falcon 1, dans les salons huppés du Whisky Mist, un club privé londonien. Aussi splendide qu'ingénue en matière astronautique, la jeune femme est immédiatement fascinée par Musk, mi-play-boy mi-cow-boy de l'espace.

Quoi qu'il en soit, la présence d'une nouvelle femme dans sa vie privée n'arrange en rien sa situation financière. Bien au contraire. Il se demande même, l'espace de quelques semaines, s'il ne va pas devoir sacrifier l'une de ses entreprises fétiches pour sauver l'autre. SpaceX ou Tesla ? En désespoir de cause, et pour éviter la banqueroute, Musk fait le tour de ses connaissances, s'efforce de rassurer ses investisseurs et sollicite fréquemment ses amis, notamment l'homme d'affaires Bill Lee[2], qui n'hésite pas à investir 2 millions de dollars dans Tesla : une somme non négligeable, mais qui semble dérisoire au vu de la situation financière catastrophique de l'homme de Pretoria.

C'est alors que se produit un miracle. Contre toute attente, il est dû à la Nasa. Dans le cadre du programme

1. À l'été 2008, son dernier film remontait à 2007 (*St Trinian's, pensionnat pour jeunes filles rebelles*). Sur la vie privée d'Elon Musk, voir l'épilogue, p. 285.
2. Bill Lee est devenu gouverneur du Tennessee en 2019.

COTS[1], l'agence spatiale américaine recherche des entreprises privées capables de placer en orbite des vaisseaux-cargos qui assureraient le renouvellement des équipages de l'ISS, la Station spatiale internationale, ainsi que son ravitaillement en fret pressurisé. L'objectif à long terme des gens de Cap Kennedy est de maintenir en permanence six astronautes à bord de l'ISS, un travail assuré jusqu'ici par les navettes *Endeavour*, *Atlantis* ou *Enterprise*. Or, depuis l'explosion en vol de *Columbia* avec ses sept passagers[2], en février 2003, la Nasa envisage sérieusement de mettre fin aux missions de la navette spatiale dans un avenir très proche[3].

Pour Musk et ses collaborateurs, l'appel d'offres est inespéré. Il constitue même la seule chance de salut pour SpaceX. D'autant plus que le contrat de la Nasa est juteux : pas moins d'un milliard et demi de dollars. Mais encore faut-il damer le pion aux autres concurrents de l'astronautique, à savoir Boeing et Lockheed…

Hawthorne, ou le mariage réussi du spatial et du social

Pour remporter le défi du programme COTS, SpaceX dispose de nombreux atouts, à commencer par ses tarifs de lancement défiant toute concurrence : pas plus de 60 millions de dollars par tir de fusée. Là où ses concurrents font appel à des fournisseurs extérieurs aux

1. Commercial Orbital Transportation Services (Service de transport commercial orbital).
2. À un quart d'heure de l'atterrissage, *Columbia* aurait perdu un morceau de mousse isolante d'une tuile de protection thermique.
3. Le dernier vol d'une navette spatiale aura lieu trois ans plus tard, le 8 juillet 2011. Assuré par *Atlantis*, ce sera la cent trente-cinquième et dernière mission du *shuttle*. L'accident de *Columbia* a précipité la fin de ce programme amorcé en avril 1981.

États-Unis, SpaceX fabrique en effet tout le matériel dans sa nouvelle usine californienne, à Hawthorne[1], près de l'aéroport de Los Angeles. Des carénages aux capsules, des moteurs aux ordinateurs de bord, en passant par les circuits intégrés, les détecteurs de vibrations et les panneaux solaires, tout est monté sur place. C'est le principe de la « construction intégrée », pour reprendre l'expression d'Ashlee Vance.

Dans ce bâtiment entièrement blanc de plus de 50 000 mètres carrés, un espace non cloisonné où les salles de réunion, les bureaux et les zones de soudage et de construction sont séparés par de simples parois en verre transparentes, on peut voir des fusées déjà lancées ou encore les futurs lanceurs de SpaceX. S'y côtoient aussi bien des techniciens de base que des ingénieurs, des cols-bleus sous pression que des cols blancs aguerris. Non seulement Elon Musk veut révolutionner la conquête de l'espace, mais il entend aussi offrir un nouvel espace de travail. Hawthorne, c'est avant tout le mariage réussi du spatial et du social.

Pour parfaire le tout, SpaceX propose de réutiliser ses lanceurs dont seraient récupérés les étages. Un voyage aller-retour, en quelque sorte. Fini la perte sèche des fusées, fini leur désintégration spectaculaire dans notre atmosphère. D'une certaine façon, SpaceX propose des fusées pourvues des atouts de la navette spatiale. Grâce à des inverseurs de poussée, les Falcon reviendront sur Terre, quitte à atterrir, ou plutôt à amerrir sur une plateforme au milieu du Pacifique. C'est tout au moins la conviction profonde de Tom Mueller et de ses disciples.

1. En cette fin d'année 2008, l'atelier d'El Segundo, devenu trop exigu, a été délaissé.

SpaceX gagne la course à l'ISS

Le 23 décembre 2008, le verdict tombe. Malgré l'aversion de Michael Griffin[1] pour Elon Musk, SpaceX remporte l'appel d'offres. Le Petit Poucet californien dame ainsi le pion aux ogres de l'industrie spatiale que sont Boeing avec son lanceur *Delta IV*, ou encore Lockheed Martin avec sa fusée *Atlas V*. D'un montant de 1,6 milliard de dollars, le contrat prévoit qu'il pourrait être porté à 3 milliards en cas de réussite. C'est le cadeau de Noël de la Nasa, laquelle prévoit le lancement de 12 vaisseaux-cargos d'une capacité de 20 tonnes avant 2015. Par la suite, ce même contrat sera prolongé jusqu'en 2024.

Pour Elon Musk, alors en vacances au Colorado, cette victoire sur ses concurrents directs est du pain bénit. En apprenant la nouvelle, l'inflexible patron de SpaceX – qui partage le pactole avec une autre société privée, Orbital Sciences[2] – ne peut cacher son émotion. Il éclate en sanglots et pense aussitôt à ses proches, qu'il a négligés en cette période de forte tension. « Je n'avais pas trouvé un instant pour acheter un cadeau de Noël pour Talulah[3] », confiera-t-il. Ce contrat du programme COTS, c'est à la fois de l'argent qui tombe du ciel et ce qui va lui permettre de le conquérir. Depuis des mois, il se débattait corps et âme pour trouver de nouveaux crédits, et voici que la Providence lui sourit. Les années noires seraient-elles derrière lui ?

---

1. Le directeur de la Nasa, qui avait failli devenir un coéquipier d'Elon Musk en 2002, n'appréciait guère les pratiques commerciales du leader de SpaceX.
2. Laquelle dispose elle aussi d'un lanceur Antares et d'un vaisseau-cargo, un Cygnus.
3. Cité par Ashlee Vance, *op. cit.*

Falcon et Dragon, les deux piliers de SpaceX

Pour mener à bien le ravitaillement de l'ISS, laquelle orbite à environ 400 kilomètres au-dessus de nos têtes, SpaceX compte sur deux vaisseaux révolutionnaires, le lanceur Falcon 9 et la capsule Dragon. Deux engins qui n'existent encore que sur le papier.

Si la fusée est disponible dès la fin du printemps 2010, le cargo spatial de Musk nécessite en revanche plus de temps et d'énergie avant de voir le jour. Quatre bonnes années seront en effet nécessaires à SpaceX pour ravitailler l'ISS en bonne et due forme.

Trois fois plus haute, deux fois plus large et dix fois plus massive que Falcon 1, dont le premier modèle reste opérationnel[1] en attendant le vol inaugural de la Falcon 9, la nouvelle fusée sortie de l'atelier de Hawthorne est pourvue de neuf moteurs Merlin. En théorie, elle est capable de placer une charge utile de près de 23 tonnes en orbite basse et de près de 8,5 tonnes en orbite de transfert géostationnaire. Rappelons-le, le projet à court terme de l'équipe d'Elon est de mettre en orbite des satellites à des prix défiant toute concurrence. Un seul lancement de Falcon 9 nécessite l'investissement de 60 millions de dollars, mais SpaceX compte diviser cette somme par trois d'ici le dixième vol. Qui plus est, les étages de ses lanceurs sont récupérables, donc réutilisables…

Dès le mois de novembre 2008, soit un mois avant de conclure le contrat historique avec la Nasa, SpaceX avait déjà réalisé et testé avec succès les neuf moteurs Merlin de la Falcon 9 sur une durée exceptionnelle de

1. Le 13 juillet 2009, lors de son cinquième vol, le lanceur connaît un nouveau succès avec la mise en orbite d'un satellite malaisien, RazakSAT.

178 secondes, soit le temps d'un tir réel. Dès lors, on pourrait croire que le vol historique vers l'ISS est une question de semaines. Il n'en est rien. Le chemin vers les étoiles est encore semé d'embûches, de contretemps et d'atermoiements. À plusieurs reprises, le compte à rebours est annulé et le vol reporté, pour des raisons techniques liées en particulier aux difficultés d'allumage du premier étage. Pour voir la Falcon 9 se dresser sur le site légendaire de Cap Canaveral et décoller sans encombre jusqu'à l'espace circumterrestre, il faudra encore attendre dix-huit longs mois. Entre-temps, la Nasa a investi plus de 350 millions de dollars dans le programme Falcon. Autant dire que la pression est forte sur les épaules de Tom Mueller et de ses collègues.

Le 4 juin 2010, c'est chose faite. Assemblée dans sa totalité et frappée du sigle bleu de SpaceX, la fusée phare de l'entreprise privée californienne se dresse fièrement sur son pas de tir. Parfaitement profilée, sa structure en métal est enserrée dans la trame d'un échafaudage léger sur lequel s'affairent les techniciens. Pour la circonstance, et dans l'éventualité d'un échec, le cargo spatial de la fusée[1], baptisé Dragon, a été remplacé par une maquette, ou, si l'on préfère, un prototype non opérationnel répondant au nom de *Dragon Spacecraft Qualification Unit.*

À l'heure prévue, les moteurs s'allument, les quatre pattes de la table de lancement s'écartent, les fixations se libèrent et la fusée s'élève lentement dans le ciel de Floride. Exactement 155 secondes plus tard, comme anticipé, deux des neuf moteurs s'éteignent pour limiter l'accélération. Encore vingt et une secondes, et c'est la séparation des deux étages de la Falcon. Hourrah!

1. À savoir la charge utile chargée de ravitailler plus tard l'ISS.

tout se passe comme prévu. Au centre de contrôle, Elon Musk et ses camarades jubilent et se congratulent.

Le second étage se place comme prévu sur une orbite à peu près circulaire à 250 kilomètres avec une inclinaison de 34,5 degrés correspondant presque parfaitement à l'objectif fixé (moins de 1 % de différence). Victoire : la Falcon 9 vient de réussir son baptême de l'espace ! Seule entorse au programme, la perte du premier étage. Contrairement à ce qui était annoncé, il n'a pas pu être récupéré et s'est disloqué en heurtant l'océan. Mais ce n'est que partie remise.

Une fois n'est pas coutume, plus qu'en chef d'entreprise inflexible, Elon réagit avec philosophie et ne veut retenir que la satellisation de sa fusée fétiche. En soi, c'est déjà un exploit. Pour la première fois dans l'histoire de la conquête spatiale, une entreprise commerciale privée a réussi à mettre un lanceur en orbite. Aussi les sujets de satisfaction l'emportent-ils de loin sur l'amertume de n'avoir pu récupérer le premier étage. Si l'amerrissage a échoué, ses ingénieurs rectifieront le tir lors du prochain vol.

Dragon réussit son examen de passage

Le deuxième lancement de la Falcon 9 a lieu quelque six mois après la mise en orbite réussie du 4 juin. Nous sommes le mercredi 8 décembre 2010 et la tension est encore montée d'un cran au sein de l'équipe de SpaceX. D'autant que, deux jours plus tôt, un technicien a laissé ouvert par mégarde un panneau du pas de tir donnant sur une salle souterraine. Tout le matériel informatique du centre de contrôle de SpaceX a été inondé après une pluie diluvienne. L'équipe de Musk a dû réagir dans l'urgence et la plus totale improvisation. L'un des ingénieurs a même récupéré du matériel dans une vulgaire quincaillerie, où il s'est procuré une vingtaine de phares de voiturettes de golf. La veille du lancement, d'aucuns ont travaillé toute la nuit.

En ce petit matin de décembre, c'est une équipe décomposée qui se prépare à un moment historique de la conquête de l'espace. Manches retroussées, joues mal rasées et cravate de travers, ils semblent au bout du rouleau. Cette fois, les enjeux sont colossaux : il ne s'agit plus d'une simple maquette, mais de la véritable capsule Dragon. D'une hauteur de 7 mètres et d'une masse à vide de plus de 4 tonnes, le vaisseau en question peut acheminer 6 tonnes de fret vers la Station spatiale internationale. Étant donné la nature du lancement, un vol de simple démonstration, Dragon n'est cependant pas chargé de colis de ravitaillement. En guise de simple « livraison », la capsule doit transporter une énorme meule de fromage : un clin d'œil au projet de « souris martiennes » formulé par Elon Musk lorsqu'il fréquentait assidûment les salons de la société de Robert Zubrin[1].

Meule de fromage ou non, il n'en demeure pas moins que la Falcon 9 décolle avec une précision de montre suisse. En cette journée du 8 décembre, à l'heure dite, le cargo Dragon se détache de la fusée et se place en orbite basse à un peu moins de 300 kilomètres d'altitude. Les communications sont alors testées depuis le centre de Cap Canaveral, et des manœuvres de changement d'orbite et de contrôle d'orientation sont réalisées via les dix-huit petits moteurs-fusées Draco[2] qui équipent le cargo spatial. Sans le moindre accroc, le cargo dérive

1. Voir chapitre 4, p. 55.
2. Ces moteurs-fusées de faible puissance exercent une poussée de 400 newtons et utilisent des carburants hypergoliques, le

dans l'espace après avoir déployé ses deux panneaux solaires. On croit rêver. Après deux heures autour de la Terre, le Dragon effectue sa rentrée atmosphérique et amerrit en douceur au milieu du Pacifique, à 800 mètres de l'endroit prévu. C'est un succès total. En tout et pour tout, la démonstration spatiale a duré trois heures et vingt et une minutes. Mais l'histoire ne nous dit pas ce qu'il est advenu de la meule de fromage.

Pour marquer l'événement, les salariés de SpaceX célèbrent Noël dès le 16 décembre à Hawthorne. La fête ? Pas tout à fait. Pendant près d'une heure, Musk sermonne Mueller et ses ingénieurs en raison d'un petit retard de calendrier sur la livraison de la future fusée Falcon. Contre toute attente, les jurons l'emportent sur les félicitations. La soirée tourne au cauchemar. « Les femmes des collaborateurs faisaient tapisserie non loin de là en attendant la fin de l'engueulade[1] », relate avec dépit un observateur extérieur.

Et pourtant, l'ex-adolescent de Pretoria a toutes les raisons de se réjouir. Le défi de l'ISS a été relevé ; le sommet de la montagne de la qualification pour le programme COTS se dessine à l'horizon…

« Un dragon par la queue »

« Houston, Station. On dirait que nous avons attrapé un dragon par la queue. » Ainsi s'exprime Don Pettit. L'astronaute de l'ISS vient de saisir la capsule Dragon à l'aide du bras articulé de dix-huit mètres de la Station

méthylhydrazine et le peroxyde d'azote. Autant dire qu'ils s'enflamment spontanément lorsqu'ils entrent en contact.

1. Cité par Ashlee Vance, *op. cit.*

spatiale internationale. Nous sommes le 22 mai 2012[1]. Largement oubliée dans les annales de la conquête de l'espace, cette date est pourtant à graver en lettres d'or dans le grand livre des exploits technologiques. Pour la première fois depuis le vol de *Spoutnik*, une société privée réalise le premier amarrage d'un cargo ravitailleur à une station spatiale. Une aventure commencée trois jours plus tôt sur le pas de tir SLC-40 du centre spatial Kennedy, une rampe de lancement louée par SpaceX...

Le 19 mai 2012, la fusée d'un blanc immaculé a décollé en pleine nuit, peu avant 4 heures du matin. À son bord, le cargo Dragon, chargé cette fois d'un peu plus d'une demi-tonne de marchandises, de victuailles et de matériel d'expérimentation. Comme en décembre 2010, les manœuvres de changement d'orbite et de calcul de trajectoire se sont déroulées sans le moindre accroc. Pas un moteur-fusée n'est tombé en panne et la mise en orbite du cargo s'est effectuée selon les prévisions.

Dans la nuit du 22 mai, à 4 heures du matin exactement, le véhicule arrondi de SpaceX s'approche sans difficulté de l'ISS. Malgré l'apparente immobilité du Dragon et de la Station, les deux vaisseaux orbitent à plus de 27 000 km/h. Autant dire que toute erreur d'approche serait catastrophique. La manœuvre finale est assurée par des astronautes de l'ISS au moyen du bras télécommandé Canadarm 2, lequel se positionne avec précision au-dessus de l'écoutille carrée[2] du Dragon. L'amarrage a lieu à 17 h 02 heure française, à la verticale

---

1. Depuis le vol de décembre 2010, le programme de la navette spatiale a été définitivement arrêté.
2. Une écoutille de 127 centimètres de côté au format standard CBM, exigé par la Nasa pour amarrer le cargo à l'ISS.

du nord-ouest de l'Australie. Quelques secondes plus tard, la capsule de SpaceX est comme une moule accrochée à son rocher. Un soulagement pour Musk, mais aussi pour les astronautes de la Station, qui attendaient avec impatience des vivres et du matériel neuf. Sur la terre ferme, dans le centre californien de Hawthorne comme à Cap Kennedy, l'amarrage réussi du Dragon déclenche un tonnerre d'applaudissements…

Six jours plus tard, le 28 mai, ce même Dragon se détache de la Station orbitale et entame sa longue descente vers la Terre. Encore plus chargé qu'à l'aller, il transporte plus de 625 kilos de fret. Contrairement aux autres cargos de ravitaillement (l'ATV européen, le Progress russe et le HTV japonais), la capsule Dragon n'est pas prévue pour se désintégrer dans l'atmosphère à son retour. Censée être réutilisable, elle amerrit comme lors du test précédent dans l'océan Pacifique, à environ 900 kilomètres au large de la Californie. Dans les heures qui suivent, une petite flottille est dépêchée sur place par les hommes d'Elon pour récupérer l'engin.

C'est encore un franc succès. Dorénavant, les ingénieurs de SpaceX peuvent faire le signe de la victoire. Après ce deuxième vol de démonstration de leur capsule, ils sont définitivement qualifiés pour le programme COTS et font officiellement partie de la grande famille de la Nasa. Les vols de qualification ayant été concluants, Elon Musk peut maintenant passer à la vitesse supérieure : la phase opérationnelle de la mission Falcon-Dragon.

Opérationnel !

Nous sommes au soir du 7 octobre 2012. Le premier vol commercial de Dragon vers l'ISS doit avoir lieu, théoriquement, le lendemain. Dressée comme lors de son précédent vol sur la rampe de lancement nº 40, la fusée Falcon 9 attend le feu vert du centre de contrôle pour décrocher la lune. Sous sa coiffe, le fret du Dragon s'élève désormais à 905 kilos. Pour couronner le tout, elle transporte un satellite Orbcomm d'une masse avoisinant les 150 kilos. À Hawthorne comme à Cap Kennedy, les ingénieurs et les techniciens de SpaceX sont fébriles. À commencer par Elon Musk, d'une humeur exécrable. Et il a raison d'être inquiet…

Le 8 octobre, peu après minuit et demi, la fusée Falcon prend son envol. À peine s'est-elle élevée dans l'atmosphère, les ennuis commencent. Soixante-dix-neuf secondes tout juste après le décollage, l'un des neuf moteurs Merlin de la Falcon cale. Alors que la fusée a dépassé 1 500 km/h et 18 kilomètres d'altitude, une brèche s'est ouverte dans la chambre de combustion. Aussitôt, un jet de gaz brûlant a sectionné le conduit de l'alimentation principale en ergol[1]. Nonobstant, le moteur n'a pas explosé et, vaille que vaille, malgré l'endommagement de son carénage, la Falcon poursuit sa route en utilisant ses huit autres moteurs. À l'heure dite, le Dragon s'accroche à l'ISS et livre sa cargaison[2].

Le soulagement et surtout la joie se lisent sur les visages des ingénieurs de SpaceX, restés crispés jusque-là. Une satisfaction d'autant plus grande que l'équipe d'Elon Musk a vraiment frôlé le désastre. Elle a ainsi démontré à la Nasa sa compétence et sa réactivité face

1. Ces détails de l'incident ne seront connus que quelques mois plus tard, à la suite de l'investigation d'une commission lancée conjointement par SpaceX et la Nasa.
2. Soit 120 kg de fournitures pour l'équipage, 180 kg de matériaux pour les expériences en apesanteur et 105 kg d'équipements pour la station elle-même.

à un imprévu. Seule entorse à la mission : l'absence de mise en orbite du prototype Orbcomm, la défaillance d'un moteur n'ayant pas permis d'allumer le second étage de la fusée. Au terme de quatre jours de dérive dans l'espace, le satellite retombe sur Terre après s'être désintégré dans l'atmosphère. Pour cette première mission commerciale, on peut donc parler d'« échec réussi », à l'instar du sauvetage de l'équipage d'Apollo 13 en 1970, toutes proportions gardées.

Maîtriser l'océan pour gagner l'espace

Le 28 octobre 2012, soit vingt jours après son amarrage en douceur avec l'ISS, le cargo spatial Dragon quitte la Station internationale avec un nouveau fret, pénètre sans difficulté dans notre atmosphère et amerrit au large des côtes californiennes. Il est récupéré par les hommes de SpaceX sans le moindre dégât. Mais Musk, « l'homme qui voyage dans le futur », ne peut s'empêcher de maugréer. À son idée, il est impératif que son vaisseau Dragon amerrisse sur une plate-forme océanique. Cela se traduirait par un gain de temps, de productivité et de crédibilité.

Dans l'année qui suit la réussite opérationnelle de la capsule Dragon, l'obsession des ingénieurs de SpaceX n'est donc plus l'amarrage avec l'ISS, mais l'amerrissage dans l'océan Pacifique. On pourrait même parler d'appontage. Lors des premiers essais, les parachutes s'étaient mal déployés et le premier étage de la fusée avait sombré dans la mer. Désormais, Elon abandonne les parachutes et opte pour une récupération propulsive, avec une phase de freinage particulièrement délicate.

L'amerrissage en douceur sur une plate-forme autonome nécessitera de longs mois de labeur. Pas moins de trois ans et demi, pour être précis. Entre-temps, Elon

Musk doit slalomer en permanence entre SpaceX et le siège de Tesla, dans la Silicon Valley. La dernière version de sa voiture électrique, la Model S[1], accapare une grande partie de son énergie. Il a la ferme volonté d'en faire l'équivalent automobile de l'iPhone.

Toujours stressé, toujours pressé, Musk déboule régulièrement dans son atelier à Hawthorne en donnant ses coups de gueule légendaires, vitupérant en général contre les cadences de ses salariés, jugées trop molles. « Il y va de notre avenir à tous », répète-t-il. « Il blasphème comme un matelot, même en présence de femmes et d'enfants », s'indigne un certain Currie, gentleman sudiste de son état.

De septembre 2013 à décembre 2015, une bonne dizaine de lancements sont opérés pour mettre au point un appontage parfait du premier étage sur une barge au milieu de l'océan. Pour mener à bien les opérations, une structure flottante de 90 mètres sur 50 a été construite. Les manœuvres d'appontage sur cette surface relativement exiguë sont toutefois loin d'être une sinécure. Le scénario est sensiblement toujours le même. Une fois séparé du second étage, à environ 130 kilomètres d'altitude, le premier étage entame sa rentrée dans l'atmosphère, allume ses rétrofusées à deux reprises afin de freiner sa descente, en particulier quand sa vitesse ne dépasse pas quelques centaines de mètres par seconde. Mais à chaque fois, un grain de sable fait capoter la mission. Trop lente ou trop rapide, la fusée donne bien du fil à retordre à ses concepteurs. Quand ce n'est pas la météo capricieuse qui déchaîne la mer, c'est une panne de radar, une valve défaillante ou encore un manque de liquide hydraulique actionnant

---

1. Voir chapitre 15, p. 213.

les ailerons des stabilisateurs qui fait échouer l'opération dans les toutes dernières secondes. Lors de la tentative du 14 avril 2015, deux des quatre jambes déployables de la fusée se sont ainsi rompues. Elle a basculé sur la barge, avant d'exploser.

Le moment tant espéré survient lors du test du 8 avril 2016[1]. C'est la sixième tentative de l'entreprise SpaceX pour réaliser l'amerrissage parfait. Ce jour-là, dix petites minutes après avoir décollé de Cap Kennedy, le booster se pose avec précision sur une barge océanique autonome baptisée *Of Course I Still Love You*, équipée de moteurs à propulseur diesel Azimut de 4 × 300 chevaux à chaque coin du pont d'atterrissage. Quatre ans après l'amarrage du Dragon à l'ISS, la volonté opiniâtre d'Elon Musk de décrocher le jackpot a été une nouvelle fois récompensée. « On a prouvé que ça pouvait marcher », s'enthousiasme-t-il lors d'une conférence de presse. Et d'insister, devant un parterre de journalistes, sur la réduction considérable du coût des vols spatiaux que pourrait entraîner la réutilisation des fusées.

Même la Maison Blanche s'émeut de cet exploit. « Félicitations à SpaceX pour avoir posé une fusée en mer. C'est grâce à des innovateurs comme vous et la Nasa que l'Amérique continue à dominer l'exploration spatiale », écrit le président Barack Obama aux concepteurs de la Falcon 9. Et l'année qui vient va conforter Elon Musk dans ses convictions. Car dès le 30 mars 2017, à la faveur de la mission spatiale SES-10, SpaceX réutilise pour la première fois un premier étage précédemment utilisé pour propulser sur son orbite le

1. Gardons-nous d'oublier l'exploit du 21 décembre 2015. Ce jour-là, le booster de SpaceX est revenu atterrir sur un ancien pas de tir de Cap Kennedy, lequel a été rebaptisé Landing Zone 1.

vaisseau-cargo Dragon. Là encore, le booster principal revient sur Terre en se posant en douceur sur la barge océanique *Of Course I Still Love You.* D'ores et déjà, les ambitions d'Elon Musk ne sont plus circonscrites au seul ensemble circumterrestre. Fort de ses derniers succès, « l'homme qui voyage dans le futur » ne cache plus son grand fantasme : faire marcher des hommes et des femmes par centaines sur Mars avant la fin de la prochaine décennie. En d'autres termes, faire de la planète rouge la Terre du troisième millénaire…

Troisième partie

Objectif Mars

(2017-2021)

« On n'enferme pas un rêve, même s'il est fou. »

(Grégoire Lacroix)

Les pieds sur Terre et la tête dans les étoiles, Elon Musk est obsédé par la planète rouge. Dès le 29 septembre 2017, avant même le vol de la Falcon Heavy, il a annoncé son intention de construire une fusée géante de 122 mètres de hauteur, la Big Falcon Rocket, un vaisseau spatial capable d'expédier des hommes sur Mars.

Visionnaire de l'ère du voyage dans l'espace version *low cost*, Musk juge que le prix du billet pour Mars coûtera moins d'un demi-million de dollars et pourrait même descendre sous les 100 000 dollars.

À long terme, le milliardaire envisage de coloniser la planète rouge…

8

Il était une fois la planète Mars

« Les chances contre quelque chose d'approchant de l'humanité sur la planète Mars sont d'un million pour une. »

(H. G. Wells, *La Guerre des mondes*)

Le 4 juillet 1997, jour anniversaire de la fête de l'Indépendance américaine, l'Amérique s'offre Mars. Sous la forme d'un petit jouet à six roues de 65 centimètres de long, le robot *Sojourner* roule au fond de la vallée d'Ares, à quelque 800 kilomètres au sud-est du site exploré autrefois par *Viking 1*. D'emblée, le paysage sillonné par *Sojourner* captive les scientifiques américains. À n'en pas douter, cette vallée lisse et sans obstacles topographiques majeurs est le lit d'un ancien fleuve. On y remarque très nettement des traces d'écoulement témoignant d'un passé beaucoup plus tumultueux.

La planète rouge serait-elle une ancienne planète bleue qui aurait mal tourné ? Pour Elon Musk, en mal de Terre nouvelle et de défis hors norme, notre voisine de palier planétaire est le théâtre rêvé pour exaucer ses vœux les plus chers : fonder une humanité multiplanétaire.

1976, l'an I de l'exploration martienne…

20 juillet 1976. Dans l'atmosphère ténue de Mars, un engin volant d'aspect discoïdal pourfend le ciel saumon. Son origine extramartienne ne fait aucun doute. Aucun pilote ne le dirige car l'appareil est guidé depuis la Terre. Il s'agit de la sonde *Viking 1*. Son objectif final est de se poser. Des jours durant, l'orbiteur a cherché le site idéal pour réussir un « amarsissage » parfait. Le lieu choisi ne devait être « ni trop haut, ni trop venté, ni trop pentu, ni trop rocailleux, ni trop poussiéreux… ».

À la vitesse de 4 km/s, le vaisseau de la Nasa pénètre sans le moindre dommage dans l'atmosphère martienne, protégé par des boucliers thermiques. Soudain, à 6 000 mètres d'altitude, un parachute s'ouvre. D'une envergure de dix-huit mètres, il est parfaitement adapté à la très faible pression de la planète. À 1 200 mètres, un système de rétrofusées prend le relais. Au grand soulagement des techniciens de Pasadena, la sonde *Viking 1*, avec ses faux airs de gros insecte dépourvu d'ailes, se pose en douceur dans la plaine de Chryse Planitia, par 22 degrés de latitude nord, à quelques mètres d'un gros rocher qui aurait pu compromettre la mission si la sonde l'avait heurté.

La descente de l'intrus terrestre a duré treize longues minutes. À Pasadena, c'est l'explosion de joie. D'ici quelques minutes, les premières images de la planète mythique traverseront les dizaines de millions de kilomètres qui nous séparent de Mars pour nous révéler son véritable visage.

Viking 1 n'est pas seulement le premier ambassadeur de la Terre envoyé sur Mars ; c'est aussi un véritable laboratoire d'analyse chimique et biologique capable de détecter la vie sur la planète rouge.

Mars, Terre d'avenir?

Une fois au sol, la sonde ne découvre aucune cité futuriste, aucune forêt luxuriante, pas même la trace d'un cours d'eau ou d'une empreinte de pas, mais un paysage rocailleux et aride ressemblant vaguement à un désert de l'Arizona dont on aurait rasé les arbustes et les cactus. Un Antarctique aux couleurs de rouille balayé par des vents à 400 km/h, grêlé de cratères côtoyant des canyons aux dimensions colossales, des volcans hauts comme trois fois l'Everest : ainsi apparaît Mars, miroir du passé et peut-être de l'avenir de la Terre…

Mars, c'est une boule rougeâtre deux fois plus petite que notre globe, où règne un froid sibérien pendant toute l'année. Pas de quoi y implanter un futur Club Med. Le ciel, brun orangé, saturé d'oxyde de carbone, est éclairé par un Soleil deux fois plus petit que le nôtre. La Terre est à peine perceptible au-dessus de l'horizon, brillant comme une simple étoile. Quant à la Lune, elle a complètement disparu du paysage céleste. Et pourtant, Mars a toujours fait fantasmer l'humanité en quête de nouvelles îles cosmiques, à commencer par Elon Musk ; non en raison de ses paramètres physiques, mais parce qu'il s'agit de la seule planète « fréquentable » dans notre environnement spatial immédiat. À seul titre de comparaison, Vénus, pourtant plus proche de nous, est un véritable enfer où la température et la pression excessives interdisent tout séjour. Des métaux comme l'étain et le plomb y fondraient et, à supposer que nous puissions survivre à des températures supérieures à 400 °C, nous serions écrasés à sa surface comme des mouches.

Une planète autrefois bleue comme l'azur

En 1997, pour la deuxième fois depuis 1976, les Terriens découvrent des photos inédites de Mars. Après l'exploit des *Viking* vingt et un ans plus tôt, la sonde *Pathfinder* leur transmet de nouveau un paysage rouillé et caillouteux sur fond de ciel rose. À une différence près : au contraire des *Viking*, ce nouveau robot peut se déplacer sur le sol martien grâce à six petites roues motrices de 13 centimètres de diamètre. Ressemblant vaguement à un jouet d'enfant, le dernier bijou de la Nasa n'excède pas 30 centimètres de hauteur pour une longueur de 65 centimètres. Se déplaçant à raison de 24 mètres par heure, le robot *Sojourner* peut gravir des pentes à 45 degrés.

D'emblée, sur la ligne d'horizon, on devine deux petites collines. Surnommées les Twin Peaks (pics jumeaux), elles culminent difficilement à 310 et 350 mètres d'altitude. Aux dires des scientifiques, ces reliefs auraient été autrefois érodés par des coulées de boue filant à plus de 30 km/h sur une épaisseur d'une vingtaine de mètres. Preuve de ce passé aquatique de Mars, le robot mobile *Sojourner* filme de petits galets arrondis, probablement façonnés par l'eau. Mars avait donc tous les atouts pour devenir une planète bleue…

Des canaux de Lowell à *La Guerre des mondes* de Wells, en passant par l'épopée des sondes *Mariner*, les hommes n'ont cessé d'imaginer le sol martien. En juillet 1976, la mission Viking avait déjà levé un premier voile sur la désolation de notre voisine. Aucune chute digne de celles du Niagara, aucun torrent indompté dévalant des pentes abruptes : Mars n'est qu'un vaste désert coloré par l'oxyde de fer dont l'atmosphère est timidement traversée par les rayons du Soleil.

À l'instar de l'enthousiasme soulevé par l'arrivée des sondes *Viking* en 1976, les scientifiques exultent à la vue des images expédiées par *Sojourner* le 4 juillet 1997. Car ce paysage stérile et aride serait le témoin d'une prospérité révolue. La vallée d'Ares est le delta d'un ancien fleuve. La surface de Mars est sillonnée par des dizaines de vallées et de bassins d'écoulement. D'une certaine façon, Mars a gardé la mémoire de l'eau. Pourquoi a-t-elle disparu ? Pour comprendre le phénomène, il nous faut remonter le cours du temps, revenir 4,5 milliards d'années en arrière…

Une Terre qui a mal tourné…

Deux fois moins large et dix fois moins lourd que la Terre, le « petit » bolide rouge fonce à plus de 86 000 km/h autour de notre étoile. Au même titre que ses cousines telluriques, Mars est une masse de fer et de silicate dont la formation remonte aux origines de la nébuleuse primitive qui a donné naissance au Soleil et à son cortège de planètes. C'est alors la guerre des mondes. Pluies de météores et escadrilles de comètes sont le lot quotidien des premiers jours martiens. Tout comme la Terre et Vénus, la planète rouge s'est formée à force de collisions de matière et d'accumulations de poussières. Par la suite, le volcanisme a façonné leur sol et modifié la composition de leur atmosphère.

À leurs débuts, rien ne distingue les trois mondes, nés dans les régions chaudes du système solaire. Ils ont été logés à la même enseigne et appartiennent à la même famille : celle des telluriques. Ils se distinguent radicalement du monde des planètes géantes, situées bien au-delà de l'orbite martienne, telles que Jupiter et Saturne. Ces dernières sont d'immenses sphères gazeuses qui ont cette singulière propriété de diffuser plus d'énergie qu'elles n'en reçoivent du Soleil.

Pendant le premier milliard d'années, les trois planètes connaissent le même destin. La longue saison des pluies qui suit la période du bombardement météoritique les pourvoit d'océans. On sait ce qu'il advient de Vénus. En apparence, celle-ci ressemble à s'y méprendre à la Terre ; en réalité, dissimulée derrière son épaisse couche de nuages, elle est un véritable four cosmique.

Il en va tout autrement pour Mars, deux fois plus éloignée de notre étoile mère que Vénus. La planète rouge présente même beaucoup de similitudes avec la Terre : une durée de rotation presque identique et l'existence de saisons. Mais là s'arrête la comparaison. Située à plus de 75 millions de kilomètres au-delà de l'orbite terrestre, Mars enregistre des températures bien inférieures à zéro degré. La dernière pluie remonte à plus de trois milliards d'années. En raison de son faible gabarit et surtout de l'absence de dérive des continents, Mars ne peut rivaliser très longtemps avec la Terre. La planète rouge est une grande victime du froid.

L'évolution de Mars s'arrête dès son enfance. Autrefois dense et chaude, l'atmosphère martienne se raréfie au fil de millions d'années. Elle est désormais transparente et presque inexistante. L'une des grandes raisons du refroidissement de la planète est la disparition du gaz carbonique. Même s'il est l'élément prédominant de son atmosphère, cette dernière est toutefois infiniment ténue. Ce gaz carbonique a une fâcheuse habitude : celle de s'incruster dans le sol pour former du calcaire. Sur Terre, pas de problème : le sol est continuellement renouvelé, grâce à la dérive des continents. Tectonique des plaques oblige, les dépôts sédimentaires enfermant le carbonate sont emportés dans les entrailles de notre planète. En son cœur, le carbone est recyclé, puis libéré dans l'atmosphère par l'éruption des volcans. La surface de Mars est au contraire immuable, statique, sans vie. La tectonique des plaques y est inconnue. Et pour cause, sa croûte est faite d'un seul bloc.

Seule consolation : ses volcans. Ce sont les plus élevés du système solaire, comme en témoigne la base de l'Olympus Mons, avec ses 22 kilomètres d'altitude et une base qui couvrirait la moitié de la France. La faible gravité de Mars explique cette démesure verticale. Les dépôts de calcaire ont obstinément refusé la séance de recyclage. La couche de gaz carbonique s'est rétrécie comme une peau de chagrin. En son absence, les rayons du Soleil ont eu la vie belle. Ils ont pu rebondir sur la planète sans craindre l'effet de serre. La chaleur s'est alors dissipée dans l'espace.

Sans couche d'ozone, dénudée, refroidie, Mars ne peut faire jeu égal avec la Terre. Avec une masse équivalente, la partie eût été plus équilibrée. Hélas, Mars est trop petite pour ambitionner une carrière de planète bleue. Sa gravité est si faible que nos champions de saut en hauteur franchiraient allégrement les quatre mètres.

Qu'est donc devenue l'eau martienne ? Une partie se serait évadée dans l'espace, l'autre se serait figée dans les calottes glaciaires. D'aucuns pensent qu'elle serait restée prisonnière du sous-sol martien, gelé par – 50 °C. Dès lors, on se prête à rêver à la vie…

Pendant 300 millions d'années, Mars a donc eu la même physionomie que son homologue terrestre. Entre – 4,1 et – 3,8 milliards d'années, des lacs et des fleuves aux débits prodigieux coulaient à sa surface. Ce laps de temps pourrait être suffisant pour qu'une chimie du vivant ait pu éclore et se développer. Si le refroidissement de la planète a été progressif, peut-on dès lors envisager les premières étapes du processus de la vie ? Sur Terre, du fait de la tectonique des plaques, l'activité biologique des premiers temps a été complètement effacée.

Une seule certitude : quand les mers ont disparu de la surface de Mars, la vie terrestre n'existait qu'au stade embryonnaire. Les micro-organismes et les êtres unicellulaires représentaient la forme la plus évoluée de la chimie du vivant. Où chercher la vie sur Mars et à quoi ressemblerait-elle ? Est-ce une vie microscopique fondée sur la photosynthèse, c'est-à-dire la lumière, ou sont-ce des micro-organismes nés de la chimiosynthèse dans la nuit des profondeurs ?

À la recherche d'une vie martienne… sur Terre

En partant du principe que toute vie organique assimile, pour se nourrir, soit du carbone, soit des acides aminés, les sondes *Viking* avaient analysé des échantillons du sol martien en espérant que ceux-ci absorberaient les substances apportées de la Terre. Il n'en a rien été.

Au cours de l'été 1997, *Pathfinder* se doit de répondre à une question cruciale : la vie martienne a-t-elle pu survivre à la disparition de l'eau en surface ? Rien ne nous autorise à nier cette possibilité. La vie terrestre s'est parfois développée dans des conditions inhospitalières. Pour preuve, les vallées sèches de l'Antarctique, qui ne connaissent ni neige ni pluie. Au cœur de ces lacs souterrains qu'une couverture de glace empêche de geler, des milliers de micro-organismes et d'organismes planctoniques se nichent dans les roches rouges. Autre surprise de taille au chapitre des singularités terrestres : à 2 500 mètres au fond des mers, près des sources géothermales. À de telles profondeurs, la lumière est absente et la pression digne de l'enfer vénusien. Vingt ans avant l'arrivée de *Pathfinder* sur Mars, une expédition sous-marine est tombée nez à nez avec une étonnante faune abyssale. Celle-ci se nourrit de soufre puisé directement à la source hydrothermale. Moules géantes, crustacés jaunes, araignées aveugles et autres maîtres du royaume de l'obscurité : un monde hors du monde. L'existence de telles sources hydrothermales n'est pas à exclure sur Mars, notamment à proximité des grands volcans. Les premiers explorateurs de la planète rouge seront vraisemblablement des spéléologues.

L'histoire de notre monde nous a appris que la vie prend des raccourcis, saute des obstacles pour se réadapter sans cesse. Dans les années qui suivent, les robots américains *Spirit*, *Opportunity* et *Curiosity* vont conforter l'hypothèse du passé bleu de la planète rouge. À n'en pas douter, et c'est la conviction la plus profonde du fondateur de SpaceX, nous n'en sommes encore qu'à la préhistoire de l'exploration de Mars.

Conviction muskienne : notre futur sera martien ou ne sera pas…

9

Starship : la conquête commence

« Mars commence à devenir crédible. »

(Elon Musk, 5 août 2020)

Le premier épisode de la conquête martienne s'est peut-être écrit le 6 février 2018. Ce jour-là, une fusée de plus de 1 400 tonnes s'est arrachée du fameux pas de tir 39 de Cap Kennedy. Ce vol inaugural est une réussite totale. Répondant au nom de Falcon Heavy, la grande vedette du jour est une fusée révolutionnaire dont les propulseurs sont réutilisables, conçue par la société privée SpaceX.

Et Musk tourna ses regards vers la planète rouge

Au tout début de son périple américain, en 2001, Elon Musk a créé la société Life to Mars Foundation. Son but était alors de transformer les humains en colons de l'espace. En août 2012, lors de la 15e conférence annuelle internationale de la Mars Society, Elon Musk se voit décerner le Mars Pioneer Award. La cérémonie a lieu à Pasadena, cité californienne entièrement tournée vers l'industrie spatiale.

Depuis l'année 2002, date de la fondation de la société SpaceX, Elon Musk révolutionne le transport spatial. En février 2014, lors de sa visite en Californie,

François Hollande mesure toute la détermination de l'étoile montante de la Silicon Valley. Au président français qui ironise dans un anglais approximatif sur ses ambitions interplanétaires, Elon assène : « Vos lanceurs européens sont trop chers, je vais réduire les coûts et inventer les fusées réutilisables pour aller sur la Lune et sur Mars. »

Pariant sur le *low cost* et son corollaire, le véhicule spatial réutilisable, SpaceX multiplie les succès depuis plus de dix ans. Sans compter l'amarrage de son vaisseau Dragon à l'ISS en mai 2012, la société privée a réalisé une grande première mondiale, en avril 2016, en faisant revenir sur Terre le premier étage de sa fusée Falcon 9 après un vol de onze minutes[1]. Mieux encore, en mars 2017, la société d'Elon Musk a réutilisé ce même premier étage pour expédier dans l'espace un nouveau vaisseau, inaugurant ainsi l'ère du « spatial *low cost* ».

Désormais, le milliardaire voit plus loin et plus haut. Dès la fin de l'année 2017, Musk annonce son intention d'expédier des hommes vers Mars. Une étape majeure dans l'histoire de l'humanité, aux conséquences multiples, à la fois d'ordre économique, culturel et politique.

La première étape de sa conquête de la planète rouge s'écrit en février 2018, avec le lancement de la Falcon Heavy. Pour ce test historique, Elon Musk se permet même une fantaisie. Le lanceur doit en effet transporter un objet singulier : la voiture électrique du milliardaire, un Roadster Tesla rouge décapotable dont l'autoradio jouera la chanson « Space Oddity » de David Bowie durant la manœuvre. Conduite par un mannequin déguisé en astronaute, elle mettra le cap vers Mars. Aux dernières nouvelles, son périple à travers le système

1. Voir deuxième partie, p. 53.

solaire devrait durer des millions d'années avant qu'elle échoue sur une planète quelconque. À moins qu'elle ne soit récupérée par des aliens collectionneurs d'objets terrestres inédits…

Le futur commence un 6 février

En ce mardi 6 février 2018, c'est l'ambiance des grands jours à Cap Kennedy. Une fusée imposante de plus de 1 400 tonnes, de 70 mètres de hauteur, de 11 mètres de diamètre et d'une capacité de transport de 64 tonnes de matériel s'apprête à décoller du pas de tir 39, à l'endroit même où la légendaire Saturn V d'Apollo 11 était partie pour la Lune. Constituée de trois fusées Falcon 9 assemblées les unes aux autres, la Falcon Heavy est impressionnante. Il s'agit du troisième lanceur le plus puissant jamais construit, après Saturn V et la fusée soviétique Energiya[1]. Mais à la différence du lanceur géant américain de 1969, le vaisseau « privé » de 2018 est inhabité. Et surtout, il est réutilisable.

À 15 h 46, heure locale (20 h 46 UTC), c'est chose faite. La fusée de SpaceX s'élève dans les airs sans le moindre accroc. Alimentés par un mélange de kérosène et d'oxygène liquide, les vingt-sept moteurs Merlin[2]

---

1. Un projet mort-né : le vaisseau soviétique n'a volé que deux fois, le 15 mai 1987 et le 15 novembre 1988.

2. La poussée du Merlin est passée, au fil des tests, de 32 tonnes pour la version 1A de 2006 à 93 tonnes pour la version DV+ produite à partir de 2016. Le circuit d'alimentation repose sur une turbopompe unique alimentée par un générateur à gaz. La pression dans la chambre de combustion atteint 110 bars, ce qui permet d'obtenir une impulsion spécifique de 348 secondes pour la version fonctionnant dans le vide.

exercent une poussée de 22 800 kilonewtons[1] qui propulse la fusée jusqu'à 6 900 km/h. Ainsi qu'il était prévu, les deux propulseurs d'appoint, après leur largage à une altitude de 60 kilomètres, reviennent se poser sur leurs plates-formes respectives à Cap Kennedy, tout juste huit minutes et vingt secondes après le décollage de la Falcon Heavy.

Il n'en va pas de même pour le propulseur central. Détaché du reste de la fusée à 90 kilomètres d'altitude, il devait revenir se poser sur une barge autonome de l'océan Atlantique, à quelque 350 kilomètres au large des côtes de Floride. Mais la manœuvre échoue : le propulseur percute la surface de l'océan à plusieurs centaines de mètres de la barge en question, à près de 500 km/h.

La perte du troisième propulseur de la fusée ne ternit toutefois en rien le succès de la mission, qui en outre a placé une charge en orbite géostationnaire, une exigence des militaires américains et du National Reconnaissance Office (NRO). Bien au contraire. Elon Musk voit désormais plus loin. Il ne jure plus que par la BFR, la Big Falcon Rocket. Présentée dès l'automne 2017, elle devrait transporter une centaine de personnes sur Mars dès son premier vol…

Un homme sur Mars dès 2025 ?

Printemps 2018. Un projet pharaonique pour conquérir Mars. D'une hauteur de 122 mètres, d'une poussée de 54 000 kilonewtons et d'une masse de plus de 10 500 tonnes, la BFR doit être trois fois plus

1. En comparaison, la fusée Saturn V développait une poussée de 34 000 kilonewtons. C'est toutefois beaucoup plus que les lanceurs classiques de la Nasa.

lourde que la légendaire Saturn V, assurément la plus colossale fusée jamais lancée par l'homme. Si le projet aboutit. La capacité d'emport en orbite basse autour de la Terre devrait atteindre 150 tonnes, soit bien plus que les 120 tonnes de la fusée lunaire Saturn V des missions Apollo. À titre de comparaison, Ariane 5 et Falcon 9 de SpaceX ne peuvent envoyer aujourd'hui en orbite qu'une vingtaine de tonnes. Et, dans la lancée de Falcon 9, Elon Musk compte réutiliser tous les éléments de la BFR, afin de réduire les coûts. Cerise sur le gâteau, le grand vaisseau muskien est théoriquement capable de transporter une centaine de passagers sur Mars ou, à défaut, sur la Lune. « J'ai assez bon espoir que nous pourrons achever le vaisseau et le lancer dans cinq ans environ », prédit Musk.

Après la réussite du lancement de la Falcon Heavy en février 2018, Elon Musk voit grand. Son objectif à court terme est qu'au moins deux engins-cargos puissent atterrir sur Mars, avec pour mission principale de trouver la meilleure source d'eau exploitable. Ces vaisseaux transporteraient les infrastructures suffisantes pour assurer la survie sur Mars, avant que des humains n'y soient convoyés. Des plans qui paraissent fous, tant ils prennent de vitesse les agences spatiales nationales, la Nasa ou l'ESA, qui n'ont rien programmé pour envoyer des hommes sur Mars, ni même sur la Lune. La prudence est toutefois de mise, SpaceX ayant trois ans de retard en moyenne sur les plannings annoncés…

De la BFR au Starship,
ou quand l'acier détrône le carbone

Dès novembre 2018, Elon Musk change ses plans martiens. À commencer par le nom de sa prochaine fusée cyclopéenne. Initialement baptisé BFR (Big Falcon

Rocket, parfois surnommé « Big Fucking Rocket »), le propulseur est renommé Super Heavy et l'étage supérieur sobrement appelé Starship.

À la différence de la Falcon Heavy, le prochain lanceur ne devrait être doté que d'un seul propulseur. D'une hauteur de 58 mètres, celui-ci disposerait de 31 nouveaux moteurs Raptor capables de mettre en orbite plus de 150 tonnes de charge. Une performance qui dépasse de 20 tonnes les capacités de la légendaire Saturn V. Et ce n'est pas tout ! Au-dessus de ce propulseur hors norme devrait se jucher une navette réutilisable de 48 mètres, un engin révolutionnaire capable de transporter une centaine de personnes. Pour atteindre la planète Mars dans les meilleures conditions, quarante cabines seront à disposition de l'équipage. Du jamais vu dans l'espace ! (À l'origine, le milliardaire avait imaginé une fusée gigantesque de 122 mètres baptisée ITS, constituée d'un premier étage équipé de quarante-deux propulseurs susceptibles de véhiculer une centaine de personnes dans l'espace. Mais Musk a revu ses ambitions à la baisse : le vaisseau martien ITS restera pour toujours à l'état de projet.)

En théorie, la navette Starship devrait débarquer ses premiers colons dès 2025[1]. En lieu et place de la fibre de carbone, l'engin spatial dernier cri est composé d'un alliage d'acier inoxydable et de tuiles en céramique pour les parties les plus exposées à la chaleur lors de la délicate pénétration dans l'atmosphère. Musk justifie son choix par le fait que l'acier résiste mieux aux

1. L'échéance a été sérieusement différée depuis la première édition de ce livre. En 2021, Musk envisageait un débarquement sur Mars dès 2024… date à laquelle nous sommes encore loin du décollage, prévu au plus tôt en 2030.

conditions cryogéniques au moment du remplissage du réservoir par l'oxygène et le méthane liquides, puis à la chaleur intense lors du retour sur Terre de la capsule. C'est un défaut de protection thermique qui a causé l'explosion de la navette *Columbia* lors de sa rentrée dans l'atmosphère en février 2003, hypothéquant à long terme le programme de la navette spatiale de la Nasa. L'acier est certes très lourd, mais ce matériau présente des propriétés physiques très intéressantes, comme la résistance à des températures extrêmes. Il ne se brise pas au froid interplanétaire et ne fond qu'à 1 500 °C. Par ailleurs, il est bon marché. « Une tonne de fibre de carbone coûte 130 000 dollars. Une tonne d'acier revient à 2 500 dollars », argue Musk lors de la présentation[1].

Son but à long terme, ajoute-t-il avec emphase, est de « voyager dans l'espace comme on voyage dans les airs ». L'objectif est de pouvoir « transporter des humains jusqu'à la Lune, Mars et même au-delà, dans les environnements planétaires de Jupiter et de Saturne ». D'ici quelques années, il en est sûr, Starship sera capable de transporter une centaine de personnes en un seul vol sur la planète rouge. « Nous sommes vraiment tout près de rendre cela physiquement possible », assène Musk, catégorique, lors d'une conférence en plein air au pied d'un prototype. La folie des grandeurs commence à le gagner. Marcher sur Mars avant le premier tiers du nouveau siècle, arpenter pour la première fois le sol d'une autre planète, à quelques dizaines de millions de

1. Dans les colonnes de *Popular Mechanics*, Musk a précisé qu'un kilo de fibre de carbone coûtait plus de 200 dollars, une somme astronomique en comparaison du modique investissement de 3 dollars nécessaire à l'achat d'un kilo d'acier inoxydable.

kilomètres de la nôtre, telle est son obsession depuis la création de SpaceX.

Bienvenue à Boca Chica

Depuis près de dix ans, Elon Musk fait reposer tous ses espoirs d'exploration spatiale sur un petit site texan : Boca Chica. Les couchers de soleil y sont somptueux et les vols d'oiseaux font croire aux estivants qu'ils sont au bout du monde. Ce coin perdu, baigné par le golfe du Mexique, est situé à une trentaine de kilomètres de l'aéroport international de Brownsville et à un kilomètre du Rio Grande. Il est censé devenir le premier port spatial commercial du monde avant la fin des années 2020. Dès 2012, Musk y a acheté discrètement quelques arpents de terre, avant de les convertir en futur site du centre spatial hors norme d'où partira le premier vaisseau pour Mars : *Starbase*.

La dernière étape avant Mars ? À première vue, la petite cité balnéaire de Boca Chica, à l'extrême sud du Texas, n'est pas l'endroit rêvé pour se lancer dans l'aventure humaine la plus fantastique de tous les temps. Des étés étouffants, des ouragans à répétition, des routes crevassées et boueuses, une pénurie chronique d'eau potable[1] : tout pour décourager les téméraires qui voudraient s'y installer durablement. Enfin, la bourgade n'est desservie que par une seule route, la Highway 4, qui se termine en cul-de-sac. Elle est souvent traversée par des migrants mexicains en quête de gîte, comme en témoigne le survol permanent de la région par une noria de drones et d'hélicos.

1. Il n'existe aucun réseau de distribution d'eau dans la région. Pour se ravitailler, les habitants sont contraints d'aller chercher en camion l'eau stockée dans de grandes citernes.

Mais voilà, le site de Boca Chica offre une situation géographique exceptionnelle en matière d'astronautique. Comme il est situé près de l'équateur, la gravité y est en effet plus faible et la vitesse de rotation terrestre propulse les fusées avec une vitesse supplémentaire d'environ 460 m/s, permettant ainsi de réduire sensiblement la consommation de carburant. Sauvage et inhabitée il y a encore une vingtaine d'années, la région de Boca Chica pourrait devenir le centre du monde d'ici quelques années.

En attendant cette heure de gloire, Musk a installé dans un ancien complexe universitaire de deux étages le futur centre de contrôle du lancement de ses fusées. À compter de l'année 2015, en l'espace de quelques mois, les techniciens de SpaceX y construisent une centrale solaire et dressent deux grandes antennes de détection d'engins spatiaux achetées à la Nasa. Reste le problème de la mise en place de la rampe de lancement. Édifiées sur un terrain ultraporeux et très accidenté près de la plage de Boca Chica, les structures de lancement pourraient à tout moment s'effondrer sous l'effet de leur propre poids. Pour remédier à ce problème, Elon Musk fait acheminer 310 000 mètres cubes de béton, soit l'équivalent de la charge de 22 000 gros camions. Malgré cet apport, la rampe de lancement se révèle trop fragile pour se transformer en astroport de première grandeur. En 2015, à quelques mois d'intervalle, deux fusées Falcon y explosent.

Une fois n'est pas coutume, devant cet obstacle technologique imprévu, Elon Musk renonce : Boca Chica ne sera pas transformée en site de lancement. À compter du printemps 2018, faute de propulser des fusées vers Mars, le site se contentera de fabriquer Starship, le vaisseau qui devrait convoyer les hommes jusqu'à la planète rouge.

Un objectif qui n'empêche pas SpaceX de procéder à d'autres lancements. Le 25 juin 2019, une fusée Falcon Heavy décolle de Cap Canaveral pour mettre en orbite un tout petit satellite d'un genre un peu particulier, *LightSail-2*. Pas plus gros qu'une miche de pain, il ne se distingue que par la voile qu'il a déployée une fois dans l'espace, une voile de 32 mètres carrés fabriquée en Mylar.

Un premier pas vers les étoiles

En ce samedi 28 septembre 2019, le soleil est bas sur l'horizon quand Elon Musk prend la parole sur le site de Boca Chica. Tout de noir vêtu, le créateur charismatique de SpaceX présente son dernier-né, un vaisseau argenté aux ailerons brillants, plus évocateur de la science-fiction des années 1950 que d'un futur engin d'exploration spatiale des années 2050. Baptisée *Starship Mk1*, la fusée, haute de 50 mètres et large de 9 mètres, n'est pas encore le vaisseau géant qui permettra de décrocher la planète rouge, mais un prototype censé s'élever jusqu'à une vingtaine de kilomètres avant de revenir et de se poser à la verticale. Entièrement fabriqué en alliage d'acier inoxydable, l'engin est d'une conception révolutionnaire. Avec ce projet, Musk présente aussi une alternative au programme Artemis de la Nasa de retour de l'homme sur la Lune d'ici à 2024. Notre satellite naturel servirait alors de tremplin pour les futures missions martiennes prévues avant 2030[1].

1. Concurremment avec SpaceX, la Nasa œuvre aussi à la conception de sa future fusée géante. Le superlanceur spatial SLS (*Space Launch System*) est censé transporter de nouveau des astronautes sur le sol lunaire, les premiers après cinquante ans d'absence. Son premier vol a eu lieu en novembre 2022.

Musk, tout le premier, envisage un retour sur l'astre sélène. Avant même de se lancer dans l'espace interplanétaire, un Starship pourrait se poser sur la Lune ; sa partie vaisseau habitée (le deuxième étage) disposerait encore d'une puissance suffisante pour en repartir sans l'aide du premier étage Super Heavy. Dans plusieurs tweets, Elon Musk évoque une base lunaire dite « Moon Alpha », allusion évidente à celle de la série de science-fiction *Cosmos 1999*, diffusée dans les années 1970. Le projet Starship pourrait même avoir des retombées sur les transports terrestres. Avec un tel engin, un vol New York-Shanghai prendrait moins de quarante minutes et un Paris-Los Angeles n'excéderait pas une heure. « Une fois sorti de l'atmosphère, ça roulerait tout seul, sans turbulences, rien. Il n'y a plus de météo, on peut gagner des destinations longue distance en moins d'une demi-heure. Si on construit ce truc pour aller sur la Lune ou sur Mars, pourquoi ne pas aller aussi dans d'autres endroits sur Terre ? », observe Elon Musk...

En attendant ses futurs exploits lunaires, voire martiens, le prototype Starship Mk1 est la cible de tous les regards. Assemblé sur le site même de Boca Chica, sous le seul abri d'une grande tente amovible[1], cet engin d'un poids total de 200 tonnes surprend par sa rusticité et son côté rétrofuturiste ; il ressemble à un énorme obus, avec sa carapace de plaques de métal gondolées. Pour la circonstance, les ingénieurs de SpaceX l'ont équipé de trois moteurs Raptor, alimentés par un mélange d'oxygène et de méthane liquides. Et ce vaisseau en apparence anodin sera réutilisable ! Théoriquement capable de placer une charge utile de plus de 100 tonnes en orbite

1. Certaines opérations, comme le polissage de la coque, ont même été réalisées à l'air libre.

basse, Starship fera aussi office d'habitacle, près de 1 000 mètres cubes, pour une centaine de passagers, quand la navette de la Nasa n'a jamais embarqué plus de sept passagers. Ils seront ravitaillés en orbite pour un voyage de longue durée, un périple d'au moins six mois en direction de la planète rouge. Au retour, les martionautes utiliseront la même fusée. Starship est en effet conçu pour revenir sur Terre, traverser notre atmosphère grâce à ses tuiles thermiques, puis atterrir verticalement à l'aide de ses aérofreins[1]... Du jamais vu ! Incroyable, fabuleux, extraordinaire, s'écrient les partisans d'Elon Musk. Cent passagers dans un vaisseau spatial ? Jusqu'à présent, cette idée d'« arche spatiale » n'était partagée que par les fans de science-fiction et les scientistes invétérés. Utopique, irréalisable, complètement fou, scandent au contraire les détracteurs du créateur de SpaceX.

Embryon du futur vaisseau martien, le prototype présenté ce 28 septembre ne constitue cependant que l'étage supérieur de la future fusée géante Starship-Super Heavy, laquelle devrait décoller vers la planète rouge au plus tard en 2030. D'une hauteur de 70 mètres, ce premier étage sera lui aussi conçu en acier inoxydable et équipé de vingt-huit moteurs Raptor. Au total, la fusée géante devrait pointer son nez à quelque 120 mètres au-dessus du sol. Une hauteur qui dépasse celle de Saturn V, la fusée légendaire qui avait transporté douze astronautes sur la Lune entre 1969 et 1972.

1. Si le plein de carburant pour le vaisseau martien habité s'effectuera en orbite, les martionautes fabriqueront le carburant sur la planète rouge elle-même pour le voyage retour, à en croire Elon Musk.

Starship, clé pour le voyage interplanétaire habité et cheville ouvrière pour l'établissement d'une future colonie martienne ? Avant de répondre à cette question, il faut tester le premier prototype, le faire décoller et le ramener sur Terre, ce qui n'est pas une mince affaire. Il s'agit de vérifier si la fusée est apte à résister aux très hautes pressions d'un carburant soumis à des températures de l'ordre de -200 °C…

Trois échecs en six mois

Le 20 novembre 2019, le prototype Starship Mk1, exposé le 28 septembre devant la presse, explose au sol en raison d'une défaillance de la cloison de son réservoir, lequel n'a pas supporté la trop haute pressurisation à l'azote liquide. Trois mois plus tard, le 28 février 2020, de nouveau, les soudures du dôme supérieur cèdent, provoquant la rupture du réservoir cryogénique d'azote liquide. Une fumée blanche s'élève du pas de tir avant de disparaître dans une explosion. « Certaines valves ont fui à la température du cryo », précise le créateur de SpaceX dans un tweet.

Nullement dépité par ce nouvel échec, Musk ironise en assurant qu'il va réparer les failles du réservoir avec du ruban adhésif ultrarésistant. Mais le 3 avril, rebelote. Sans vraiment imploser, le Starship SN3 s'affaisse avant de basculer. Le soir même de l'accident, Elon Musk suggère que l'échec serait imputable à « une erreur de configuration de test ». En effet, le réservoir inférieur contenant de l'oxygène liquide a été dépressurisé alors que la partie supérieure était remplie d'azote. En conséquence, l'engin s'est effondré sur lui-même, incapable de supporter cette masse supplémentaire.

Ces échecs à répétition sont d'autant plus préjudiciables à l'équipe d'Elon Musk qu'à chaque test des centaines de policiers sont mobilisés pour fermer les routes vers le centre spatial et la plage de Boca Chica. Qui plus est, le bruit assourdissant des Raptor indispose régulièrement les riverains de la base et des badauds tentent chaque fois de s'introduire sur le site… L'équipe de SpaceX ne se décourage pas pour autant. Bien au contraire. Selon Musk, le succès les attend au bout de la route, ce n'est qu'une question de temps. Ses expériences passées lui ont appris que les chemins du succès sont pavés d'erreurs et d'échecs.

Et sa patience et sa persévérance de payer. Le lundi 27 avril 2020, le prototype Starship SN4 passe avec brio les tests de pressurisation. Il sera cependant détruit un mois plus tard, le 29 mai, après avoir réalisé avec succès deux tests de pressurisation à l'azote liquide à deux pressions différentes et cinq tirs statiques avec deux moteurs différents. Lors d'un test des systèmes de déconnexion rapide après le cinquième tir statique, une fuite est survenue, causant la destruction du véhicule et de sévères dommages à la structure de lancement. Il faudra attendre le 4 août 2020 pour voir s'élever dans le ciel le premier prototype de Starship SN5 qui, ce jour-là, parvient à s'arracher du sol jusqu'à 150 mètres d'altitude avant de revenir se poser sur la terre ferme.

Et Starship SN4 relança SpaceX

Le succès tardif du 27 avril augure des lendemains bien meilleurs. Une fois oublié le triple échec de Starship, Elon Musk voit de nouveau grand, comme au lendemain de l'essai réussi de la Falcon 1 en septembre 2008, lui aussi intervenu après trois échecs consécutifs sur l'atoll de Kwajalein[1].

1. Voir chapitre 6, p. 79.

Sans doute le Starship SN4 doit-il sa survie au fait que les ingénieurs de SpaceX n'ont appliqué que 4,9 bars de pression aux réservoirs. Mais qu'importe, le succès est là et il intervient après six mois de galère. Cela étant, la porte de Mars n'est encore qu'entrouverte ; il faudra en effet que le vaisseau muskien résiste à une pression égalisant 8,5 bars, pour assurer la sécurité des futurs vols habités vers la planète rouge. Le programme martien a cependant pris du retard. Si les tests de pression avaient été convaincants dès le mois de novembre 2019, l'équipe de SpaceX serait déjà passée à un test de feu statique – l'essai qui doit précéder celui du premier vol grandeur nature –, les moteurs étant allumés pendant que l'engin reste immobile.

À défaut de vaisseau Starship viable dans un proche avenir[1], le rêve spatial de Musk se matérialise avec la capsule Dragon. Dès le 30 mai 2020, soit tout juste trente-trois jours après le succès du dernier test de la fusée *SN4*, le milliardaire sud-africain réalise en effet une grande première : le premier vol privé habité d'une fusée vers la Station spatiale internationale. Et cela en présence du président américain et sous les caméras du monde entier.

Même si les astronautes Doug Hurley et Bob Behnken ne marqueront pas la grande histoire au même titre qu'Armstrong et Aldrin, ils incarnent le retour de l'Amérique dans le club très restreint des puissances capables de satelliser des fusées. Mieux encore, ils

---

1. Le 9 décembre 2020, le lancement de Starship connaît un « échec prometteur ». Même si le prototype s'est écrasé au sol après un vol impeccable – sans doute est-il revenu trop précipitamment –, Elon Musk s'est félicité de ce lancement. « Super test. Félicitations à l'équipe de SpaceX ! », déclare-t-il sur son compte Twitter.

redynamisent une conquête spatiale devenue moribonde depuis la mise au rancart des navettes. En cette année 2020 marquée par la pandémie de Covid-19, Elon Musk ranime le rêve américain, il en devient même le porte-drapeau. On se croirait revenu au temps du programme Mercury, à une époque où la conquête de l'espace incarnait l'esprit pionnier et le franchissement de l'ultime frontière.

10

2020, L'ODYSSÉE DE LA RECONQUÊTE DE L'ESPACE

« Il ne faut avoir
aucun regret pour le passé,
aucun remords pour le présent,
et une confiance inébranlable
pour l'avenir. »

(Jean Jaurès)

Printemps 2020. Alors que le monde est déstabilisé par une pandémie qui remet en question les fondements mêmes de la mondialisation et de nos sociétés modernes, le site de Cap Canaveral renaît de ses cendres. Une foule inhabituelle se presse autour du célèbre centre spatial. Comme au temps des glorieuses heures du programme Apollo, les badauds campent depuis des jours dans l'espoir de voir décoller une fusée blanche d'une cinquantaine de mètres. Sa destination : la Station spatiale internationale, à environ 400 kilomètres d'altitude.

A priori, il n'y a pas de quoi s'emballer. Les États-Unis ont déjà expédié des centaines de vaisseaux dans l'espace, envoyé des hommes sur la Lune et même lancé des sondes à l'assaut des mondes lointains du système solaire. Alors, pourquoi un tel enthousiasme ? Comment expliquer un tel attroupement autour de Cap Kennedy ? La réponse tient en deux mots, ou plutôt en un seul nom : Elon Musk.

Conquérir les âmes avant de reconquérir la Lune

D'une certaine façon, Elon Musk est le plus grand illusionniste de ce début de XXIe siècle. Parvenir à faire d'un simple trajet de fusée vers l'ISS, à 400 petits kilomètres de la Terre, un événement digne des marches lunaires des missions Apollo, il y a de quoi surprendre. Non seulement Musk l'a fait, mais il a réussi à déplacer le président américain en personne à Cap Kennedy !

À lui seul, il a déjà révolutionné la conquête spatiale, réutilisant avec succès les boosters de ses fusées. Aujourd'hui, en ce mercredi 27 mai 2020, il entend franchir une nouvelle étape : placer des hommes en orbite au moyen d'un lanceur entièrement fabriqué par une société privée. De l'intérieur des cabines aux combinaisons des astronautes, tout a été refait à neuf. À l'intérieur de la capsule Crew Dragon, sortie tout droit d'un épisode de *Star Wars*, les boulons et les interrupteurs ont disparu au profit d'écrans tactiles. Le nouveau vaisseau-cargo d'Elon Musk est un bijou technologique. Révolutionnaire et futuriste à plus d'un titre, son espace pressurisé d'environ 10 mètres carrés peut accueillir quatre passagers et sa coque est recouverte de cellules photovoltaïques pour fournir l'électricité. Contrairement à d'autres fusées, les panneaux solaires ne sont pas déployés, mais collés à la peau du fuselage.

Le Dragon est par ailleurs pourvu de grands hublots censés permettre à ses passagers d'apprécier le paysage. Quant aux astronautes, ils sont revêtus de scaphandres rétrofuturistes ressemblant vaguement à celui que portait Mortimer dans *Le Piège diabolique*, la bande dessinée d'Edgar P. Jacobs, une épique histoire de voyage dans le temps à bord d'un « chronoscaphe ». Conçue par le costumier d'Hollywood José Fernandez et inspirée de l'univers Marvel, cette combinaison spatiale est plus légère et plus confortable que son équivalent russe. Qui plus est, le casque est imprimé en 3D et les gants sont adaptés aux écrans tactiles. Tout se déroule d'ailleurs comme un vrai spectacle hollywoodien : il s'agit de frapper les imaginations. Ainsi, les deux astronautes vedettes de la mission Crew Dragon sont arrivés sur le pas de tir de la Nasa en voiture électrique blanche, la fameuse Tesla Model X[1], autre création d'Elon Musk. Digne enfant d'Hollywood et de Walt Disney, le fondateur de SpaceX entend reconquérir l'espace en gagnant les cœurs et les âmes des enfants, qu'il considère à tort ou à raison comme les futurs colons martiens…

Les Américains en sont bien conscients : leur pays a de nouveau rendez-vous avec l'Histoire. Voilà plus de neuf ans qu'aucun engin américain ne s'est élancé du centre spatial de Floride. Depuis 2011, les astronautes américains, faute de lanceurs, ont dû faire appel aux « taxis » russes, japonais et même européens pour gagner l'ISS. Aux yeux des ingénieurs de la Nasa, cette dépendance, en particulier à l'égard de la Russie, l'ancienne rivale de la guerre froide, est inacceptable. Pire, elle apparaît comme une véritable humiliation pour la nation qui a décroché la Lune en 1969. Et cette frustration, Elon Musk entend l'enterrer à jamais.

Une fois n'est pas coutume, le flanc de la fusée américaine n'est pas frappé du sigle de la Nasa, mais de celui de SpaceX, qui joue ici le rôle de prestataire de services. Pour la circonstance, le président Donald Trump

1. Pour l'aventure de Tesla, voir chapitre 15, p. 213.

a tenu à être présent, façon d'oublier le Covid-19 et les émeutes provoquées par la mort de George Floyd lors d'un contrôle de police à Minneapolis, deux jours auparavant. De fait, en ce début d'après-midi, tous les Américains (ou presque) ont les yeux rivés vers le ciel du centre spatial floridien. Pour la circonstance, Elon Musk, casque sur les oreilles, hypertendu, suit seconde après seconde le compte à rebours dans la salle de contrôle. « Je ne suis pas quelqu'un de religieux, confiera-t-il plus tard au podcasteur Lex Fridman, mais là, je me suis quand même mis à genoux et j'ai prié pour la réussite de cette mission[1]. »

À bord de la capsule Crew Dragon, les astronautes Doug Hurley et Bob Behnken, deux vétérans de la navette spatiale, mais aussi deux vieux complices, sont solidement sanglés sur leur siège depuis deux bonnes heures. Ils ont enfilé leur combinaison vers midi et demi, soit quatre heures avant le décollage, après avoir déjeuné avec Jim Bridenstine, le directeur de la Nasa, et avoir été soumis à une dernière visite médicale.

L'écoutille de la capsule est désormais fermée et le personnel de la base a quitté la zone de lancement depuis belle lurette. D'ici une trentaine de minutes, à 16 h 33 précises (22 h 33 à Paris), la fusée Falcon 9 de SpaceX doit décoller du pas de tir 39A du centre Kennedy. Autre grand symbole de cette mission, le 39A est la même aire de lancement d'où s'était arrachée l'énorme fusée Saturn V qui avait transporté les astronautes sur la Lune, il y a de cela déjà plus d'un demi-siècle.

1. Cité par Walter Isaacson, *op. cit.*

Mission annulée

En attendant l'exploit, les minutes s'égrènent une à une. Les astronautes procèdent à d'ultimes vérifications pour tester toutes les communications et les instruments de bord. Tout paraît normal. À H-45 minutes, l'histoire s'accélère. La passerelle d'accès à la capsule est retirée, le système d'évacuation d'urgence de Crew Dragon bascule en mode actif et, surtout, on remplit les réservoirs de la fusée Falcon.

Mais le suspense demeure. Jusqu'à l'ultime seconde, les ingénieurs de SpaceX et de la Nasa peuvent décider d'interrompre la mission et de faire évacuer les deux astronautes. SuperDraco dispose de huit moteurs latéraux qui doivent permettre l'éjection du cargo Dragon en cas de défaillance. Il reste en effet une inconnue, et non des moindres : les caprices de la météo. En d'autres termes, Hurley et Behnken ne sont pas à l'abri d'une tornade, d'un orage ou même d'un coup de vent. La fusée Falcon 9 a beau être le plus beau joyau high-tech de la nouvelle ère spatiale, elle est plus fragile qu'un avion. Qui plus est, en cas de retour prématuré des astronautes sur Terre, le temps se doit d'être au beau fixe pour récupérer les pilotes de Crew Dragon en pleine mer.

Selon les critères de la Nasa, une météo adéquate est synonyme de vents faibles, d'absence d'éclairs et d'une mer plate[1]. Elon Musk, le premier, ne veut prendre aucun risque, il en va de la réputation de SpaceX. « Falcon Dragon est conçu pour résister à plusieurs éclairs, mais nous ne pensons pas qu'il soit nécessaire

1. Les ingénieurs de l'astronautique exigent une absence d'éclairs et de nuages compacts dans un rayon de 10 milles nautiques. Par ailleurs, la couche nuageuse ne doit pas excéder 1 371 mètres.

de courir le risque», commente le père de SpaceX. Après les trois échecs successifs des premiers exemplaires du Starship, il ne peut se permettre de connaître un nouveau fiasco. À l'entendre, si le cisaillement du vent en haute altitude «frappe comme un marteau de forgeron», la fusée risque de dévier de sa trajectoire et même d'exploser. Or, ce mercredi 27 mai, le ciel de Floride n'est pas au beau fixe; on a notamment repéré d'épais nuages noirs susceptibles de produire des éclairs. Le verdict tombe. À H-17 minutes, au grand dam des milliers de spectateurs qui s'étaient déplacés à Cap Kennedy, le compte à rebours de la Nasa s'arrête.

Mais ce n'est que partie remise. La mission est reportée de trois jours, au samedi 30 mai.

«Allumons cette chandelle!»

On prend les mêmes et on recommence! De nouveau, Donald Trump a fait le déplacement et, une fois encore, les télévisions du monde entier sont au rendez-vous pour saluer l'événement: le retour de l'Amérique sur la grande scène de l'espace. Environ deux heures et demie avant le lancement de leur fusée, les deux astronautes s'installent à nouveau dans leur cabine et le compte à rebours démarre.

Plus l'heure H du décollage approche, plus la tension des astronautes et des ingénieurs restés à terre devient palpable. À H-17 minutes, on respire un peu mieux. Aucun gros nuage noir ne semble obscurcir le ciel. Cette fois, la météo n'arrêtera pas le compte à rebours. L'écoutille est close, les réservoirs sont remplis, tous les feux sont au vert.

À H-5 minutes, ce ne sont plus les appareils ultrasophistiqués du pas de tir qui contrôlent les opérations de vol, mais l'ordinateur de bord de la capsule Dragon. Les liaisons et communications avec le sol sont coupées.

Quatre minutes plus tard, à H-1 minute, tous les réservoirs sont pressurisés pour le vol, les opérations sont toutes automatisées. Quinze secondes s'écoulent encore. Le directeur de vol annonce le « *Go!* » du lancement. Les astronautes procèdent aux ultimes vérifications de leurs écrans, les cœurs battent plus fort.

À Hawthorne, en Californie, les ingénieurs de SpaceX retiennent leur souffle. Le moment est crucial. Jusqu'à la dernière fraction de seconde, l'ordinateur de bord de la Falcon 9 peut décider d'annuler le décollage et d'éteindre les moteurs en cas de problème. Mais il n'en est rien.

À H-3 secondes, les neuf moteurs Merlin de la Falcon commencent à vrombir. « Allumons cette chandelle ! », lance Douglas Hurley au moment de la mise à feu, rappelant ainsi les mots du premier astronaute américain Alan Shepard, lors de la mission Mercury le 5 mai 1961[1].

À 15 h 22, comme prévu, la fusée blanche frappée du logo bleu de SpaceX décolle dans un bruit assourdissant. Un vrombissement synonyme de succès. Dans la salle de contrôle de Cap Kennedy, mais aussi à Houston et à Hawthorne, les visages se détendent. Une explosion de joie contenue. Car l'aventure n'est pas terminée. Les minutes qui suivent sont tout aussi stressantes. Il ne

1. Soit moins d'un mois après l'exploit historique de Youri Gagarine, le premier homme à voyager dans l'espace. Mort en 1998, Alan Shepard a aussi mis le pied sur la Lune en février 1971, lors de la mission Apollo 14. Il s'est illustré en frappant la première balle de golf sur le sol lunaire.

faudrait pas que l'engin explose après deux minutes de vol…

L'envol est rapide, spectaculaire, impeccable. L'accélération est progressive et une pression de plus de 3 *g* s'exerce sur les deux astronautes, littéralement collés à leur siège. En l'espace de quelques dizaines de secondes, le vaisseau spatial de SpaceX dépasse le mur du son et Max-Q, le moment de leur vol où la pression atmosphérique est maximale sur le lanceur en fonction de sa vitesse. En moins d'une minute, la Falcon 9 atteint déjà les 15 kilomètres d'altitude à plus de 1 600 km/h. Les vibrations se font plus intenses. C'est l'un des moments les plus cruciaux de la mission, la séparation des étages de la fusée. À 2 minutes et 33 secondes, c'est chose faite. À plus de 94 kilomètres d'altitude et à la vitesse de croisière de plus de 6 500 km/h, les neuf moteurs du premier étage s'éteignent, puis le second étage se détache et allume son propre moteur. C'est l'heure de la délivrance. Toute la salle de contrôle du centre Kennedy exulte, on applaudit à tout rompre. L'Amérique vient de renouer avec la réussite spatiale. Quelques secondes encore et l'équipage de SpaceX dépasse la ligne de Karman, limite entre notre atmosphère et l'espace interplanétaire…

Onze minutes tout juste après son lancement, la capsule Crew Dragon entame la dernière et plus longue partie de son vol[1]. Son point de mire est maintenant

1. Pendant ce temps, le premier étage accomplit une autre performance (déjà réalisée en 2016 dans d'autres circonstances). Revenu à terre ou plus exactement sur la mer au moyen de ses parachutes, le booster se pose sans encombre sur la plate-forme océanique *Of Course I Still Love You*, à peine deux minutes après son décrochage de la fusée (voir chapitre 7, p. 99).

l'ISS, un assemblage de modules et de panneaux solaires suspendu dans le vide à tout juste 400 kilomètres d'altitude. À son bord, trois astronautes, deux Russes et un Américain : Anatoli Ivanichine, Ivan Vagner et Chris Cassidy. Cet équipage 100 % masculin est arrivé dans la Station spatiale le 9 avril précédent, en pleine épidémie de Covid-19.

Pendant près de dix-neuf heures, les astronautes de SpaceX dérivent dans l'espace en impesanteur. À une centaine de kilomètres seulement au-dessus de nos têtes, c'est déjà un autre monde. L'espace circumterrestre est en effet un lieu où toutes nos références et nos gestes quotidiens sont chamboulés. L'appréciation des couleurs, le sens du goût, l'évaluation des distances en sont durablement altérés. Il n'y a plus de jour ni de nuit, de haut ni de bas. Le soleil lui-même se lève toutes les quatre-vingt-dix minutes ! Même si tous ces phénomènes ne sont pas nouveaux pour Hurley et Behnken, qui ont déjà volé à bord de la navette spatiale, ils sont toujours aussi déroutants et spectaculaires.

Le temps de l'amarrage

Le dimanche 31 mai, à l'approche de la Station spatiale, les esprits sont de nouveau fébriles. Il s'agit de ne pas rater la phase finale du vol : la séance d'amarrage. Que celle-ci échoue et les astronautes de l'ISS resteront sans ravitaillement pendant plusieurs semaines, si ce n'est plusieurs mois. Il en va aussi de la crédibilité de la société de Musk.

Le nez de la capsule Crew Dragon est maintenant ouvert. Encore une innovation : contrairement à ce qui se faisait sur les vaisseaux d'amarrage précédents, la coiffe protégeant l'écoutille reste solidaire du cargo, permettant sa réutilisation pour de futures missions spatiales du même type. À quelques centaines de kilomètres de l'ISS, le véhicule de SpaceX procède à plusieurs séances d'allumages de moteurs alternées avec une série de corrections de trajectoire. L'approche de la Station s'effectue aussi lentement que prudemment. Après plus de dix-huit heures de vol, le Crew Dragon s'immobilise à environ 400 mètres de l'ISS. Une fois le feu vert donné, après plusieurs minutes d'attente, elle s'en approche à vitesse très réduite. Les astronautes de SpaceX ont d'ailleurs pris le contrôle manuel des opérations. À moins de 220 mètres de la Station, le véhicule spatial de Hurley et de Behnken stoppe de nouveau sa progression.

En attendant le « *Go!* » du centre spatial, les deux astronautes observent un instant notre planète bleue, d'aspect si fragile dans l'écrin noir de l'infini. Hurley et Behnken s'approchent ensuite à une vingtaine de mètres de l'imposante structure spatiale, véritable petite cité du cosmos, dont la construction a débuté en 1998. Deux heures d'attente pour une vingtaine de mètres : un paradoxe ? Non, les aléas des multiples vérifications des pressions et des différentes connexions électriques.

Puis c'est l'instant tant attendu, celui de la réunification des équipages. Le sas entre le vaisseau-cargo Dragon et celui de la Station spatiale doit encore être dépressurisé avant que l'écoutille de la capsule ne soit ouverte. À 16 h 20 heure française, le Crew Dragon engage son ultime manœuvre. Deux mètres… un mètre… plus que quelques centimètres. Merveille : à 16 h 29, l'anneau d'amarrage de la capsule s'arrime sans le moindre accroc à celui de l'ISS !

Bob Behnken est le premier à entrer dans l'ISS. Vêtu d'un polo noir, il serre aussitôt dans ses bras les trois astronautes en combinaison bleu ciel restés à bord de l'ISS. « Le monde entier a suivi cette mission et nous sommes tellement, tellement fiers de tout ce que vous avez fait pour notre pays et, en réalité, pour inspirer le monde », déclare depuis la Terre Jim Bridenstine, le patron de la Nasa. « Ce fut un honneur de contribuer à cet effort de neuf ans depuis la dernière fois qu'un véhicule américain s'est amarré à la Station spatiale internationale », répond Doug Hurley. Ainsi commence une aventure de soixante-trois jours dans l'espace…

Quand Perseverance *rime avec « espérance »*

Tout juste deux mois plus tard, le 30 juillet, comme en écho au succès du Crew Dragon de SpaceX, une fusée Atlas V met en orbite la sonde *Mars 2020*. À son bord, le rover *Perseverance*, pour une mission martienne de première grandeur. Rêvée depuis plus de quarante ans, cette aventure spatiale hors norme doit durer pas moins de onze ans. Son but : atterrir sur la planète Mars d'ici février 2021 et en redécoller en 2031 en rapportant des échantillons sur Terre. Un périple de plus de sept mois et 500 millions de kilomètres à 100 000 km/h dans l'espace interplanétaire, pour un coût chiffré à 2,7 milliards de dollars. Une distance incommensurable à l'échelle humaine, mais ridicule à l'échelle galactique. Pas plus d'une demi-heure-lumière ! Quand on songe que notre système solaire ne dépasse pas cinq heures-lumière et que l'étoile la plus proche campe à plus de quatre années-lumière, il y a de quoi avoir le vertige. À la vitesse de la sonde *mars 2020*, pourtant douée d'une grande célérité, plus de cinquante mille ans seraient nécessaires pour rallier notre « voisine de palier » interstellaire, le système triple d'Alpha du Centaure…

Une fois posé sur le sol de la planète rouge, au moyen de parachutes pour freiner la course du vaisseau, le robot

Perseverance, de la taille d'un gros 4 × 4, roulera près du cratère Jezero, qui serait le vestige d'un ancien lac. Les scientifiques caressent ainsi l'espoir d'y débusquer quelque forme de vie passée. Dans cette perspective, *Perseverance* arpentera, cinq ans durant, le sol martien afin d'en prélever quelques centaines de grammes d'échantillons, lesquels seront ensuite scellés dans des tubes hermétiques en acier avant d'être récupérés par un autre rover, censé débarquer en 2026…

Si la marche de *Perseverance* ne dépend pas du travail des ingénieurs de SpaceX, son succès est indispensable au grand projet d'Elon Musk : envoyer des hommes sur Mars d'ici la fin de cette décennie. Autant dire que le vaisseau privé de SpaceX pourrait débarquer sur la planète rouge avant même le retour des échantillons martiens de *Perseverance*.

En attendant cette heure fabuleuse de la conquête spatiale, les deux astronautes Hurley et Behnken sont revenus sur Terre, deux jours après le départ de la fusée Atlas V pour Mars[1]…

Soixante-trois jours dans l'espace

À l'intérieur de l'ISS, pendant plus de deux mois, les deux astronautes du Crew Dragon ont dû s'adapter aux conditions singulières de l'impesanteur. Un périple spatial rythmé par des contrôles de maintenance permanents et des expériences diverses, en rapport aussi bien avec la physiologie humaine qu'avec la science des matériaux ou la physique des fluides. Le 7 juillet, Hurley manipule ainsi le système de ventilation de la Station

1. Soulignons qu'il n'y a aucun lien de causalité entre ces deux événements.

pour vérifier le débit d'air et les composants. Les astronautes ont aussi contrôlé quotidiennement la qualité de l'eau. Dans l'espace, l'eau consommée est en effet aux trois quarts recyclée; elle provient en particulier de la transpiration des astronautes, de leur urine et des eaux usées.

Les occupants de l'ISS n'ont donc pas le temps de chômer. Bob Behnken a même effectué plusieurs sorties extravéhiculaires, notamment pour réparer les batteries solaires de la Station. Le 21 juillet, jour ô combien symbolique pour la conquête spatiale[1], l'astronaute de SpaceX, en compagnie de son acolyte Chris Cassidy, a battu le record de durée dans le vide spatial en effectuant une sortie de près de cinq heures et demie[2]. Les deux pionniers de l'espace ont en particulier réacheminé des câbles pour un nouveau système de transmission des données sans fil et ôté un filtre d'objectif de l'une des nombreuses caméras fixées à l'extérieur de la station.

Mais en ce samedi 1er août, leur grande balade prend fin. La mission orbitale Demo-2 (ou DM-2) aura duré soixante-trois jours. Après avoir reçu le feu vert de Houston, malgré des conditions météorologiques potentiellement menaçantes au-dessus du golfe du Mexique[3], Bob Behnken et Doug Hurley se désamarrent de la

1. C'est en effet le jour anniversaire de l'alunissage historique d'Armstrong avec Apollo 11.

2. Lors de la première sortie extravéhiculaire de l'Histoire, survenue en mars 1965, le cosmonaute soviétique Alexeï Leonov (1934-2019) avait effectué une « marche dans le vide spatial » de douze minutes et neuf secondes.

3. L'agence spatiale américaine décide de maintenir le vol de retour des astronautes de SpaceX malgré la tempête tropicale Isaias, laquelle occasionne pourtant de véritables rafales de vent et de fortes pluies sur la côte est de la Floride.

Station spatiale internationale. Après avoir échangé un au revoir chaleureux avec leurs camarades de l'espace[1] et procédé à toute une série de contrôles d'étanchéité, les deux premiers astronautes de SpaceX renfilent leur combinaison pressurisée dernier cri et réintègrent la capsule Crew Dragon, rebaptisée pour la circonstance *Endeavour*, du nom de la navette spatiale à bord de laquelle les deux héros du jour avaient volé il y a une bonne douzaine d'années.

À 23 h 30 heure de Paris, les écoutilles se referment, puis *Endeavour* actionne ses propulseurs pour se détacher de la Station spatiale. À bord de la capsule, 150 kilos de fret, dont des spécimens d'expérimentation congelés, des effets personnels et le drapeau américain laissé à bord de l'ISS par le dernier équipage d'une navette spatiale en juillet 2011. Peu de temps après le désamarrage, Doug Hurley envoie un dernier message à son collègue Cassidy :

« Ce fut un honneur et un privilège de faire partie de l'expédition 63 avec vous, Anatoli et Ivan. Ces deux mois ont été formidables et nous apprécions tout ce que vous avez fait, en tant qu'équipage, pour nous aider à faire faire ses preuves au Dragon pour son vol inaugural.

— Ce fut un honneur de servir avec vous », lui répond Cassidy.

Mais le grand plongeon vers la Terre ne s'effectue pas directement. Avant de s'engager dans notre atmosphère, les hommes de Musk dorment huit heures durant pendant que la capsule *Endeavour*, placée en pilotage automatique, dérive autour de la Terre. Pour les deux

1. En principe, les trois astronautes restés à bord de l'ISS seront remplacés à la mi-octobre.

héros de SpaceX, la mission est encore loin d'être terminée. Après la phase de désamarrage, il leur reste à négocier la délicate phase de rentrée dans l'atmosphère, à plus de 28 000 km/h, puis à amerrir en douceur dans le golfe du Mexique, au large de la Floride, près de Pensacola…

Premier vol spatial habité : mission accomplie !

« La phase la plus difficile a été de nous lancer, mais la phase la plus importante consiste à nous ramener à la maison », s'inquiète Behnken. Réveillés à 11 h 40 GMT en ce premier dimanche d'août, les deux astronautes ne sont en effet pas au bout de leurs peines. La traversée de l'atmosphère constitue une véritable épreuve. En février 2003, la navette *Columbia* s'était désintégrée à la suite du détachement d'un simple morceau de mousse isolante de la taille d'un petit porte-documents. Les sept passagers étaient morts sur le coup…

Cet épilogue tragique, les astronautes Behnken et Hurley, anciens pilotes du *shuttle*, ne peuvent l'effacer de leur mémoire. Loin d'être une promenade de santé, la traversée des couches de l'atmosphère est considérée comme l'épreuve la plus périlleuse de la mission. Le frottement de l'air ionisé sur les parois de l'appareil élève dangereusement la température à près de 2 000 °C. Pour l'équipage d'*Endeavour*, il s'agit aussi de présenter le bon angle de pénétration. Qu'il soit trop grand et la capsule pourrait exploser ; en revanche, un angle trop fermé et c'est l'assurance du trampoline. Le joyau technologique d'Elon rebondirait alors dans l'espace pour une dérive sans fin. Tout au plus, en guise de consolation, pourrait-il croiser le fameux Tesla Roadster rouge décapotable lancé en février 2018 par le vol historique de la Falcon

Heavy[1]. À supposer que son mannequin soit toujours aux « commandes » du véhicule[2]...

En attendant cette délicate traversée, Hurley et Behnken ingurgitent des fluides afin de faciliter leur adaptation à la gravité terrestre après leur long séjour spatial. Au moment de l'amerrissage, les astronautes ont en effet régulièrement la nausée. « On a des sacs à portée de main, précise Hurley. Au cas où. Des serviettes aussi. »

À l'instant programmé par SpaceX, ce dimanche 2 août à 17 h 51 GMT, *Endeavour* entame toute une série de manœuvres, à commencer par le largage du coffre non pressurisé contenant le matériel jugé obsolète[3]. Parvenue à 4,5 kilomètres d'altitude, alors que sa vitesse dépasse encore les 560 km/h, la capsule déploie ses parachutes pour ralentir sa chute. Tout se passe comme prévu. Au moment de son amerrissage dans le golfe du Mexique, le premier vaisseau privé de l'espace se pose en douceur, à la vitesse « fantastique » de 24 km/h. Il est exactement 18 h 48 en temps universel[4]. Récupérés dans l'heure qui suit par un navire de la Nasa, le *GO Navigator*, Bob Behnken et Doug Hurley affichent une mine radieuse[5]. « Bienvenue sur Terre et merci d'avoir volé sur SpaceX », annonce le

---

1. Voir chapitre 9, p. 129.
2. Aux dernières nouvelles, la « première voiture de l'espace » pourrait s'écraser sur notre Terre.
3. À savoir les panneaux solaires et des radiateurs générateurs d'énergie.
4. 14 h 48 heure locale, 20 h 48 à Paris.
5. La capsule Dragon Crew est transportée par la suite sur un site de SpaceX en Floride pour une inspection de six semaines, un examen détaillé destiné à vérifier si la capsule peut reprendre le chemin des étoiles dans un avenir proche.

directeur de vol aux astronautes. La première excursion spatiale habitée de la société privée est un succès total… D'immenses perspectives se dessinent alors, non seulement pour l'astronautique américaine, mais pour le devenir spatial de l'humanité.

Après le lancement historique de février 2018, Elon Musk vient de signer l'acte II de la reconquête de l'espace. Neuf ans après l'arrêt de la navette spatiale, il offre à l'Amérique un nouveau billet pour l'espace. En menant à son terme la mission Demo-2, il réussit non seulement à couper le cordon ombilical avec la Russie, après neuf années de dépendance, mais aussi à catalyser une nouvelle dynamique spatiale, celle du marché privé de l'orbite basse, ouverte désormais aux touristes et aux entreprises. « Nous imaginons un avenir où une dizaine de stations spatiales sont en orbite terrestre basse, toutes opérées par le secteur privé », déclare avec enthousiasme Jim Bridenstine, le patron de la Nasa. D'ores et déjà, on établit le prochain calendrier des lancements du Crew Dragon[1], des vols à bord desquels pourrait bientôt prendre place le spationaute français Thomas Pesquet – ce qu'il fera le 23 avril 2021 à bord de la mission SpaceX Crew-2. Par ailleurs, la réussite de Behnken et de Hurley rend crédible le projet insensé de Musk, celui d'envoyer prochainement des hommes sur Mars.

Ce premier vol habité de SpaceX est aussi l'histoire d'une revanche, celle d'Elon Musk sur ses détracteurs. À commencer par l'agence spatiale européenne (ESA), qui n'a cessé d'ironiser sur ses prétentions spatiales. Comme l'écrivent Béatrice Mathieu et Emmanuel Botta, « le Vieux Continent, si fier de sa fusée Ariane, est

---

1. En novembre 2020, SpaceX a effectué avec succès son deuxième vol habité avec quatre astronautes à bord.

tombé de son piédestal. Sous l'effet d'une concurrence tarifaire et technologique imparable, les Européens ont mordu la poussière. En 2022, Ariane 5 a réussi trois lancements seulement, contre soixante et un pour la Falcon 9[1] ».

Quoi qu'il en soit, les ambitions d'Elon Musk sont bien plus qu'une histoire d'ego avec ses concurrents européens ou même américains. Son intention ultime est de démocratiser la conquête de l'espace, mais aussi d'étendre le domaine de l'humanité à la planète rouge. En attendant cette grande épopée martienne, il lorgne vers l'environnement suborbital terrestre et la maîtrise du marché florissant du tourisme spatial…

1. Béatrice Mathieu et Emmanuel Botta, *op. cit.*

11

2021, L'AN I DU TOURISME SPATIAL

« Si l'humanité veut avoir un avenir à long terme, il faut que son horizon dépasse celui de la planète Terre. Il n'est pas possible que nous continuions à nous regarder le nombril et à miser sur une planète surpeuplée et de plus en plus polluée. »

(Stephen Hawking)

À n'en pas douter, l'été 2021 restera dans les annales de l'espace comme celui de l'accélération du tourisme spatial. En juillet 2021, Richard Branson grille la politesse de quelques semaines à Elon Musk – et de neuf jours à Jeff Bezos – en expédiant les premiers civils dans l'espace à une altitude moyenne d'une centaine de kilomètres. Aucun de ces deux vols n'a excédé un quart d'heure. Un travail d'amateur au regard du patron de SpaceX qui, le 16 septembre 2021, ridiculise les performances de Virgin Galactic et de Blue Origin en plaçant ses quatre premiers spatiotouristes à près de 600 kilomètres d'altitude. Leur voyage a duré près de trois jours... À la différence des deux autres mousquetaires de l'espace, Musk ne s'est pas contenté d'un saut de puce de quelques minutes au-delà de la ligne de Karman, mais d'un véritable voyage autour de la planète bleue. C'est le périple fantastique d'Inspiration-4.

Le premier vol autonome de Crew Dragon

Mercredi 15 septembre 2021. Un peu moins de deux mois après le vol historique de Jeff Bezos à bord de sa fusée *New Shepard*, Elon Musk met les bouchées doubles. Au programme du jour, la mission Inspiration-4. Quatre, comme le quatrième vol habité de la capsule Crew Dragon et comme le nombre de passagers prévu à bord de ce vol historique.

Plutôt qu'un simple bond aérien d'une dizaine de minutes à une centaine de kilomètres au-dessus du plancher des vaches, le champion du New Space propose à ces nouveaux « touristes de l'infini » de découvrir tous les contours de la planète bleue trois jours durant. Autre chose que trois minutes d'apesanteur… et gratuitement ! En effet, le commandant de la mission, un certain Jared Isaacman, fondateur et patron de l'entreprise Shift4 Payments, a tout bonnement financé le vol de ses compagnons de voyage, à savoir la pilote Sian Proctor[1], l'assistante médicale Hayley Arceneaux[2] et le spécialiste de mission, Christopher Sembroski. Sans doute pour se donner bonne conscience, les astronautes de la mission Inspiration-4 se sont assigné comme objectif caritatif de collecter 200 millions de dollars pour le centre de traitement du cancer des enfants du St. Jude Children's Research Hospital.

1. Sian Proctor est professeure de géologie et de planétologie au South Mountain Community College. Elle est aussi major dans la Civil Air Patrol où elle sert comme officier d'éducation aérospatiale pour l'Arizona Wing.
2. Âgée de vingt-neuf ans, Hayley Arcenaux est la plus jeune Américaine à partir dans l'espace. Elle est aussi la première astronaute à porter une prothèse.

Astronautes non professionnels, tous embarquent pour l'espace pour la première fois de leur vie. Initialement, un certain Kyle Hippchen, ancien pilote de ligne, devait participer à ce premier vol touristique. Il aurait été tiré au sort parmi soixante-douze mille autres candidats. Hélas, il a été rapidement écarté en raison de son poids excessif : pas moins de 149 kilos. En principe, 110 kilos est le poids maximum autorisé pour un passager à bord des Crew Dragon. Pour Elon Musk, ce vol est capital. Fidèle à son idée fixe de transhumanisme interplanétaire, il entend démontrer que l'espace n'est pas un environnement hostile et inhumain, mais un lieu magique où tout un chacun pourra travailler, dormir et s'adonner à ses loisirs de prédilection. Avec Inspiration-4, le créateur de SpaceX pousse la grande porte de la colonisation de l'espace.

Inspiration-4, le Spirit of Saint Louis[1] *du tourisme spatial*

En cette soirée du 15 septembre, c'est l'excitation des grands jours. Les quatre passagers du Crew Dragon, deux hommes et deux femmes sélectionnés entre mille, sont dans tous leurs états. Et ce d'autant plus que le lancement de la Falcon 9 doit s'effectuer en pleine nuit. Une excitation à la hauteur de leur angoisse. Sanglés dans leur combinaison argentée, les quatre spatiotouristes doivent patienter dans leur capsule pendant près de cent quatre-vingts minutes avant le décollage de leur fusée. Leurs sièges portent même des noms : « Prospérité », « Réussite », « Espoir » et « Générosité ».

1. Nom de l'avion de Charles Lindbergh qui survola l'Atlantique en 1927.

Le jeudi 16 septembre, à 2 h 02 heure de Paris, la Falcon 9 s'élève comme prévu dans la nuit noire. L'envol, majestueux, s'effectue sans le moindre incident. Une fois n'est pas coutume, Crew Dragon ne rejoint pas la Station spatiale internationale mais se place en orbite autour de notre globe à environ 575 kilomètres d'altitude, à la vitesse constante de 28 700 km/h. Si dérisoire qu'apparaisse cette altitude au regard des distances interplanétaires, elle n'en constitue pas moins l'orbite la plus élevée qu'ait atteinte un vaisseau spatial depuis l'épilogue des missions Apollo[1].

L'arrimage à l'ISS n'étant pas inscrit à l'ordre du jour, SpaceX a ôté son système d'amarrage à la Station spatiale pour le remplacer par un immense dôme en verre censé offrir à nos touristes un panorama à 360 degrés sur le vide interplanétaire. Au programme, outre le spectacle incroyable de la courbure de la Terre sur fond de nuit cosmique, pas moins de quarante-huit levers de soleil sont répertoriés en l'espace de trois jours. En raison de l'altitude relativement élevée de leur capsule, les quatre pionniers du tourisme spatial ont aussi le privilège exceptionnel d'embrasser l'ensemble du globe terrestre, à la différence des pros de l'ISS. Rageant !

Et n'allez pas croire qu'il leur ait fallu voler des heures durant pour côtoyer l'infini ! Quelques minutes après le lancement de leur Falcon, les passagers d'Inspiration-4 dérivaient dans l'espace, goûtant aux joies de l'apesanteur et se prêtant à leurs rêveries spatiales. Pour couronner le tout, nos quatre astronautes non professionnels ne s'embarrassent d'aucun problème technique,

1. Pour faciliter la récupération de la capsule Crew Dragon en mer, l'inclinaison de son orbite est identique à celle de l'ISS, à savoir un angle de 51,6 degrés.

la mission étant entièrement automatisée et la capsule dirigée depuis le sol. Reste l'imprévu. Et si la capsule Crew Dragon partait en vrille et devenait incontrôlable ? Dans ce cas, SpaceX a résolu de ne pas être pris au dépourvu. Avant de s'embarquer pour l'infini, Jared Isaacman et ses camarades de route ont reçu quelques consignes pour parer à toute éventualité. Ils ont même subi un entraînement intensif de six mois au cours duquel ils ont tour à tour expérimenté la centrifugeuse, enduré des stages de survie sur le mont Rainier[1], ou effectué des vols paraboliques en avion pour s'habituer à l'apesanteur.

Les compagnons d'Isaacman, des astronautes amateurs lambda ? Surtout des cobayes du tourisme spatial. L'objectif avoué d'Elon Musk reste d'ouvrir la « route des étoiles » au plus grand nombre. Les passagers de cette mission hors norme font en effet l'objet de nombreuses expériences médicales destinées à tester les aptitudes de l'homme dans un milieu réputé « non naturel ». Pendant près de trois jours, le voyage d'agrément des passagers du Crew Dragon se doublera d'une série d'examens médicaux portant à la fois sur leur rythme cardiaque, leur période de sommeil, leur circulation sanguine ou encore leurs capacités cognitives.

Deux jours, vingt-trois heures, trois minutes

En orbite autour de notre planète, tout se déroule à merveille. Les touristes muskiens ne ressentent même pas le fameux « mal de l'espace » qui trouble tant les astronautes de l'ISS. Sans négliger leurs tâches caritatives

1. Situé à 95 kilomètres au sud-est de Seattle, ce volcan culmine à 4 392 mètres d'altitude.

pour le St. Jude's Children's Research Hospital, ils ont un emploi du temps bien chargé, partagé entre leurs programmes scientifiques et leurs « relations publiques ». Les enfants du St. Jude's peuvent ainsi converser avec leur idole, l'assistante médicale Hayley Arceneaux, une employée de leur hôpital, qui a naguère vaincu le cancer des os – un ostéosarcome – dont elle souffrait…

Le dimanche 19 septembre, à 1 h 07 heure française, la capsule Crew Dragon amerrit en douceur dans l'océan Atlantique, au large de la côte ouest de la Floride. Au terme de deux jours, vingt-trois heures et trois minutes, la première expérience touristique dans l'espace d'envergure s'achève donc de la meilleure façon. L'équipage d'Inspiration-4 rapporte plusieurs objets qu'il avait emportés pour les revendre aux enchères sur Terre – notamment un ukulélé et du houblon destiné à brasser de la bière spatiale. Après avoir culminé à 575 kilomètres pendant quarante-huit heures, la capsule a décroché le troisième jour à 365 kilomètres avant de plonger vers l'océan, de déployer ses parachutes, et d'amerrir à l'endroit prévu. Un vol impeccable au succès retentissant. Soixante et onze heures d'anthologie spatiale. Même Jeff Bezos, rival juré d'Elon Musk, félicite le patron de SpaceX sur son compte Twitter.

Fort du succès de la mission Inspiration-4, ce dernier entend bien obtenir son passeport pour l'espace extraterrestre. Sept mois plus tard, en avril 2022, Elon Musk signe l'acte II de la colonisation de l'espace. Le 8 avril commence en effet un nouveau périple spatial entièrement privé, la mission Ax-1. Auparavant, tous les vols habités de SpaceX vers l'ISS étaient des missions « professionnelles » menées pour le compte de la Nasa. Les passagers choisis n'étaient pas des néophytes, mais des astronautes expérimentés qui avaient subi de longs entraînements au sol. Longue de dix-sept jours, cette nouvelle mission a obtenu le soutien d'Axiom Space, une société texane qui ambitionne de placer ses propres modules dans l'espace dès 2024. À long terme, grâce à SpaceX, cette société a prévu de construire en orbite un véritable hôtel de l'espace pourvu de huit couchettes individuelles[1].

Une mission spatiale occultée par la guerre en Ukraine

55 millions de dollars : c'est le prix du billet pour l'espace qu'ont dû payer les astronautes de la mission Ax-1. L'Hispano-Américain Michael Lopez-Alegria, l'Américain Larry Connor, le Canadien Mark Pathy et l'Israélien Eytan Stibbe[2] sont les heureux acteurs de cet épisode suborbital. À l'exception du commandant Lopez-Alegria, qui totalise 215 jours à bord de l'ISS et a déjà effectué dix sorties extravéhiculaires dans le vide spatial, aucun n'est astronaute professionnel. Les trois autres spatiotouristes sont issus du monde civil. Connor, âgé de soixante-douze ans, dirige une société immobilière, Pathy est à la tête d'une société d'investissement, et l'ex-pilote Stibbe est le cofondateur d'un fonds d'investissement.

1. Le design du module aurait été confié au Français Philippe Starck.

2. Eytan Stibbe est le deuxième astronaute israélien à être envoyé dans l'espace. En février 2003, Ilan Ramon avait en effet embarqué à bord de *Columbia*. La navette spatiale s'était désintégrée en rentrant de mission. Le 11 avril 2022, Stibbe s'entretiendra en hébreu avec le président israélien Isaac Herzog, puis il lâchera dans l'espace un cube en verre contenant la prière pour le salut de l'État hébreu, écrite de la main d'Isaac Halevi Herzog, premier grand rabbin d'Israël.

Le vendredi 8 avril 2022, à 11 h 17 heure de Miami, une nouvelle fusée Falcon 9 transporte les quatre astronautes d'Axiom Space dans l'espace. Non pas autour de la Terre comme les passagers d'Inspiration-4, mais vers l'ISS. Cette fois, l'événement n'est pas retransmis en direct, en particulier en Europe.

Un scandale ? Pas vraiment. Si cette curieuse indifférence médiatique peut être interprétée comme une banalisation des voyages spatiaux – en somme, un gage de réussite –, elle s'explique avant tout par le tragique contexte international. Les hommes ont beau lever les yeux vers les étoiles, les États sont toujours prêts à déterrer la hache de guerre. En ce mois d'avril 2022, l'intervention russe en Ukraine, déclenchée quelques semaines auparavant, accapare tous les esprits. Comme au XXe siècle, on se met à reparler de batailles de chars, de guerre de tranchées, de charniers de civils, et de bombardements de villes. Sans compter la menace permanente de l'holocauste nucléaire brandie par le locataire du Kremlin. Et ce sur le sol même de l'Europe, un territoire que l'on pensait à jamais épargné par les conquêtes territoriales depuis la construction de l'Union européenne. Sur toutes les télévisions du monde, des experts défilent en soulignant la singularité de ce conflit surgi d'un autre temps. Ce qui devait être une expédition militaire éclair semble se transformer en une longue guerre d'usure. À croire que les stratèges de 2022 ont tout oublié des erreurs de leurs aïeux de 1914.

Plus que des touristes… des expérimentateurs de la microgravité

Si Elon Musk a ressuscité le rêve spatial, Poutine a ranimé le spectre des guerres interétatiques en Europe et réveillé le grand rêve impérialiste russe. Le patron de SpaceX s'est même invité sur l'échiquier militaire ukrainien en mettant le système Starlink au service du guidage des drones ukrainiens… avant de s'aliéner l'opinion publique ukrainienne en proposant aux Russes un plan de paix en octobre 2022.

Quoi qu'il en soit, la terre en feu d'Ukraine n'empêche pas la mission Ax-1 de parvenir à ses fins. Dès le 9 avril, la capsule s'arrime au module pressurisé *Harmony* de l'ISS. Les spatiotouristes d'Axiom Space sont accueillis chaleureusement par les astronautes de la Station spatiale internationale. Ainsi commence un séjour de deux semaines dans l'espace. Pour autant, les membres d'Axiom Space ne vont pas se contenter d'admirer la courbure de la Terre pendant que leurs hôtes effectueront des réparations extravéhiculaires. Loin de jouer aux simples touristes, les partenaires de Lopez-Alegria entendent mener une quarantaine d'expériences scientifiques de premier plan dans le domaine de la microgravité, en particulier sur la santé cardiaque, le vieillissement ou les cellules souches[1].

Œuvrant pour le programme Flute (Fluidic Telescope Experiment), l'astronaute israélien Eytan Stibbe profite, quant à lui, de son séjour à bord de l'ISS pour mener une étude poussée sur la fabrication de lentilles de haute qualité en façonnant des liquides selon les géométries souhaitées, puis en les solidifiant. « Si l'expérience réussit,

1. Expériences réalisées pour plusieurs groupes d'hôpitaux américains et canadiens, à savoir un dispositif holographique pour des « communications 3D », des minirobots dont les déplacements, les assemblages et le comportement en essaim sont étudiés en 0 *g*, un nouvel appareil de filtration de l'air et quelques cellules souches cancérigènes pour étudier leur croissance accélérée en impesanteur.

confie Edward Balaban, directeur du programme Flute, ce sera la première fois qu'un composant optique sera fabriqué dans l'espace. » À long terme, l'étude d'Eytan Stibbe pourrait déboucher sur la fabrication de miroirs révolutionnaires, bien plus grands et plus performants que celui de l'actuel télescope spatial James Webb, mis en orbite en décembre 2021 et dont les premières images nous sont parvenues en juillet 2022. Ces objets *made in space* pourraient permettre de décrire le vrai visage des nouvelles terres gravitant autour des étoiles proches[1], ces mondes vers lesquels nous sommes censés diriger nos futures arches spatiales. Tout au moins si l'on en croit les prévisions d'Elon Musk et de Jeff Bezos.

*D'*Homo sapiens *à* Homo spatiens *?*

Au retour de leur mission, le 25 avril 2022, les premiers spatiotouristes de SpaceX ne cachent pas leur satisfaction. Le Canadien Mark Pathy qualifie son périple spatial d'« incroyable ». D'une certaine façon, les « touristes » de la mission Ax-1 ont préparé l'avenir de l'humanité dans le lointain espace. Ainsi commence l'an I du tourisme spatial… Et deux jours plus tard, le 27 avril, SpaceX récidive avec la mission Crew-4. À bord de la capsule Dragon *Freedom*, quatre astronautes dont trois Américains, Kjell Lindgren, Bob Hines, Jessica Watkins, et une spationaute italienne, Samantha Cristoforetti. Ils reviendront sur Terre le 14 octobre, après cent soixante-dix jours passés à bord de l'ISS. Entre-temps a décollé la mission Crew-5, avec

1. Ne serait-ce que le système planétaire de l'étoile Trappist. Gravitant à plus de 40 années-lumière de la Terre, cette naine rouge est escortée de pas moins sept planètes telluriques dans sa zone d'habitabilité.

à son bord, pour la première fois dans une capsule SpaceX, la cosmonaute russe Anna Kikina.

Avec ses missions en orbite basse, Elon Musk vise la présence permanente de l'Homme dans l'espace. Encore faut-il que notre organisme puisse s'adapter à ce milieu inhospitalier. À bord des fusées ou des stations orbitales, notre vie quotidienne, nos gestes et nos références sont chamboulés. L'espace circumterrestre est un autre monde. L'appréciation des couleurs, le sens du goût, l'évaluation des distances sont durablement altérés. Il n'y a plus de jour ni de nuit, plus de haut ni de bas. Et notre corps ne réagit plus de la même façon. À des degrés divers, tous les astronautes ont souffert du mal de l'espace.

Depuis le début de l'ère spatiale, l'une des grandes interrogations des médecins et autres physiologistes de l'espace porte sur les effets de l'environnement cosmique sur le fonctionnement du corps humain. Les futurs grands voyages vers Mars et les planètes lointaines sont aussi fonction de ce paramètre incontournable : quelles seront les conséquences de la microgravité sur le corps humain lors des séjours de longue durée dans l'espace ? Tout voyage vers les planètes les plus proches et, *a fortiori*, vers les étoiles lointaines nécessitera des mois, voire des années de déplacement (à moins de trouver un raccourci dans le continuum spatiotemporel !) Si nous sommes un jour techniquement capables de traverser les grands espaces interstellaires en quelques années, encore faudra-t-il que la machine humaine ne faillisse point.

L'espace est un milieu hostile

En l'absence de pesanteur, impossible à reproduire sur Terre, notre sens de l'équilibre se trouve en effet profondément modifié. Troubles de la conscience, maux de tête, vomissements, désorientation, atrophie des muscles et altération des sens : pléthore d'effets physiologiques attendent les futurs pionniers du cosmos. L'un des grands responsables de cette désorientation est sans conteste la circulation sanguine. Dans le milieu étrange de la microgravité, elle ne se répartit plus de la même façon : soit elle irrigue trop notre cerveau, soit celui-ci n'est plus assez desservi. Dans le premier cas, elle peut provoquer des hémorragies et des maux de tête ; dans le cas inverse, le cosmonaute peut perdre connaissance. Assurément, l'environnement spatial est un univers hostile qui exige un gros effort d'adaptation.

Quant au mal de l'espace, ou *space motion sickness* (SMS), c'est en quelque sorte le mal de mer à la puissance 10. Loin d'être euphoriques, les premiers jours des aventuriers des étoiles sont éprouvants, pour ne pas dire pénibles. Par exemple, la Station spatiale internationale, qui se déplace à plus de 28 000 km/h, effectue 16 fois le tour de la Terre par tranche de 24 heures. Dans ce dernier cas, le soleil se lève toutes les quatre-vingt-dix minutes. Sans même évoquer le cycle du sommeil, ce sont toutes les références terrestres qui sont à corriger. S'adapter à l'environnement spatial, tel est le maître mot. Car rien ne rappelle le « plancher des vaches ». Désorientés par les signaux que leur envoient leurs yeux et leur oreille interne[1], les astronautes ont du mal à évaluer les distances et à se repérer dans la Station. De simples notions comme le haut et le bas deviennent de véritables casse-tête. Sur Terre, nos indicateurs traditionnels, « les corpuscules de Pacini », se logent dans

1. Grâce aux otolithes de l'oreille, de petites particules de calcium qui se déplacent librement sous l'effet de la gravité, nous pouvons définir le haut et le bas.

la plante des pieds. Ces récepteurs, qui mesurent la pression au niveau de la peau, ne sont plus stimulés par l'apesanteur ; s'ensuit une totale désorientation de l'astronaute, lequel évolue dans la Station avec la fausse sensation d'avoir toujours la tête en bas.

Si le mal de l'espace est vif lors des premières heures passées dans l'apesanteur, il finit toutefois par disparaître lorsque le séjour se prolonge. « Il faut environ deux jours pour s'habituer aux différents flux de liquides dans le corps et aux différentes sensations de faim et de soif, expliquait Eytan Stibbe au président israélien, le 11 avril 2022. C'est très différent de ce que l'on ressent sur Terre. » Au-delà de trois jours, l'astronaute s'adapte. C'est alors que d'autres effets secondaires se produisent. Notre cœur rétrécit, nos muscles s'atrophient et surtout notre corps s'allonge.

La colonisation de l'espace, un défi plus humain que technique

Certes, nous pouvons vivre dans l'espace, mais tout prolongement d'un séjour extraterrestre a pour conséquence de mettre à mal notre organisme[1], un peu comme si nous vivions dans une machine à accélérer

1. Ainsi, pour une raison encore inexpliquée, le nombre des globules rouges diminue en apesanteur à un rythme bien plus élevé (il s'en détruit trois millions par seconde, au lieu de deux millions sur Terre). Après un séjour de plus de quinze jours dans l'espace, un astronaute sur deux est cliniquement anémique. « Lorsque les astronautes reviennent de l'espace, ils ressemblent beaucoup aux patients que nous admettons en cure de désintoxication », explique le biochimiste Guy Trudel dans les colonnes du magazine *Ars Technica*. Le voyage dans l'espace serait donc fortement déconseillé aux personnes souffrant de problèmes cardiaques, d'angine de poitrine ou d'un taux d'hémoglobine anormal.

le temps. À commencer par la décalcification des os. Si le corps s'étire en l'absence de gravité, c'est que notre colonne vertébrale n'est plus comprimée par le poids du buste. Passé un certain nombre de mois en apesanteur, notre colonne vertébrale gagne trois à quatre centimètres. Une bonne nouvelle pour les hommes et les femmes de petite taille ? Pas forcément. Car une fois revenu sur Terre, avec la pesanteur, la taille reprend rapidement sa valeur originelle. Qui plus est, grandir dans l'espace est plutôt un signe de vieillissement accéléré des os. Notre squelette est en effet un tissu vivant ; au fil des ans, ses os se fragilisent, se fragmentent puis se dissolvent, pour ensuite se reconstituer sous l'action des ostéoblastes. À l'instar de la peau, ils se renouvellent ainsi tous les cinq ans. Mais, au sein de notre organisme, les forces de destruction l'emportent toujours sur celles de la création.

Dans l'espace, la résistance de nos os diminue, mais aussi celle de nos muscles. Malgré les deux heures d'exercice physique quotidiennes imposées aux astronautes, leurs muscles s'atrophient inexorablement. Leur force, leur habileté physique et leurs mouvements en sont durablement affectés. En fonction de la localisation, la perte de volume musculaire est de l'ordre de 5 à 10 %. Pis encore, l'atrophie musculaire peut entraîner des conséquences fort désagréables lors de l'épreuve de retour sur Terre. L'extraction des cosmonautes russes des capsules Soyouz en a témoigné. À la sortie de leur habitacle, engoncés dans leur fauteuil, les astronautes de retour sur Terre sont tous frappés du syndrome des « jambes de poulet[1] ». Incapables de rester debout en

1. La perte de masse au niveau des cuisses contribue à l'aspect caractéristique des membres inférieurs en « jambes de poulet »

raison de la perte de leur masse musculaire, ils retiennent systématiquement le pantalon de leur combinaison, persuadés de le perdre. Ils ont la curieuse sensation de peser très lourd. Harassés, fatigués, et soulagés d'être revenus sur la terre ferme, ils n'aspirent pourtant qu'à une chose : retourner dans l'espace et pousser encore plus loin les limites du possible.

Nous vivons encore dans la préhistoire de la conquête spatiale. En 2024, aucun homme n'a encore foulé le sol d'une autre planète (la Lune n'est que notre satellite) et le monde des étoiles reste un fantasme. Au-delà même du défi technologique que représenteront les futurs vols interplanétaires et interstellaires, ce qui préoccupe le plus nos physiologistes reste le comportement du corps humain lors de voyages excédant plusieurs années. Or le seul voyage vers Mars, aller-retour, en nécessitera au moins trois. L'absence de pesanteur à l'intérieur du vaisseau sur une si longue période entraînerait une décalcification des os et une double atrophie des muscles et du cœur. De quoi rafraîchir l'enthousiasme de nombreux candidats.

Sur la surface de Mars à proprement parler, les conditions de vie ne seraient guère plus reluisantes, car les astronautes devront s'adapter à une gravité trois fois plus faible que sur Terre et porter leur casque à chaque sortie hors de leur habitacle[1]. Une vraie corvée ! Sans compter

---

qui accompagne le déplacement thoraco-céphalique des fluides.

1. Si un astronaute retirait son casque pour respirer l'air de Mars, il mourrait dans les deux minutes qui suivent. En contact direct avec une pression presque nulle, la température d'ébullition de notre sang baisserait drastiquement (phénomène de l'ébullisme). En bref, notre sang bouillirait, tandis que notre corps gèlerait. Il est des façons de mourir moins insolites.

l'impact psychologique des vols spatiaux dirigés vers les mondes lointains. Aujourd'hui, ces voyages relèvent encore de la science-fiction, mais d'ici à la fin du siècle, il y a fort à parier que de tels périples seront entrepris vers Mars et les principaux satellites des planètes géantes. C'est tout au moins le grand vœu d'Elon Musk. La question de la cassure du cordon ombilical avec la Terre sera alors posée. En d'autres termes, au cours du seul voyage vers Mars, le fait de voir la Terre rétrécir sur la ligne d'horizon au fil des jours générera un stress difficile à combattre. À en croire le patron de SpaceX, la conquête de l'espace n'en reste pas moins plus riche d'avenir que de passé…

12

ARTEMIS 3, COUP D'ENVOI DE LA RECONQUÊTE LUNAIRE

« Le but global est de permettre à la vie de se développer sur plusieurs planètes et de faire de l'humanité une civilisation spatiale. »

(Elon Musk, 2022)

Artemis et Apollo : plus d'un demi-siècle sépare ces deux missions lunaires. Un rêve les rapproche, mais deux objectifs radicalement différents les distinguent. Si, pour Apollo, la Lune constituait le but de visées hautement géopolitiques, l'astre sélène ne représente plus de nos jours qu'une étape pour réaliser une performance encore plus grandiose : marcher un jour sur la planète rouge, mille fois plus éloignée que notre satellite naturel.

En 1969, la première marche lunaire n'avait pas excédé trois heures et seuls deux hommes avaient arpenté le sol sélène. En 2025, selon toute vraisemblance[1], c'est une femme qui rouvrira la route de la

1. Avec un pourcentage d'erreur d'un ou deux ans. Une chose est presque assurée, le grand retour aura lieu avant 2030. À moins d'une catastrophe imprévue, comme le déclenchement d'une guerre nucléaire…

Lune et la mission devrait durer plusieurs jours. Car il ne s'agit plus de damer le pion aux Soviétiques mais de s'y installer durablement pour en exploiter les richesses minières.

Si la Nasa est toujours aux avant-postes de cette mission historique, la société d'Elon Musk apparaît comme un véritable alter ego de l'agence spatiale américaine. Là où les ingénieurs spatiaux avaient utilisé un seul lanceur, la fameuse Saturn V, les nouveaux arpenteurs de l'espace comptent désormais sur deux fusées pour parvenir à leurs fins : la SLS de l'agence spatiale américaine et le colossal Starship de SpaceX. En avril 2021, Musk a en effet signé un contrat de près de 3 milliards de dollars avec la Nasa pour transporter des hommes sur la Lune[1]. C'est l'ambition folle du projet Artemis. Une façon de ressusciter l'épopée Apollo, dont la dernière mission remonte à décembre 1972.

Cette année-là, Eugene Cernan refermait l'incroyable aventure lunaire dans le cadre de la mission Apollo 17. Et depuis, rien. Pas de « saison 2 », alimentant ainsi tous les mensonges et toutes les rumeurs de complot aux dépens de l'orgueilleuse Amérique. Et pourtant, le pari de Kennedy était remporté : le drapeau américain flottait sur la Lune, l'Union soviétique était humiliée. La marche sur notre satellite relevait du défi politique, plus que de l'exploit technologique. Les bases sur la Lune, l'exploitation de ses ressources, tout cela passait au second plan. Qui plus est, l'odyssée des capsules Apollo avait coûté une fortune, plus de 25 milliards de dollars, et cela dans le contexte troublé de la guerre du Viêtnam. Il a donc fallu attendre les projets d'Elon Musk, né en

---

1. Un contrat qui a par ailleurs ulcéré Jeff Bezos. Mais le créateur d'Amazon et de Blue Origin a perdu son procès contre la Nasa.

pleine épopée lunaire[1], pour tourner de nouveau les regards de l'Amérique vers la Lune. Désormais, le rêve spatial porte un nom : Artemis.

Artemis, ou le retour de l'esprit pionnier

La mission Artemis traduit non seulement la volonté de s'installer durablement sur la Lune, mais le désir de casser le cordon ombilical avec la Terre. En cette fin 2022, plus de cinquante ans se sont écoulés depuis la dernière marche lunaire des astronautes d'Apollo 17. Depuis lors, l'opinion publique en a enterré les héros, d'aucuns en ont contesté l'intérêt, quand d'autres ont carrément parlé de mascarade, prétendant que toute l'épopée lunaire aurait été tournée sur Terre : une véritable insulte à la mémoire des douze astronautes qui foulèrent le sol sélène au mépris du danger, sans compter les quarante mille techniciens et savants qui ont œuvré à la réussite du programme Apollo.

Au fil du temps, l'aventure d'Apollo s'est en effet estompée dans nos esprits. On a préféré parier sur une conquête de l'espace à la fois plus proche et plus utile, à savoir l'industrialisation de l'orbite basse. Ce fut l'expérience avortée de la navette. C'était oublier ce qui fait l'essence de la conquête spatiale : la soif d'aventure et le besoin de fantastique. Derrière cette aspiration à reculer toujours les frontières de la connaissance se profilent la découverte de l'inconnu, la perspective de nouveaux horizons et surtout l'exploration de mondes improbables. L'humanité a besoin de rêver. L'un des grands mérites d'Elon Musk est de l'avoir compris.

---

1. Elon Musk est né entre les missions Apollo 14 et Apollo 15.

Le 16 novembre 2022, le succès du vol de la fusée géante SLS est plus que la réédition du programme Apollo : il traduit la volonté de l'Amérique, grâce au dynamisme de Musk, d'inscrire notre futur dans l'espace lointain. Le lancement a eu lieu en pleine nuit, à 1 h 47 du matin. Après deux tentatives avortées[1], l'aventure lunaire est de retour. Le vol d'Artemis 1 doit théoriquement faire le tour de la Lune et revenir sur Terre au terme de vingt-cinq jours de voyage. Pour ce premier vol d'essai, aucun astronaute n'est présent à bord.

Au-delà même de la Lune, c'est toute une aventure spatiale qui se dessine en filigrane, une épopée à la fois fantastique, millénaire et nécessaire à la survie économique de nos États. Sans compter l'or lunaire, le fameux hélium 3, les astéroïdes recèlent une quantité infinie de métaux ferreux et les satellites de Jupiter et de Saturne regorgent d'eau. Oui, l'humanité a un plan B, une planète B, voire plusieurs. Notre seul système solaire pourrait nous combler pendant un bon millénaire. Alors, que dire des mondes lointains orbitant autour des autres étoiles ? Renoncer à la conquête de l'espace, c'est fermer à tout jamais les portes de l'avenir…

En attendant la première femme sur la Lune

Artemis et Apollo ? Un seul rêve mais deux projets radicalement différents. Si toutes les missions se déroulent conformément aux prévisions des techniciens, la mission Artemis 3 devrait débarquer un équipage sur la Lune au cours de l'année 2025. Auparavant, Artemis 1 se sera

1. Après un premier report dû à une panne de moteur qui n'a pu se refroidir, le compte à rebours du départ de la SLS avait de nouveau été arrêté en raison de problèmes météorologiques.

contenté d'un simple vol expérimental vers la Lune, sans passagers. Artemis 2 aura effectué le même périple autour de notre satellite, avec quatre astronautes dont une femme, mais sans s'y poser. Depuis janvier 2020, nous connaissons les noms des dix-huit astronautes, sélectionnés parmi quelque vingt mille postulants, qui participeront à ce nouveau programme lunaire : Joseph Acaba, Kayla Barron, Raja Chari, Matthew Dominick, Victor Glover, Warren Hoburg, Jonny Kim, Christina Hammock Koch, Kjell Lindgren, Nicole A. Mann, Anne McClain, Jessica Meir, Jasmin Moghbeli, Kate Rubins, Frank Rubio, Scott Tingle, Jessica Watkins et Stéphanie Wilson. Telles sont les identités des « héros qui nous porteront sur la Lune et au-delà », précise avec emphase l'agence spatiale américaine. Parmi les heureux élus, cinq femmes[1]. Aux dernières nouvelles, c'est soit un homme de couleur, soit une femme qui devrait faire le nouveau « premier pas » sur le sol sélène[2].

Les équipages sélectionnés, reste à faire décoller les fusées. Le vaisseau spatial de Musk est une mégafusée absolument unique. Avec ses trente-trois moteurs Raptor à la base du Super Heavy, sa poussée équivaut à cinq fusées Ariane 5. Or, si la fusée SLS de la Nasa – conçue par Boeing – a décollé en novembre 2022, le Starship de SpaceX a explosé au bout de trois minutes de vol

1. Depuis quelques années, on assiste aussi à une véritable féminisation des ingénieurs de la Nasa. Là où les femmes ne représentaient que 5 % des ingénieurs et des techniciens affectés aux missions Apollo, celles-ci dépassent aujourd'hui plus de la moitié des effectifs de la Nasa et de SpaceX.

2. Précisons en effet, qu'entre juillet 1969 et décembre 1972, douze hommes, tous blancs, ont foulé le sol de la Lune.

le 20 avril 2023. Le temps de poussée au sol[1] aurait été beaucoup trop long, plus de cinq interminables secondes, détruisant ainsi une grande partie du pas de tir de la Starbase. Les flammes des moteurs Raptor ont même été si puissantes qu'elles ont fait voler en éclats une grande partie des installations au sol. Pis encore, des débris auraient probablement été projetés contre les moteurs au moment du décollage. En raison de cet endommagement, deux des trente-trois moteurs Raptor ne démarrent pas. Par la suite, une fuite de carburant détruit deux autres moteurs et le feu commence à se propager à la couronne du propulseur. Le directeur de lancement décide alors de détruire la fusée en vol. Le grand rêve aura duré trois minutes et dix secondes…

(À raison de 20 000 dollars pièce, les moteurs Raptor sont un vrai casse-tête pour les ingénieurs de Boca Chica. Leur fabrication en acier inoxydable, selon le choix de Musk, apparaît plus compliquée que prévue. Le créateur de SpaceX s'étonne en particulier que l'épaisseur du dôme du moteur soit semblable à celle de son cylindre, alors que la pression exercée est différente.)

Loin d'arborer une mine accablée dans la salle de contrôle, Elon Musk et ses ingénieurs applaudissent à tout rompre. L'important à leurs yeux, c'est moins l'explosion que le décollage. Leur énorme engin s'est en effet arraché à la pesanteur terrestre et c'est l'indice évident d'une future réussite. Rassemblant tous ses acolytes autour de lui, Elon déclare sans sourciller : « Beau travail, les gars. On l'a fait. Notre objectif était de décoller de ce pas de tir et d'exploser hors de vue

1. 39,1 méganewtons de poussée pour la SLS, soit 15 % de plus que Saturn V, et 75 méganewtons de poussée pour le lanceur de Musk.

et nous l'avons atteint. Trop de choses peuvent mal tourner lors d'une première mise en orbite. C'est une super journée[1]. » À l'instar du sauvetage des astronautes d'Apollo 13 en avril 1970, les apprentis sorciers de la Starbase qualifient l'essai du 20 avril d'« échec réussi ».

Quoiqu'il en soit, deux mois plus tard, le 27 juin, SpaceX annonce vouloir opérer un changement majeur dans la conception du vol. Au lieu d'activer les moteurs du deuxième étage après le largage du Super Heavy, les moteurs seraient allumés avant même la séparation des deux corps de la fusée. Selon les ingénieurs de Boca Chica, ce nouveau système permettrait d'éviter une perte substantielle de la poussée constatée lors de la séparation des étages.

L'échec réussi du 18 novembre 2023

À peine sept mois après le flop de son premier essai, la fusée géante de Space X se dresse de nouveau sur le pas de tir restauré de Boca Chica. L'aire de lancement a en effet été complètement rebâtie et un système de déluge d'eau a été monté pour amortir les ondes acoustiques provoquées par le décollage du Starship. Depuis son poste d'observation, Elon Musk affiche une fausse sérénité. Il est possible que le Starship ne revienne pas sur Terre, a-t-il déclaré devant la presse. L'essentiel est de faire mieux que la dernière fois, à savoir ne pas abîmer le pas de tir, de faire en sorte que tous les moteurs s'allument et que la séparation entre les deux étages se passe correctement. Ce 18 novembre 2023, l'essentiel est plus de décoller que d'atterrir.

1. Propos rapportés par Walter Isaacson, *op. cit.*

Et ce qui devait arriver arrive. Peu après 14 heures, le Starsship s'arrache du sol puis fonce vers le firmament. Sous la poussée de ses 33 moteurs Raptor, l'oiseau géant fait illusion l'espace de quelques minutes avant d'exploser après un « désassemblage rapide non planifié », selon le langage ésotérique des techniciens. Catastrophe, serait-on tenté de s'exclamer. Pas le moins du monde, déclarent les spécialistes de SpaceX. Non seulement le pas de tir est réutilisable, mais les moteurs Raptor ont tenu bon et la séparation s'est opérée comme il se doit. À l'image de la mission *Apollo 13* d'avril 1970, on peut parler d'« échec réussi ». À la seule différence qu'il n'y a personne à bord de *Starship* (et c'est préférable en l'état actuel des performances de la fusée géante). *A priori*, la route de Mars est encore semée d'embûches. Celle du retour sur la Lune ne s'annonce pas non plus comme une promenade de santé.

Deux fusées pour conquérir la Lune

Une fusée pour s'arracher de la Terre, l'autre pour alunir : une grande première ! En d'autres termes, au printemps 2025, la fusée avec laquelle les futurs astronautes lunaires s'envoleront vers la Lune ne sera pas celle qui les déposera sur le sol sélène. Un vrai casse-tête technologique. Les futurs astronautes lunaires décolleront de Cap Kennedy avec la SLS, à savoir la capsule Orion, avant de rejoindre le Starship vide, alors en orbite autour de la Lune.

Le journaliste et écrivain Olivier Lascar résume le scénario envisagé. Le Starship de SpaceX ayant fait un premier arrêt en orbite basse autour de notre planète, « le décollage du plancher des vaches est si gourmand en énergie que la navette, arrivée à cette étape, n'aura plus assez de jus pour continuer sa route». Aussi le vaisseau initial sera-t-il rejoint par seize autres Starship pour lui livrer le carburant nécessaire pour ce long voyage de trois jours. «Le Starship pour la Lune doit être rejoint en orbite terrestre par d'autres Starship jouant les camions-citernes. [...] Chacun de ces engins de ravitaillement ne peut en effet transmettre au Starship en orbite basse qu'une partie des ergols qu'il convoie, puisque lui-même a besoin de carburant pour s'arracher à l'attraction terrestre. Imaginez que ce soit 1/16 de ce qu'il transporte, eh bien, il faudra seize Starship pour faire le plein[1] !»

La suite de la mission apparaît tout aussi rocambolesque. Après avoir quitté l'environnement terrestre pour se diriger vers l'astre sélène, le Starship en question, baptisé HLS (*Human Landing System*), se mettra en orbite autour de la Lune pour attendre la deuxième fusée, la fameuse capsule Orion, avec ses quatre astronautes. C'est là que s'opèrera le transfert des passagers vers le Starship. Le vaisseau Orion restant en orbite, le HLS entamera alors son ultime descente vers la Lune, précisément dans la région des pôles, près du cratère Shackleton. D'une certaine façon, si Orion apparaît comme une impensable caravelle qui sillonne les océans, le HLS fait figure de petite embarcation, celle qui mène du navire jusqu'à la terre ferme[2].

Outre l'exploration de l'espace, ajoutons que d'aucuns songent aussi à utiliser le Starship comme simple aéronef terrestre pour relier les grandes villes. Ainsi,

1. Olivier Lascar, *Enquête sur Elon Musk, l'homme qui défie la science*, Alisio, 2022.
2. Pour reprendre l'analogie mentionnée par Hugo Ruher : « 13 questions sur Artemis, le programme qui va ramener les humains sur la Lune», Numerama.com, 3 juin 2022.

l'avion spatial de SpaceX pourrait relier Sydney à Paris en moins d'une heure et Los Angeles à Shangaï en trente-six minutes. Ces avions de l'espace ne devraient pas décoller d'aéroports classiques, mais de plates-formes en pleine mer. Face à cette perspective, en octobre 2022, la FAA (Federal Aviation Administration) n'avait toujours pas donné son feu vert concernant le vol orbital, pour des raisons environnementales.

Retour vers… le futur antérieur

Une fois posé à la verticale, le Starship fera figure de nouveau géant de l'espace. Un spectacle digne des films de science-fiction du milieu du XXe siècle. À croire que la mission Artemis a été imaginée en 1954 ! Le vaisseau lunaire sera en effet bien plus imposant que l'ancien LM des missions Apollo. Quand les deux astronautes ouvriront l'écoutille du HLS – les deux autres seront restés à l'intérieur d'Orion –, ils se trouveront à une quarantaine de mètres au-dessus du sol lunaire, comme dans l'épisode de l'alunissage de la fusée lunaire de *Tintin*. L'ultime descente sera ponctuée de battements de cœur, de pleurs et de rires dans les centres de Houston et de Boca Chica. Puis ce sera le premier pas, les premiers mots et les premières sensations de l'heureuse élue – si c'est une femme. Commencera alors un séjour historique de près d'une semaine et non de trois heures comme en juillet 1969. Pour ce retour historique sur la Lune, pas moins de deux sorties extravéhiculaires d'une durée de quatre heures seront réalisées. Des expériences scientifiques seront menées et près de 26 kilos de roches lunaires seront rapportés.

Au terme de leur longue marche, les deux nouveaux astronautes lunaires réintégreront le HLS, redécolleront, puis retourneront dans la capsule Orion restée en orbite pour regagner la Terre. Ainsi s'achèvera la mission Artemis 3, annonciatrice de lendemains encore plus glorieux sur le sol sélène.

Des Starship *convertis en bases lunaires permanentes*

À la différence d'Apollo 11, la mission Artemis ne répond à aucun défi politique, mais à une nécessité à la fois économique, écologique et technologique. Si nous retournons sur la Lune, ce ne sera pas pour dire : « Nous l'avons fait ! », mais pour nous y installer durablement. Mais comment construire ces bases lunaires et avec quels matériaux ? L'idée première serait de transformer les alunisseurs, à savoir les Starship, en véritables habitacles pour les futurs colons. « Nous sommes arrivés à la conclusion que le moyen le plus rapide, le moins coûteux et le plus simple techniquement pour réaliser un habitat pérenne est d'utiliser la version lunaire du Starship de SpaceX », expliquait en octobre 2021 Alexandra Sokolowski, spécialiste en astronautique[1].

Aux dires des experts, la conversion du vaisseau spatial de SpaceX en base lunaire est techniquement réalisable. Avec un volume de plus de 20 000 mètres cubes équivalent à celui de la Station spatiale internationale, l'habitacle du Starship s'avère assez grand pour offrir des conditions de vie et de travail décentes aux futurs colons lunaires. Placé à l'horizontale – délicate –, le vaisseau à proprement parler pourrait aussi abriter des stocks de méthane, d'électricité et d'eau potable. D'après l'équipe

1. Alexandra Sokolowski a rejoint un groupe d'experts travaillant sur le thème « Solutions pour la construction d'une base lunaire », un projet lancé par l'Université internationale de l'espace (ISU) à Strasbourg.

de l'ISU, plusieurs rovers seront mis en service pour coucher l'alunisseur sur le sol lunaire, le principal risque étant de déformer la structure du vaisseau.

La région des pôles lunaires jouit de nombreux atouts, notamment celui de se trouver en permanence à l'ombre de la lumière du Soleil. Pour mieux protéger la future base du rayonnement cosmique, on envisage en outre de recouvrir le Starship de régolithe lunaire. Au-delà même des aspects techniques, l'équipe de l'Université internationale de l'espace s'est aussi penchée sur la dimension psychologique du projet. Une base lunaire viable implique nécessairement une grande sérénité et une entente parfaite entre les colons. « Le site offrira une vue permanente sur la Terre. C'est un impératif », annonce ainsi Alexandra Sokolowski.

Pour oublier le déracinement planétaire, les occupants des bases lunaires jouiront donc d'une vue imprenable sur notre bonne vieille planète Terre. La santé mentale et physique des futurs colons est en effet indissociable de la réussite finale du séjour sur la Lune. Dans cette perspective, tous les problèmes quotidiens sont passés en revue.

L'environnement lunaire n'est pas un espace hospitalier, loin de là. Poussière lunaire abrasive, radiations, effets de la faible gravité : les pathologies potentielles et les entraves à une vie paisible sont pléthore. La Lune est pourtant la banlieue de la Terre. Nonobstant, à moins de 400 000 kilomètres de notre planète, l'espace est déjà invivable et hostile. Que les astronautes retirent leur casque pour mieux contempler la Terre et c'est la mort assurée dans les deux minutes qui suivent. « Une magnifique désolation », s'exclamait Buzz Aldrin en observant la surface sélène. Le passage par la Lune n'en est pas moins indispensable à tous ceux qui lorgnent vers Mars et au-delà…

13

Le futur sera martien… ou ne sera pas

« J'aimerais bien mourir sur Mars, mais pas pendant l'impact. »
(Elon Musk)

Elon Musk ambitionne désormais de coloniser Mars d'ici à 2070. Il le clame haut et fort depuis cinq ans : la planète rouge deviendra le second berceau de l'humanité d'ici à la fin du siècle et sera peuplée d'un million de personnes dans les cinquante ans à venir. Cette « colonie » permettra, selon le fondateur de SpaceX, d'assurer la survie de l'espèce humaine au cas où son existence serait menacée sur Terre. En somme, il s'agit de ne pas mettre tous nos œufs dans le même panier. À long terme, l'objectif des colons de la planète rouge serait de terraformer Mars. En d'autres termes, transformer l'environnement martien pour en faire une autre Terre. Tout un programme…

Car Mars, c'est d'abord une planète étrangère, hostile et froide. Malgré tous ses défauts, elle reste encore le seul coin fréquentable du système solaire. Sa gravité de surface est acceptable, sa température supportable, et son éloignement abordable. Son atmosphère est cependant irrespirable et ses tempêtes de sable sont réputées violentes. À perte de vue, elle ressemble à un vaste désert glacé et rocailleux couleur de rouille. Son ciel saumon ne vaut pas notre bel azur. Les colons devront lutter en permanence contre la routine, l'ennui et des dangers de toutes sortes. Sans compter les humeurs du sable martien, les glissements de terrain sont fréquents, les geysers de dioxyde de carbone imprévisibles, et les radiations cosmiques périlleuses. Un séjour sur Mars, ce ne sont pas des vacances au Club Med sur une plage des Bahamas.

Les futurs « martionautes » sont déjà parmi nous

Dès le mois de septembre 2016, à la faveur du 67e congrès d'astronomie de Guadalajara, au Mexique, Elon Musk a annoncé son intention de peupler Mars d'ici à la fin de ce siècle. L'équation est simple : ou nous restons sur Terre pour toujours, au risque de disparaître, ou nous devenons une espèce multiplanétaire. Musk n'entend donc pas envoyer qu'un seul vaisseau sur Mars, il souhaite créer un business pour rendre le voyage abordable. « Nous devons organiser des missions exploratoires, jusqu'à la construction d'une ville », a-t-il expliqué devant quelques milliers de personnes. À compter de l'année 2024[1], précise-t-il, une fois effectué le débarquement des premiers colons, des vols auront régulièrement lieu tous les deux ans, toujours avec une centaine de personnes à bord des fusées.

1. Elon Musk s'est montré un peu trop optimiste en 2016 quant au premier débarquement des hommes sur Mars, qui n'aura sans doute pas lieu avant les années 2030.

L'objectif du créateur de SpaceX n'est pas seulement de fonder des colonies de scientifiques enfermés dans leurs modules de survie, il est aussi de bâtir de vraies villes martiennes, peuplées en grande majorité de non-professionnels et de civils étrangers au milieu de l'astronomie, de la géologie ou encore de l'exobiologie. À l'exemple de leurs équivalents terrestres, les futures cités de Mars seront des espaces de vie, de loisir et de travail. Certes, Elon Musk n'est pas le seul scientifique à envisager des colonies sur d'autres planètes, mais il est le premier à conceptualiser un véritable voyage vers Mars et même vers la banlieue des planètes géantes, dût-il pour cela fabriquer des vaisseaux géants. Son projet spatial consiste à construire de véritables arches capables de transporter jusqu'à 550 tonnes en orbite basse et de déposer une centaine de personnes à la surface de la planète rouge à l'issue d'un voyage n'excédant pas une centaine de jours. C'est tout à fait révolutionnaire.

Les satellites planétaires Europe, Ganymède et Titan sont aussi dans la ligne de mire de SpaceX à l'horizon 2070. Le mérite d'Elon Musk n'est pas tant de fabriquer des fusées que de rendre possible l'aventure martienne. Non seulement le voyage est possible, mais il est souhaitable et réalisable, tant financièrement que technologiquement. Sa grande idée est surtout le concept de vaisseau réutilisable. Un révolutionnaire ? Non, Musk est un novateur qui croit dur comme fer à ses rêves. Loin d'avoir découvert un nouveau système de propulsion, le créateur de SpaceX a seulement su exploiter toutes les ressources technologiques dont l'humanité dispose pour redynamiser la conquête spatiale.

Pour ce projet à long terme, Musk espère pouvoir réutiliser son lanceur mille fois et le vaisseau ravitailleur de carburant une centaine de fois. À l'intérieur de ces vaisseaux relativement vastes, on trouvera un restaurant, des cabines et des jeux adaptés à l'absence de gravité. N'imaginons pas pour autant une flottille de vaisseaux en partance chaque année vers notre voisine planétaire. Compte tenu des positions respectives de la Terre et de Mars dans le système solaire, les fenêtres de tir pour envoyer des vaisseaux vers la planète rouge sont étroites. En vertu des lois de la mécanique céleste, les lancements interplanétaires s'effectueront tous les vingt-six mois, les retours vers la Terre intervenant seulement trente mois après le départ. Enfin, tous les voyages martiens auront un coût, pas moins de 2 millions de dollars pour chaque lancement de Starship. À terme, le créateur de SpaceX estime qu'il faudrait quarante à cent ans pour créer une civilisation autosuffisante d'un million de personnes sur la planète rouge. Autant dire que notre grand entrepreneur ne risque pas de voir la réalisation de son rêve martien de son vivant.

Un voyage à moins de 100 000 dollars

Si la maîtrise technologique est un aspect fondamental de la conquête de Mars, les aspects humains sont tout aussi cruciaux. Sans compter la durée du voyage – au moins six longs mois[1] –, il y a le séjour sur la planète elle-même, avec cette idée de vivre toujours en vase clos et de sortir systématiquement avec sa combinaison spatiale. Fantastique à ses débuts, le paysage ocre et rocailleux de Mars risque de devenir rapidement monotone et terne.

1. Le séjour sur Mars devrait, quant à lui, durer une trentaine de mois. D'ici à la fin du siècle, il n'est pas exclu que l'on puisse raccourcir la durée du voyage vers Mars en découvrant un nouveau système de propulsion.

Restent aussi la composition des équipages et le prix du voyage ! Selon Musk, la grande expédition martienne version SpaceX sera presque accessible à tout un chacun. Dans un tweet posté dès le 10 février 2019, l'aventurier des étoiles déclare sans sourciller que son voyage sur Mars *via* sa future fusée « coûtera un jour moins de 500 000 dollars, voire moins de 100 000 dollars ». Et d'ajouter, en toute simplicité : « Assez bas pour que la plupart des gens dans les économies développées puissent vendre leur maison sur Terre et aller sur Mars s'ils le veulent. »

Quoi qu'il en soit, l'environnement martien est loin d'être hospitalier et les risques de perdre un colon ne sont pas négligeables, aussi l'achat d'un billet pour Mars sera-t-il assorti d'une décharge par laquelle on déclarera accepter de mettre sa vie en danger. Il sera même possible de revenir sur Terre en cas de non-adaptation à l'univers martien… Non dépourvu du sens de l'humour, le leader charismatique de SpaceX a en effet souligné que, dans le cas où une personne ne pourrait plus supporter l'environnement martien, un « billet retour » lui serait gracieusement offert.

Mars, une nouvelle Terre ?

À court ou à long terme, dans un délai de cent ans ou mille ans, les hommes espèrent avoir transformé la planète rouge en planète bleue. C'est le grand rêve de la terraformation. Rendre l'atmosphère de Mars respirable, rendre notre voisine habitable sans avoir besoin de porter le moindre casque, tel est le grand projet des exobiologistes.

Autrefois dense et chaude, l'atmosphère martienne a ensuite été balayée par les vents solaires. Désormais enveloppée d'une faible couche de gaz, surtout du dioxyde de carbone, la planète rouge n'est plus capable de produire l'effet de serre qui lui aurait permis de conserver des mers et des océans d'eau liquide. Pour recouvrer son atmosphère d'antan, Mars doit être dotée d'une magnétosphère, à l'exemple de la Terre. En raison de son faible gabarit, la planète rouge n'a pu conserver sa dynamo initiale.

La terraformation de Mars passera obligatoirement par un réchauffement général de la planète, lequel serait indissociable de la restauration d'un effet de serre. Sachant que l'eau et le dioxyde de carbone sont tous deux prisonniers dans les calottes et le sous-sol martien, d'aucuns envisagent de bombarder carrément les pôles avec des charges nucléaires. C'est le cas d'Elon Musk. Une autre solution pour réchauffer Mars serait d'utiliser des miroirs géants de 100 kilomètres de rayon. Ces structures, placées dans l'espace, réfléchiraient la lumière du Soleil afin de mieux fondre les calottes polaires martiennes. Ainsi serait libéré le gaz carbonique susceptible de générer un nouvel effet de serre.

À long terme, la stabilisation climatique de Mars est indispensable à toute colonie durable sur cette planète. Sans terraformation, jamais la planète rouge ne sera suffisamment vivable pour permettre une colonisation massive…

Une fois atteint un effet de serre correct et stable, le pergélisol débuterait son dégel et l'eau réapparaîtrait à la surface de Mars. Sous l'action du rayonnement solaire, faible il est vrai à cette distance[1], une partie de l'eau s'évaporerait dans l'atmosphère, provoquant une

1. Rappelons que Mars se situe à environ 225 millions de kilomètres du Soleil, une distance bien plus élevée que celle qui sépare notre Terre de son étoile.

nouvelle augmentation de la température. La vapeur d'eau est aussi un gaz à effet de serre. Au fil des ans, la pression atmosphérique augmenterait jusqu'à atteindre 400 millibars au terme de quatre siècles, et 600 millibars au bout de 2 500 ans (sur Terre, cette pression atteint 1 015 millibars).

Une autre méthode pour augmenter la pression atmosphérique martienne serait d'y expédier massivement des plantes et des bactéries génétiquement modifiées pour rejeter de l'azote dans le ciel de Mars. En ce cas, les 120 millibars rendant l'air respirable pour les humains seraient atteints au terme de neuf siècles. Neuf cents ans avant d'entamer une véritable colonisation ? C'est un peu long pour une humanité en mal de nouveau monde. Mais patience dans l'azur, le futur appartient aux gens qui prennent leur temps.

Starlink, une nouvelle constellation artificielle

Avant de conquérir la planète Mars, Elon Musk entend conquérir la Terre, ou plus exactement séduire ses habitants en facilitant l'accès des particuliers au service Internet à haut débit partout sur notre globe, en particulier dans les régions encore mal desservies par les opérateurs classiques. Il s'agit de répondre aux besoins croissants en matière de jeux vidéo en réseau et de visioconférences internationales. C'est le projet Starlink.

Pour parvenir à ses fins, Elon entend accaparer toute l'orbite basse en vue du placement de ses objets célestes, quitte à faire concurrence aux autres opérateurs de satellites tels que Globalstar (téléphone satellitaire), LeoSat (liaison point à point) et surtout OneWeb. Non seulement ceux-ci craignent pour leur leadership commercial, mais d'aucuns s'inquiètent des réels risques de collision entre les satellites.

En effet, ce ne sont pas quelques centaines d'objets qu'Elon Musk entend placer en orbite géostationnaire, mais une véritable armada de quarante-deux mille microsatellites. Un chiffre astronomique, dans tous les sens du terme. À titre de comparaison, depuis le lancement historique de *Spoutnik* en octobre 1957, les grandes puissances spatiales n'ont lancé que neuf mille quatre cents objets autour de notre planète. Dès le printemps 2020, ce sont près de quatre cent vingt satellites qui sont installés à la verticale de la Terre. En règle générale, ce sont des machines légères de 227 kilos chacune, et toutes fabriquées à Redmond près de Seattle, aux États-Unis.

Le 7 octobre suivant, SpaceX a procédé au lancement d'un nouveau chapelet d'une soixantaine de satellites, portant à sept cent soixante-quinze le nombre d'objets qu'elle a placés en orbite basse. La constellation Starlink commence à prendre forme et, avec elle, la vague de contestations. En particulier celle des astronomes. Nombreux sont en effet les arpenteurs du ciel qui craignent de ne plus pouvoir observer clairement la voûte céleste. D'après eux, la constellation Starlink pourrait générer une insupportable pollution lumineuse. En guise de réponse, Elon Musk réplique que des chercheurs s'évertueront dans un avenir proche à rendre leurs futurs satellites transparents ou invisibles pour ne pas entraver la quête des poètes du cosmos. Autant dire que le conquérant des étoiles ne fait pas l'unanimité chez les amoureux de l'univers.

14

La porte des étoiles s'entrouvre

« Les dinosaures ont disparu
parce qu'ils ne possédaient pas
de programme spatial. »
(Larry Niven)

« À long terme, une espèce monoplanétaire ne survivra pas. Un jour, je ne sais quand, il y aura plus d'humains vivant loin de la Terre que sur elle », a déclaré Mike Griffin, administrateur de la Nasa d'avril 2005 à janvier 2009.

Ce qui obsède Elon Musk, ce n'est pas tant l'espace que les autres mondes capables de régénérer l'humanité en cas de menace… venue de l'espace. Soucieux d'élargir le monde pour mieux le sauver, le créateur de SpaceX fonde tous ses espoirs sur le transhumanisme interplanétaire, seule vraie alternative à notre existence terrestre.

Au mois de mai 2022, Elon Musk a célébré les vingt ans de la création de SpaceX. Que de chemin parcouru depuis les débuts épiques de son équipe sur l'atoll de « Kwag » et les railleries de ses concurrents ! En 2022, la Falcon 9 a décollé cinquante-huit fois et n'a connu aucun échec. Aujourd'hui, elle est la fusée la plus utilisée au monde et la société SpaceX, qui pèse dorénavant 125 milliards de dollars, est devenue le principal prestataire de services pour le ravitaillement de la Station spatiale internationale. Mieux encore, Elon Musk est sans conteste le meilleur espoir pour l'exploration de Mars et des planètes géantes. L'aventure ne fait que commencer…

L'avenir de l'humanité sera extraplanétaire ou ne sera pas

La Terre est une petite île perdue au milieu du grand océan cosmique. Des îles comme la nôtre, il y en a forcément d'autres, mais elles sont trop lointaines pour être repérées. Elles regorgent pourtant de richesses. Sitôt que nous aurons construit des navires suffisamment grands et rapides pour les rejoindre, nous le ferons, n'en déplaise à ceux qui ne veulent pas quitter l'île sous prétexte qu'ils n'ont toujours connu que cet espace et qu'ils redoutent l'inconnu. Tel est le raisonnement d'Elon Musk.

Aujourd'hui, le créateur de SpaceX observe les mondes lointains du système solaire et les mondes extrasolariens des exoplanètes comme autant de points de chute pour nos lointains descendants. Et Musk n'est pas le seul à penser l'avenir de l'humanité en termes intersidéraux. « Nous pensons qu'un accès généralisé à l'espace signifie des opportunités illimitées pour l'humanité », déclare à son tour péremptoirement Richard Humphrey, le dirigeant et cofondateur de Radian. « Au fil du temps, ajoute-t-il, nous avons l'intention de rendre les voyages spatiaux presque aussi simples et pratiques que les voyages en avion. »

En 2019, à la faveur du Congrès international d'astronautique de Washington, le vice-président Mike Pence déclarait devant un parterre de journalistes fort étonnés : « Le destin des États-Unis est de mener la colonisation du système solaire. » L'espace regorge en effet de richesses. À l'exemple des astéroïdes, qui renferment une quantité astronomique de palladium et de platine[1], deux métaux stratégiques pour nos industries, les mondes de notre système abondent en ressources minérales, mais aussi en carbone et en eau, notamment dans les régions polaires de notre Lune[2].

Devant de telles perspectives, les chercheurs du JPL[3] de Pasadena soutiennent à leur tour le projet muskien de colonisation des planètes lointaines, seule garantie d'une survie de l'espèce humaine à long terme. Selon ces spécialistes de l'espace, la première mission habitée autour de Jupiter pourrait être envisagée dès l'année 2076[4].

Quoi qu'il en soit, l'espace a beau être porteur d'espoir, il n'en est pas moins lourd de dangers et de menaces, tels que les rayons cosmiques, les sursauts gamma, les colères du Soleil, les explosions possibles de supernovas ou encore les innombrables planètes errantes. Ces bolides orphelins de leur étoile seraient plusieurs milliards dans notre seule Galaxie. Or, si une planète de la taille de Neptune croisait notre route, la Terre volerait en éclats avant même que les deux astres n'entrent en collision. Et face à cette menace, aucune parade ne serait possible.

---

1. Selon une étude scientifique menée à CalTech en 2012, un astéroïde large de 30 mètres pourrait rapporter 30 milliards de dollars avec ses seules réserves de platine.
2. Sous forme de glace. L'information aurait été confirmée en 2012 par la sonde LRO (*Lunar Reconnaissance Orbiter*).
3. Voir note 1, p. 56.
4. C'est tout au moins ce qu'ils ont publié sur leur serveur arXiv.

Elon Musk, tout le premier, est conscient de ces multiples épées de Damoclès. « La question n'est pas de savoir si un astéroïde va nous frapper, mais quand celui-ci va nous frapper », s'alarme-t-il dans un tweet publié en mars 2022. Le thème de « la Terre en péril » est d'ailleurs l'un de ses arguments massue pour expliquer la nécessité de chercher d'autres planètes habitables dans la Galaxie. Il en irait de la survie même de l'humanité.

L'espace, c'est à la fois Hawaï et Tchernobyl

L'idéalisation de l'espace ne doit pas en faire oublier le danger et les nombreux obstacles à surmonter. À commencer par les inconcevables distances qui nous séparent des premières étoiles (à l'heure actuelle, avec nos moyens technologiques, pas moins de cinquante mille ans seraient nécessaires pour gagner la région de Proxima du Centaure, le plus proche soleil du nôtre).

Il nous faudra probablement des siècles, voire des millénaires pour visiter ne serait-ce que les milliards d'exoplanètes qui peuplent notre seule Voie lactée. Pour l'instant, dans un rayon de 1 000 années-lumière, nous n'avons débusqué que cinq mille d'entre elles. Et 99,9 % des planètes de notre Galaxie échappent encore à notre investigation.

Par ailleurs, si ces nouveaux mondes encore inaccessibles exaltent notre imaginaire, la plupart sont infréquentables. Sur la planète Isis, une géante orbitant à plus de 60 années-lumière de notre Terre, il pleut du verre fondu. Et sur Osiris, un autre monstre de la taille de Jupiter campant à une distance trois fois plus lointaine, l'atmosphère est agitée par des vents dépassant les 10 000 km/h. Certaines planètes sont par ailleurs si denses qu'elles apparaissent comme de gigantesques diamants, tandis que d'autres présentent une température si élevée à leur surface que tout composé organique s'y évaporerait en un éclair. Et que dire de cette planète, de la taille de Neptune, dont la surface serait recouverte de « glace chaude » ? On pourrait multiplier les exemples. Au total, seule une planète sur mille serait habitable et plus des trois quarts d'entre elles seraient même dangereuses pour y implanter un quelconque Club Med, même une prison pour les extrémistes de tout bord.

Vers l'infini, mais pas au-delà…

Aujourd'hui, un voyage aller-retour vers ces exoplanètes lointaines, même les plus proches, semble aussi irréalisable qu'improbable. Ne serait-ce que pour atteindre la plus proche, Proxima B[1], à environ 4 années-lumière, soit 40 000 milliards de kilomètres, notre périple durerait plusieurs millénaires.

Plus encore que le problème du temps et des distances, c'est surtout la facture d'un tel périple qui fait frémir les spécialistes. « Le coût énergétique du voyage interstellaire l'empêche de devenir une réalité pratique », se désespère André Füzfa. D'après cet astrophysicien belge, pour expédier ne serait-ce qu'une fusée intersidérale de 100 tonnes vers le système planétaire du Centaure, il nous faudrait réaliser l'équivalent de quinze fois la production énergétique mondiale actuelle. Une première mission interstellaire vers le système triple du Centaure n'est pas prévue avant…

---

1. Une exoplanète débusquée en août 2016 par l'Observatoire européen austral (ESO). Selon toute vraisemblance, il s'agirait d'une super-Terre qui orbiterait en un peu plus de onze jours autour de la naine rouge Proxima du Centaure, l'étoile la plus proche de la Terre (si l'on excepte le Soleil).

le milieu du XXIIIe siècle. Autant dire qu'Elon Musk, tout ambitieux qu'il soit, ne lorgne pas encore vers les astres extrasolariens.

Avant même l'arrivée du créateur de SpaceX sur le podium de l'espace, bien des ingénieurs se sont penchés sur le problème des voyages intersidéraux. En l'espace de cinquante ans, pas moins de cinq projets de vols interstellaires sont tombés à l'eau. Ramjet, Orion, Daedalus, Aimstar, Icarus : autant d'engins intersidéraux qui n'ont jamais dépassé le stade du schéma. De la collection des atomes d'hydrogène du Ramjet de Bussard à l'utilisation de la fusion nucléaire envisagée pour le projet Daedalus, toutes ces perspectives de voyage intersidéral apparaissent aussi audacieuses qu'irréalisables. Atteindre les étoiles proches est en effet un défi autrement plus ambitieux que l'exploration des mondes de notre système solaire.

Depuis le début de l'ère spatiale, avant même d'aller sur la Lune, les hommes ont rêvé d'aller visiter les étoiles. Tout commence avec le vaisseau *Ramjet*, un projet hors norme conçu par Robert Bussard en 1960. À l'époque, le physicien américain s'évertue à concevoir un statoréacteur interstellaire recueillant sur son trajet l'hydrogène du milieu interstellaire, des particules ensuite compressées jusqu'à atteindre la densité nécessaire au déclenchement de la combustion nucléaire. Dans cette perspective, le « collecteur Bussard » est pourvu d'immenses champs magnétiques, de l'ordre de plusieurs kilomètres de diamètre, pour collecter la matière disséminée entre les étoiles. La puissance dégagée par la fusion nucléaire alimente le vaisseau en énergie et les gaz produits par la fusion, éjectés à très haute température, auraient servi à le propulser. Le collecteur est censé faire plusieurs kilomètres de diamètre : un défi technologique colossal. Sans compter la conception du vaisseau lui-même, la traversée du milieu interstellaire à une vitesse proche de la lumière comporte de très gros risques, en raison de l'impact énorme occasionné par les particules de gaz interstellaire sur la coque du vaisseau. Le champ magnétique « ramscoop », tout comme le faisceau laser utilisé pour récolter l'hydrogène peut se révéler extrêmement dangereux pour l'équipage du vaisseau. Sans compter que la fusion de l'hydrogène se révèle beaucoup trop lente pour alimenter le moteur du *Ramjet*. En résumé, trop d'incertitudes, trop d'impondérables entourent le projet de Bussard.

Parallèlement, d'autres scientifiques, à l'exemple du physicien Freeman Dyson, se penchent alors sur un procédé théoriquement promis à un grand avenir, la « propulsion nucléaire pulsée ». Sous cette appellation savante, il s'agit de recourir à une méthode de propulsion spatiale utilisant des explosions nucléaires en série pour produire une poussée. Ainsi naît le projet Orion. Il s'agit de faire exploser, toutes les trois secondes, de petites charges nucléaires directionnelles derrière la fusée de façon à profiter de l'effet de souffle à partir d'une grande plaque métallique. *A priori*, le projet est fiable et faisable. L'étoile Alpha du Centaure pourrait être atteinte en l'espace de cent quarante ans. Seule zone d'ombre, les possibles contaminations engendrées par la propulsion pulsée. En 1963, le traité de Moscou portant sur l'interdiction des essais nucléaires dans l'atmosphère signe le chant du cygne du projet Orion.

Les scientifiques n'abandonnent pas pour autant leur idée d'utiliser l'énergie nucléaire pour ouvrir la route des étoiles, comme l'atteste le nouveau projet Daedalus. Conçu dans les années 1970 par la British Interplanetary Society, il imagine de construire en orbite un vaisseau spatial gigantesque de 200 mètres de long et d'une masse de plus de 54 000 tonnes, dont 50 000 tonnes de carburant nucléaire. Objectif de la mission : atteindre en l'espace de cinquante ans l'étoile de Barnard, distante de six années-lumière. Utilisant la fusion nucléaire et non la fission, le grand vaisseau *Daedalus* substitue aux grosses charges nucléaires du projet Orion des millions de petites pastilles de combustible nucléaire, constituées chacune d'un mélange de deutérium et d'hélium 3. Les pastilles sont ensuite injectées une par une et sont chauffées par de puissants lasers, au point où les atomes à l'intérieur fusionnent pour donner naissance à des éléments plus lourds. Deux cent cinquante pastilles sont tirées par seconde, et le plasma naissant est canalisé vers une tuyère magnétique. Il en résulte une énergie fabuleuse, laquelle propulserait le vaisseau à plus de 36 000 km/s, soit 12 % de la vitesse de la lumière…

Aujourd'hui, le projet Daedalus n'est pas mort, mais il s'est transformé. Icarus est désormais son nom. Toujours conçu par la British Interplanetary Society, son objectif est d'atteindre un système planétaire situé à moins de 15 années-lumière dans le temps d'une vie humaine. L'équipe de Richard Obousy et de Kelvin Long a proposé son nouveau concept en 2014. Utilisant toujours la fusion nucléaire par confinement magnétique, le futur ambassadeur des étoiles aurait une taille colossale, au moins aussi grand que la tour Eiffel. « Le voyage interstellaire nécessite de relever de nombreux défis dans des domaines comme la propulsion, les communications, le blindage ou encore l'autonomie », explique le responsable du projet, Richard Obousy. Le jour où un tel vaisseau partira pour les étoiles, quel bond de géant pour l'humanité ! Le cordon ombilical avec la Terre sera définitivement coupé…

Génération Alpha du Centaure

La grande migration vers les étoiles ? Un défi prométhéen au regard des distances colossales qui nous séparent des étoiles, ne serait-ce que du premier système stellaire. Avec nos fusées actuelles, plusieurs dizaines de millénaires seraient nécessaires pour soulever les jupes d'Alpha du Centaure. Pas moins de 78 000 ans ! Le temps est sans conteste le plus grand obstacle à la conquête des étoiles. Plus récemment, le projet Breakthrough Starshot s'est promis de relier Proxima du Centaure en vingt et un ans. Aussi emballant soit-il, ce concept n'envisage à aucun moment un vol habité. Et pour cause, le vaisseau intersidéral en question ne serait pas plus grand qu'un dé à coudre…

Le défi des premiers vols interstellaires exige une révolution de nos systèmes de transport et de propulsion. L'étoile Alpha du Centaure est 270 000 fois plus éloignée que la planète Mars. À seul titre d'exemple, si le Soleil avait la taille d'une boule de pétanque, notre système solaire aurait un diamètre de 400 mètres et Alpha du Centaure serait une autre boule de pétanque distante de plus de 2 000 kilomètres. Or nos sondes les plus rapides mettent plus d'une décennie à dépasser l'orbite de la dernière planète !

L'obstacle des distances entre les étoiles est un véritable casse-tête pour les nouveaux bâtisseurs de notre avenir spatial. Pour contourner ces difficultés, les ingénieurs de la Nasa se penchent sur les moteurs sans combustible liquide ou solide. En 1998, la sonde *Deep Space One* a amorcé un grand virage technologique dans l'indifférence générale. Avec elle s'est ouverte l'ère de la propulsion ionique. Au lieu de cracher de l'hydrogène, la fusée se nourrit de plasma, savoureux mélange d'ions et d'électrons. Il y a déjà un quart de siècle,

Deep Space One a embarqué plus de 80 kilos de zénon, gaz dont les atomes, soumis à un intense bombardement d'électrons, ont été éjectés à la vitesse de 100 000 km/h.

La propulsion ionique ne nous ouvre pas pour autant la route des étoiles. Les voisines du Soleil restent des points lumineux sur la voûte céleste, toujours inaccessibles. Tout au plus ce nouveau moteur permettrait-il de naviguer en quelques semaines entre les différentes planètes du système solaire. Dans le même ordre d'idées, l'américium, fruit dégénéré du plutonium, nous emmènerait sur Mars en moins de trois semaines. En d'autres termes, un gramme de cette matière produit autant d'énergie qu'une tonne de carburant classique. La puissance de ces moteurs a beau nous paraître fabuleuse, elle est encore dérisoire face au défi des étoiles.

Encore aujourd'hui, le système de propulsion le plus performant reste celui de la navette spatiale américaine, au musée depuis l'année 2011. Alimentés par un mélange d'hydrogène et d'hélium, les chevaux de feu de la navette *Atlantis* galopaient autour de la planète à près de 30 000 km/h. Un voyage vers Alpha du Centaure exige d'autres performances. Pour atteindre les étoiles, il faut maîtriser leur énergie. Autrement dit, seule la fusion nucléaire nous libérerait du système solaire. Or cette source d'énergie est loin d'être conquise…

La fusion nucléaire mettrait Alpha du Centaure à portée de vie humaine : vingt-cinq ans ! Bien sûr, on peut envisager des vaisseaux plus rapides. Mais en approchant de la vitesse de la lumière, les équipages des futures fusées interstellaires seraient confrontés à d'autres problèmes. La moindre collision avec un astéroïde ou une planète transformerait leur vaisseau en une véritable bombe atomique de plusieurs centaines de mégatonnes. Une explosion aurait tôt fait de supprimer toute forme de vie à la surface du monde percuté. Autre souci : les noyaux atomiques du gaz interstellaire. À une vitesse proche de la lumière, ils agissent comme des missiles contre la coque du vaisseau.

Un bouclier électromagnétique serait indispensable pour une fusée flirtant avec la vitesse de la lumière. À ce stade relativiste, l'aspect du ciel changerait. Les constellations seraient méconnaissables. De nouvelles étoiles apparaîtraient et d'autres, devenues trop brillantes, disparaîtraient dans le domaine ultraviolet. Plus bizarrement encore, l'équipage de ce vaisseau hypothétique verrait les étoiles se mouvoir vers l'avant[1]. En revanche, sur les côtés du vaisseau, l'espace semblerait incroyablement vide. Franchir un milliard de kilomètres toutes les heures procurerait de curieuses sensations. Alors que le vaisseau spatial flirterait avec la vitesse de la lumière, il donnerait l'impression de reculer. Étrangement, la voûte céleste se rétrécirait et en deviendrait d'autant plus lumineuse. Plus la vitesse de la fusée augmenterait, plus le champ du firmament se réduirait à une toute petite portion du ciel. Tous les astres du ciel sembleraient se donner rendez-vous au même endroit pour assister notre vaisseau dans sa course folle vers l'inconnu. Une minuscule région du cosmos deviendrait aussi brillante que notre étoile.

À près de 300 000 km/s, l'équipage de notre vaisseau intersidéral découvrirait le système d'Alpha du Centaure au terme de trois ans de voyage. En seulement vingt ans, ils atteindraient le cœur de notre galaxie. Vingt ans pour

1. Cet effet serait dû au phénomène de l'« aberration de la lumière ». Sur Terre, nous pouvons le constater quand nous roulons à grande vitesse sous une pluie battante : celle-ci semble basculer vers l'avant et frapper le pare-brise à l'horizontale.

27 000 années-lumière ! Le temps s'écoulant à bord de l'engin interstellaire s'écoulerait plus lentement que pour les gens restés sur Terre. C'est le fameux paradoxe de Langevin, illustration de la relativité restreinte. Nos chers descendants attendront près de 60 000 ans le retour du vaisseau du centre de la Voie lactée. Mais entre-temps, les puissances terrestres auront construit des engins spatiaux plus performants et probablement oublié les aventures des premiers survivants de l'infini. C'est tout au moins le scénario envisagé par Elon Musk. En revanche, si le message du créateur de SpaceX tombe à plat, la civilisation humaine pourrait être littéralement décimée suite au passage dévastateur d'un gros astéroïde. Aussi aurait-elle rejoint les dinosaures au musée des espèces disparues…

Quatrième partie

Le monde selon Musk

« Il est possible que des gens ordinaires choisissent d'être extraordinaires. »

(Elon Musk)

Loin de se réduire au seul domaine de la bulle spatiale de SpaceX, les compétences et les intérêts d'Elon Musk sont multiples et variés. Tout ce qui est novateur en matière de technologie avancée l'interpelle. Avec, toujours, cette obsession d'en faire profiter le plus grand nombre grâce à des prix et à des tarifs défiant toute concurrence. Notamment dans le domaine très avant-gardiste des transports.

Musk entend ainsi refermer l'ère du pétrole et de la pollution atmosphérique en développant le marché des voitures électriques bon marché, comme l'atteste la montée en puissance de la société Tesla, ou en mettant au point un bolide sous tube plus rapide qu'un avion de ligne. Baptisé Hyperloop en 2013, ce train révolutionnaire foncera à près de 1 200 km/h et deviendra, selon lui, le nouveau mode de transport de masse avant trente ans. Fini la pollution, la nuisance sonore, les caprices météo, l'Hyperloop s'affranchirait de toutes les contraintes actuelles de l'aéronautique et réconcilierait la technologie high-tech avec la protection de la nature.

Excentrique et implacable, Elon Musk n'en est pas moins un idéaliste doublé d'un pragmatique. Désormais, il lui faut convaincre un monde incrédule que le cauchemar du pétrole à tout-va est sur le point de disparaître. Si le visionnaire imprévisible rencontre de plus en plus de détracteurs, ses admirateurs sont encore plus nombreux.

15

L'impensable pari de la voiture électrique

« Elon a poussé Tesla bien plus loin que tout ce que nous pouvions imaginer. »

(Marc Tarpenning, cofondateur de Tesla)

Incontestablement, l'autre pilier de la carrière d'Elon Musk est Tesla, l'entreprise qui a fait le pari de la voiture électrique. Sans en être ni le concepteur ni le fondateur, le patron de SpaceX a contribué à son développement et à son succès. Par son enthousiasme et son opiniâtreté, Musk a fait d'un rêve de gamin une alternative réaliste dans l'univers de l'automobile.

Tout a commencé par une triple rencontre, en 2003 : celle de Jeffrey Straubel, un ingénieur de Stanford qui ne jurait que par les batteries de lithium-ion, et de deux industriels ambitieux, Marc Tarpenning et Martin Eberhard, les créateurs de la petite start-up Tesla Motors. Comme le patron de SpaceX, ces trois hommes férus de technologie high-tech veulent refermer la page du tout-pétrole et réinventer le monde de la route. Mieux encore, créer une nouvelle entreprise automobile face aux reines de Detroit ; un pari audacieux, si l'on veut se rappeler que la dernière création industrielle dans ce domaine, celle de Chrysler, date de près d'un siècle…

En février 2008, les partenaires d'Elon Musk parviennent une première fois à leurs fins en présentant un véhicule tout-électrique à deux portes, le Roadster. Les milliardaires californiens en raffolent. Quatre ans plus tard, les aventuriers de Tesla Motors récidivent avec la sortie d'une nouvelle berline de luxe, la Model S, un bijou électronique résumant les derniers progrès en matière d'informatique. Assurément, un nouveau géant de l'automobile est né…

L'aventure commence dans un restaurant de poissons

Une voiture propre, silencieuse et bon marché : Elon Musk l'a faite. La Model Y, 100 % électrique, est produite en série par l'entreprise multinationale Tesla. Aujourd'hui, Tesla emploie près de cinquante mille personnes dans le monde et plus de dix mille voitures sortent de ses usines chaque semaine. En 2019, le nombre de véhicules produits dépassait déjà les cinq cent mille exemplaires et ses usines géantes étaient implantées sur trois continents. Une performance ? Plus encore, un exploit technologique. Il y a tout juste vingt ans, l'entreprise Tesla n'existait pas et le concept de voiture électrique habitait une poignée d'ingénieurs californiens jugés loufoques par leurs collègues. Jusqu'au jour où l'un d'entre eux a croisé la route d'Elon Musk.

Nous sommes en août 2003, dans un obscur restaurant de poissons de Los Angeles. « Tout le monde m'avait dit que j'étais dingue, mais Elon a adoré l'idée », raconte Jeffrey Brian Straubel, un diplômé de Stanford ultrabranché sur le potentiel à venir des voitures électriques. Pourtant, la conversation est mal engagée. Musk montre des signes d'agacement, surtout quand Straubel aborde maladroitement le thème de l'avion électrique. Mais le visage du créateur de SpaceX s'éclaire soudainement au moment où son interlocuteur évoque son sujet fétiche : la voiture électrique. Musk est en effet un passionné d'automobile et de vitesse. En cet été 2003, le garage du patron de SpaceX abrite déjà cinq voitures ; parmi elles, une super McLaren F1 capable d'atteindre une vitesse de pointe de 386 km/h[1]. La conversation entre les deux hommes prend alors une autre tournure. Les progrès évoqués par Straubel en matière de batteries lithium-ion captivent ce fou de high-tech qu'est Musk. Jusqu'à présent, estime ce dernier, presque rien n'a été fait en matière de voiture électrique ; les rares exemplaires existants sont des voitures ridicules incapables de rouler plus de 50 kilomètres.

À n'en pas douter, Musk et Straubel sont sur la même longueur d'onde : ils veulent en finir avec la prédominance des hydrocarbures et bâtir un avenir plus propre, plus harmonieux et plus respectueux de l'environnement. À la fac de Wharton School, en 1994, le jeune Elon, tout juste débarqué en Amérique, était déjà obsédé par la nécessité de réduire la part du pétrole dans les énergies à venir[2]. En face de notre entrepreneur visionnaire, l'homme de trente-huit ans n'est pas non plus le dernier venu. Diplômé en génie

1. Le fougueux entrepreneur se serait finalement séparé de son bijou roulant en 2007, estimant sa McLaren non conforme à ses objectifs de protection de l'environnement.
2. Voir chapitre 2, p. 31.

énergétique, Jeffrey Brian Straubel est un bricoleur multifonctionnel doublé d'un inventeur hors pair. Dès septembre 2002, l'ingénieur de Stanford a acheté une Porsche à un prix dérisoire pour la transformer en un splendide « bolide électrique ». Résultat, le véhicule en question a battu le record du monde de vitesse sur 400 mètres pour une voiture sans essence : 17,28 secondes. Même si Musk ne lui promet que 10 000 dollars au lieu des 100 000 requis pour son projet, Straubel ressort de son déjeuner conquis par sa rencontre et complètement ragaillardi. Mais ce que l'ingénieur de Stanford ignore encore, c'est l'existence de deux autres surdoués du génie énergétique qui ont parié eux aussi sur l'avenir de la voiture électrique en utilisant les batteries lithium-ion des ordinateurs portables. Répondant aux noms de Martin Eberhard et de Marc Tarpenning, les deux ingénieurs californiens ont récemment créé une start-up appelée à un grand avenir, Tesla Motors[1]. Tout comme Straubel, les deux quadragénaires ont tout misé sur le développement des batteries lithium-ion…

En finir avec le pétrole !

Née en juillet 2003, la société d'Eberhard et de Tarpenning était partie de rien après avoir embauché toute une bande de jeunes chercheurs en mal de nouveautés technologiques. Le nom de leur société ? Un hommage à l'inventeur de génie Nikola Tesla[2],

1. Tesla Motors devient Tesla à compter du 1er février 2017.
2. Mort en 1943, l'ingénieur américain d'origine serbe serait l'auteur d'au moins trois cents brevets. On lui doit aussi beaucoup dans le domaine des communications radio sans fil, du radar et

créateur, entre autres, du premier moteur à induction sur courant alternatif. À l'instar de Musk au moment de la création de Zip2 en 1995[1], sans argent et sans local, Eberhard et Tarpenning se sont implantés dans un logement spartiate planté en plein cœur de Menlo Park, là même où la McLaren de Musk avait fait un vol plané en l'an 2000. Créer une entreprise automobile *ex nihilo* ? Une folie au pays où la voiture est reine et où quelques grands groupes accaparent le marché. Et comment fonder une société d'automobiles de toutes pièces quand tout manque, le matériel et surtout les moyens financiers ? Les deux créateurs de Tesla Motors savent pourtant pertinemment que les voitures ne sont plus conçues « des pieds à la tête » par les entreprises automobiles. « BMW ne fabriquait ni ses pare-brise, ni ses garnitures, ni ses rétroviseurs, constate amèrement Tarpenning. [...] Les grands constructeurs ne conservaient que les recherches sur la combustion interne, les ventes et le marketing, ainsi que l'assemblage final. Nous pensions naïvement pouvoir obtenir nos pièces auprès des mêmes fournisseurs[2]. »

À défaut d'argent et de matériel, les ingénieurs de Tesla ne manquent pas d'imagination, privilège des visionnaires. Ainsi Eberhard et Tarpenning conçoivent-ils leur premier modèle de voiture haut de gamme en installant leur moteur électrique sur un châssis de Lotus Elise. Pour vendre leur voiture électrique en direct sans passer par des partenaires, les

---

des robots télécommandés. Thomas Edison se serait attribué la paternité de quelques-unes de ses inventions.

1. Voir chapitre 3, p. 39.

2. Propos relatés par Ashlee Vance, *op. cit.*

deux hommes cherchent un investisseur capable de leur faire confiance. C'est alors qu'un nom circule dans la Silicon Valley : Elon Musk, l'homme aux 180 millions de dollars depuis le coup de poker d'eBay…

En ce printemps 2004, la société SpaceX n'en est encore qu'à ses balbutiements. Aucune fusée Falcon n'a déchiré le ciel du Pacifique et les voyages vers Mars sont une lubie de fanatiques de l'espace jugés marginaux et trop rêveurs aux yeux des bien-pensants. Mais voilà, trois ans plus tôt, au cours de l'été 2001, Eberhard et Tarpenning avaient assisté à un débat passionné entre Musk et Zubrin au sujet de l'envoi hypothétique de souris sur la planète Mars. Moins que le projet, c'est surtout l'exaltation, le culot et l'imagination d'Elon Musk qui avaient séduit nos deux invités de la Mars Society. Quand ils apprennent que le défenseur des « souris de l'espace » est le détenteur de plusieurs dizaines de millions de dollars depuis le rachat de PayPal par eBay, le sang des deux ingénieurs de Tesla Motors ne fait qu'un tour : un homme capable de concevoir un tel projet, celui des « souris martiennes », ne peut qu'être sensible à l'avenir de la voiture électrique, une idée tout aussi folle ; Musk serait ainsi le bailleur de fonds idéal. Et les choses de s'accélérer. Prenant rapidement l'avion pour Los Angeles, Tarpenning rencontre le créateur de SpaceX. Le courant passe immédiatement. « Je suis avec vous », proclame Elon. Tout comme avec Straubel quelques mois plus tôt, l'idée de se débarrasser du pétrole à tout jamais conquiert l'esprit aventurier de Musk.

Charmé par le concept d'une nouvelle automobile non polluante dont les performances techniques n'auraient rien à envier à une voiture de sport classique, l'homme de tous les défis n'hésite pas un seul instant à investir pas moins de 6,5 millions de dollars dans le projet des ingénieurs de la jeune entreprise. Mieux encore, le patron de SpaceX devient le président du conseil d'administration de Tesla.

Peu après sa rencontre avec Tarpenning, Musk téléphone à Straubel pour l'inviter à les rejoindre. Tesla ? L'homme qui ne jure que par les batteries au lithium n'en a jamais entendu parler. D'abord étonné d'apprendre son existence, puis déçu de ne plus avoir le monopole de l'idée de la voiture électrique, l'ingénieur de Stanford intègre néanmoins la jeune équipe. Son enthousiasme l'emporte sur son scepticisme. À l'instar d'Eberhard et de Tarpenning, Straubel est lucide et pragmatique : il ne peut se permettre de faire abstraction de l'argent de Musk. Au printemps 2004, c'est chose faite. Ainsi naît le trio gagnant du pari tout-électrique. L'aventure Tesla prend son essor...

Une voiture électrique conçue à partir d'une Lotus Elise

Changement de statut, changement de lieu – fort de l'appui financier de Musk, Tesla Motors déménage ses bureaux à San Carlos, au 1050 de la Commercial Street. Un local de 1 000 mètres carrés. Sans être énorme, cet espace contiendra à la fois les bureaux et la future usine d'assemblage. À l'exemple des ateliers de SpaceX, tout doit être élaboré sur place, des moteurs au système des batteries en passant par le soudage des pièces métalliques, la fabrication des tableaux de bord et l'installation des pare-brise ou des rétroviseurs.

Les aventuriers de Tesla, alors dix-huit salariés, s'ingénient à utiliser le châssis de la Lotus Elise, qu'ils rallongent de 12 centimètres, pour élaborer leur futur modèle de voiture électrique. Après avoir installé leur système de batteries à l'arrière du véhicule, les ingénieurs commencent leurs travaux en octobre 2004. Quatre mois plus tard, le 27 janvier 2005, c'est chose faite : la première voiture sportive électrique, un Roadster, sort de l'usine de San Carlos. En apprenant l'exploit de ses ingénieurs, Elon Musk exulte. Résultat, le « fou de Mars[1] » investit 9 millions de dollars supplémentaires dans le projet Tesla Motors. Et les aventuriers de la voiture électrique de voir les choses en grand : leur Roadster ne comportera pas moins de 6 831 cellules de batteries câblées en un réseau complexe, au lieu des 26 de l'ancienne EV1, le véhicule électrique préhistorique de la General Motors[2].

L'idée des concepteurs du Roadster est tout d'abord de conserver des cellules standards puis de les réunir en bloc pour ensuite les transformer en modules afin d'en faire des packs de batteries de grande capacité. Restent les risques d'incendie. Pour les ingénieurs de Tesla, c'est un véritable casse-tête. Si leur Roadster se révèle dangereux à l'utilisation, sa commercialisation s'en trouvera très compromise. Des mois durant, les gens de Tesla s'affairent alors à étudier tous les scénarios

1. Dans le même temps, Elon Musk découvre les premières photos de Titan, le principal satellite de Saturne, prises par la sonde européenne *Huygens*. Pour nous parvenir, les images ont franchi plus d'un milliard et demi de kilomètres. Un exploit technologique jamais égalé qui encourage Musk à croire au futur de l'exploration spatiale.

2. Construite entre 1996 et 1999, cette première voiture électrique était uniquement destinée à la location et non à la vente.

possibles d'explosion, quitte à sacrifier des milliers de batteries.

En juillet 2005, le problème du feu est à peine résolu qu'un autre surgit : celui de la carrosserie de la Lotus. L'ancienne voiture, de conception britannique, est trop courte, trop lourde et pas assez confortable. Elon Musk, le premier, parle d'un critère prépondérant pour sa future voiture électrique : il faut que sa femme, Justine, s'y trouve à son aise ! Pour alléger le poids jugé excessif du véhicule, l'équipe de Tesla jette son dévolu sur la fibre de carbone[1], en lieu et place de la fibre de verre. Plus rigide et plus résistante, tout en étant plus légère que la fibre de verre, la fibre de carbone remporte ainsi tous les suffrages, de Musk comme de ses ingénieurs…

Moins d'un an plus tard, en mai 2006, Tesla présente devant la presse internationale son premier modèle électrique. De couleur noire, le Roadster est un cabriolet deux places capable d'atteindre 100 km/h en moins de quatre secondes[2]. Baptisé EP1, de l'anglais « *engineering prototype one* », il séduit immédiatement Elon Musk, qui investit 12 millions de dollars supplémentaires. Sans compter un quarteron de nouveaux investisseurs, tels l'informaticien Larry Page,

---

1. La fibre de carbone présente de nombreux atouts. Elle se démarque de la fibre de verre en offrant une plus grande résistance aux hautes températures (jusqu'à 215 °C, au lieu de 191 °C pour la fibre de verre). Par ailleurs, elle est dotée d'un potentiel de conductivité thermique. Cependant, la fibre de carbone étant aussi rigide qu'un bambou, une pièce imprimée avec ce filament composite ne supporte pas la flexion et se casse très rapidement.
2. 96 km/h pour être précis, une vitesse qui correspond à exactement 60 miles/h.

cofondateur de Google, Compass Technology Partners et l'entrepreneur immobilier Nicholas Pritzker. Au total, ce sont plus de 40 millions de dollars qui atterrissent dans l'escarcelle des nouveau-nés de l'industrie automobile.

Tout juste deux mois après la présentation du premier prototype, en juillet 2006, Tesla Motors récidive en présentant un nouveau modèle, cette fois de couleur rouge, nommé EP2. Il présente les mêmes caractéristiques techniques que le Roadster noir montré au mois de mai. À raison de 90 000 dollars pièce pour une autonomie de 400 kilomètres, les deux premiers véhicules électriques ne sont pas franchement abordables pour les classes moyennes ni commercialisables d'une manière générale. Pour la circonstance, nombreuses sont les richissimes personnalités qui se sont déplacées à San Carlos, à l'image de Michael Eisner, le patron de la Walt Disney Company, ou d'Arnold Schwarzenegger, l'acteur bodybuildé de *Terminator* devenu gouverneur de Californie. Séduits par la technique, le profil sportif et les performances des Roadster, une trentaine d'entre eux se disent prêts à en acquérir.

Pour Elon Musk, cet emballement des milliardaires est du pain bénit. Si les personnalités de premier plan se disent intéressées par son produit high-tech, les gens moins fortunés suivront ; commencera alors l'ère de la démocratisation de ses véhicules électriques qui, au fil du temps, deviendront plus accessibles au porte-monnaie de l'Américain de base. Toujours d'après Musk, le jour où les voitures électriques seront à la fois belles, performantes et largement autonomes, ce sera alors le crépuscule de l'Ancien Monde et des automobiles à essence. Martin Eberhard partage pleinement l'avis de Musk : « Les téléphones portables, les réfrigérateurs, les téléviseurs couleur ne sont pas issus d'un produit bas de gamme pour les masses, déclare-t-il dans les colonnes du *New York Times*. Ils étaient au départ relativement coûteux et destinés aux gens qui avaient des moyens. » En lisant les propos d'Eberhard dans le quotidien, Elon Musk est vert de rage. Pourquoi ? Le cofondateur de Tesla a complètement passé sous silence son nom et son rôle au sein de l'entreprise Tesla…

Ainsi naît le Roadster… en 2008

Cette vexation inopportune du patron de SpaceX mise à part, Elon Musk peut être satisfait de son triple investissement. Depuis sa rencontre avec Straubel trois ans plus tôt, l'entreprise Tesla a volé de succès en succès jusqu'aux tours de Detroit. En effet, dans la ville historique des grandes firmes automobiles, Chrysler, General Motors et Ford commencent à voir d'un mauvais œil ce nouveau venu dans l'arène de l'aventure automobile. Dès la fin du printemps 2007, soit en l'espace d'un an, Tesla a multiplié par vingt le nombre de ses salariés.

L'aventure de la société automobile de San Carlos n'est pourtant pas un long fleuve tranquille. Au fil des mois, les ingénieurs de Tesla sont en effet confrontés à une avalanche de problèmes, à commencer par celui du système de transmission[1] du Roadster. En

1. Autrement dit, le mécanisme transmettant la puissance du moteur aux roues. À l'origine, le Tesla Roadster devait être doté d'une transmission à deux vitesses pour la première phase de

conséquence, la sortie officielle de la première voiture électrique d'Elon Musk est différée. Initialement prévue pour novembre 2007, elle est reportée de plusieurs mois. Sans compter les difficultés rencontrées dans les usines de batteries implantées à l'étranger, notamment en Thaïlande. Les locaux sont vétustes, le personnel incompétent et le climat exécrable. Un temps considérable est ainsi perdu à moderniser les installations, à instruire les équipes asiatiques, et à protéger le matériel électrique de l'humidité ou de la salinité de l'atmosphère.

Les délais de production du Roadster sont d'autant plus allongés que les usines sont réparties un peu partout sur la planète. À seul titre d'exemple, les panneaux de carrosserie sont élaborés en France et le châssis en Angleterre dans les ateliers de l'usine Lotus ; les voitures sont ensuite acheminées par bateau jusqu'à Los Angeles. Toutes ces transformations et toutes ces manœuvres alourdissent la note finale. Résultat : le coût de fabrication d'un Roadster devient plus élevé que son prix de vente. « Apparemment, la fabrication de chaque Roadster pourrait coûter jusqu'à 200 000 dollars, alors que Tesla prévoyait de le vendre aux alentours de 85 000 dollars », souligne Musk avec dépit. Pour sauver Tesla, le milliardaire sud-africain va devoir sacrifier jusqu'au dernier centime de sa fortune…

Février 2008. Le premier Roadster est livré dans une grande caisse en contreplaqué à l'usine de San

---

production, mais elle ne permettait pas au véhicule d'atteindre les objectifs établis par le constructeur au départ, d'où la transmission à un seul rapport dans la « P1 ».

Carlos. Les ingénieurs de Tesla sont surexcités comme des gamins découvrant leurs paquets de Noël au pied du sapin. Après avoir ouvert avec frénésie la caisse en question, les salariés de Tesla procèdent aux dernières vérifications. Équipé de batteries maison, d'un moteur AC Propulsion et d'un châssis en fibre de carbone (réalisé en France !), le premier exemplaire électrique de Tesla affiche près de 250 ch et peut pousser son moteur jusqu'à 200 km/h. Une performance inégalée pour une voiture électrique ! Comme il se doit, le premier à essayer le nouveau modèle électrique est Elon Musk en personne. Au volant de sa décapotable noire, le patron de SpaceX fonce tout sourire vers l'université de Stanford pour montrer son nouveau bijou...

Une voiture révolutionnaire à plus d'un titre

Le succès est immédiat. Malgré la crise financière mondiale, consécutive à l'implosion du marché des *subprimes*, Elon Musk tire son épingle du jeu. En l'espace de quatre ans, de 2008 à 2012, Tesla Motors vend près de 2 700 exemplaires de son Roadster. Entre-temps, Tesla a signé un partenariat avec Toyota et est entrée en Bourse le 29 juin 2010. Les actions grimpent de 41 % dès le premier jour. Depuis sa création en 2003, Tesla accusait 290 millions de pertes contre seulement 147 millions de recettes.

Et les ambitions du Sud-Africain de croître avec ses succès. À peine un an s'est écoulé depuis la sortie triomphale du Roadster lorsque Tesla présente un nouveau prototype tout-électrique, une berline de luxe à quatre portes dont la simplicité des lignes n'a d'égale que leur élégance. Le premier, Elon Musk insiste auprès de Franz Holzhausen, un ingénieur de génie de la Silicon Valley nouvellement arrivé chez Tesla, pour que la prochaine voiture soit utilisée par toute une famille, si possible un bolide à sept places. Pour abriter l'équipe d'ingénieurs qui s'affairent sur ce projet, une tente de près de 300 mètres carrés est élevée dans l'enceinte même des ateliers de SpaceX. Régulièrement, Elon Musk leur rend visite. Et le moins que l'on puisse dire est qu'il n'est pas tendre. Quand ce n'est pas le look du pare-soleil beige qui le dérange, c'est l'ouverture des portes[1] ou encore la mobilité des sièges de la rangée intermédiaire qui pose problème. En un mot, la nouvelle voiture doit être spacieuse, commode et confortable. Tous les passagers doivent pouvoir s'y mouvoir, s'y installer et s'en extirper sans difficulté. « N'importe qui peut faire une voiture grande à l'extérieur, commente Elon Musk ; la difficulté, c'est de la faire grande à l'intérieur. »

Outre la récurrence des défauts techniques, l'imprévisible entrepreneur tempête en particulier contre l'absentéisme, la mauvaise volonté ou encore le retard pris dans la programmation du futur véhicule. Les salariés de Tesla Motors travaillent pourtant jour et nuit, n'hésitant pas à sacrifier leurs week-ends pour être prêts le jour J. Le 22 juin 2012, à Hawthorne, les premiers exemplaires de la nouvelle berline électrique sont montrés à la presse.

« Révolutionnaire » : le mot n'est pas galvaudé. La nouvelle voiture en aluminium sortie des locaux de Hawthorne est légère, silencieuse, confortable,

---

1. La nouvelle voiture électrique est équipée de « portes en aile de faucon », selon l'expression d'Elon Musk.

familiale, hyperconnectée : une invitation à parcourir les routes du futur. En guise de tableau de bord, un écran tactile de 17 pouces. À l'exception de la boîte à gants et du déclenchement des feux de détresse, toutes les commandes et les fonctions du futur bolide de luxe se trouvent réunies sur l'écran. Pour les conducteurs, ce sera un enchantement. Répondant au nom de « Model S », cette voiture Tesla pourra parcourir 435 kilomètres avec une seule charge. Moins de trois ans après sa conception, en ce premier jour de l'été 2012, la voiture révolutionnaire est donc présentée à ses éventuels acheteurs. Aux yeux de bien des observateurs, la Model S est l'équivalent automobile de l'iPhone. L'aventure Tesla prend son essor…

16

Au cœur de l'aventure Tesla

« La Model S change tout pour le transport.
C'est un ordinateur sur roues. »

(Craig Venter, biologiste)

Si l'œuvre de SpaceX et la course aux étoiles constituent le principal cheval de bataille de notre brillant entrepreneur, Tesla fait figure de véritable défi technologique et commercial dans le grand dessein d'Elon Musk. Toujours en pariant sur des prix ultrabas pour attirer le plus grand nombre. À commencer par le tarif des batteries. Dès le 22 septembre 2020, lors du « Tesla Battery Day », Elon Musk annonce une voiture électrique à 25 000 dollars hors taxes pour une autonomie de 320 kilomètres, ainsi qu'une nouvelle cellule de batterie plus grande et plus puissante. L'heure est aussi à la simplification de la fabrication, tant des voitures que des batteries. L'approvisionnement des matériaux est aussi une préoccupation majeure de Tesla, laquelle parie surtout sur le silicium et le nickel, très présents dans le sous-sol américain.

Fort de son dernier succès spatial avec l'amarrage de la capsule Dragon à l'ISS, le double patron de SpaceX et de Tesla évoque désormais une batterie d'une autonomie exceptionnelle d'un million de kilomètres.

En somme, l'ère du pétrole est morte, mais elle ne le sait pas encore !

À n'en pas douter, après la conquête de la planète rouge, Elon Musk entend séduire notre planète bleue en commercialisant sa voiture électrique dans le monde entier. Pas plus tard qu'en 2021, Tesla a vendu près d'un million de véhicules, devançant tous ses concurrents, notamment Ford, General Motors et Toyota. Soit une augmentation de 87 % par rapport à l'année 2020[1].

Le marché de l'énergie propre a de beaux jours devant lui. Si Elon Musk ne devine pas le futur, il le réinvente en permanence…

« C'est la machine qui construit la machine »

Tesla Motors n'est pas seulement un défi commercial ; la société est un avant-goût du monde de demain. Une nouvelle vision du monde en quelque sorte, un idéal post-pétrolier qu'Elon Musk entend imposer au reste de la planète. En septembre 2012, soit seulement une saison après la présentation de la Model S, il affiche ses ambitions : faire de Tesla l'entreprise automobile la plus rentable du monde, en axant ses recherches dans trois directions : l'optimisation du rendement, la réduction des coûts de fabrication des batteries et la simplification du processus de production de ses véhicules. Un pari industriel qui entend toucher le public de masse en octroyant une plus grande autonomie à ses véhicules et en accélérant le temps de recharge. Son objectif est d'accélérer la transition mondiale vers un

1. Le chiffre d'affaires de Tesla, en 2021, s'élève à 54 milliards de dollars.

schéma énergétique durable, en rendant de plus en plus accessibles les véhicules électriques et les solutions énergétiques.

Dans cette perspective, Tesla ambitionne de réduire sensiblement les prix de ses voitures, notamment en créant de gigantesques usines à batteries de lithium-ion en Amérique du Nord dans un premier temps, puis sur les autres continents. À l'inverse des autres constructeurs automobiles, comme Renault, qui veulent baisser le prix de leurs véhicules en vendant un grand nombre de voitures, Elon Musk entend réduire le prix de ses modèles en produisant des batteries en masse. Un véritable choc d'offres, en quelque sorte. En somme, qui veut contrôler la voiture électrique doit d'abord contrôler la chaîne de production de la batterie. À cette fin, Elon Musk exige des cadences infernales. Pas moins de cinq mille blocs de batteries doivent être fabriqués par semaine. Quand le responsable de la chaîne de montage lui répond que cette cadence est impossible, il l'évince sur-le-champ : « Si tu as raison, Tesla est mort. Si on ne sort pas cinq mille caisses par semaine, on ne couvre pas nos coûts[1]. »

D'après l'homme qui veut décrocher Mars, les jours du pétrole sont désormais comptés ; très prochainement, d'ici à 2035, le nombre de voitures électriques sur les routes l'emportera sur celui des voitures thermiques, Elon Musk en est intimement convaincu. Il parle même de 20 millions de véhicules produits par an. Au début des années 2010, les voitures électriques sont relativement chères par rapport aux voitures à essence, principalement en raison du coût élevé des batteries. Dans leurs laboratoires, les ingénieurs de Tesla s'ingénient alors

1. Propos rapportés par Walter Isaacson, *op. cit.*

à fabriquer des batteries 100 % écologiques, dotées d'un cycle de vie très long et pourvues d'une autonomie correcte. Ils s'efforcent en particulier de réduire l'échauffement des batteries pour éviter tout court-circuit en modifiant quelque peu leur architecture.

Bientôt, affirme Elon, ses voitures pourront relier Los Angeles à New York sans perdre la moindre goutte d'essence. Elles pourront même relier les deux villes sans recharger leurs batteries. À son actif, la construction de six premières stations de bornes de recharge ultrarapides appelées « superchargeurs[1] », notamment en Arizona, au Nevada et en Californie dès la fin de l'été 2012.

Deux ans plus tard, en juin 2014, Tesla Motors commence l'édification de la première grande usine de batteries près de Sparks, dans le Nevada, un immense bâtiment qui sera alimenté par l'énergie solaire. « C'est la machine qui construit la machine », confie Elon Musk dans les colonnes du magazine *Wired.* Colossal, cyclopéen, muskien, le nouveau site est censé couvrir la consommation annuelle de plus de 500 000 véhicules électriques. Tous les éléments des véhicules, des batteries aux moteurs, du minerai de base[2] jusqu'à la voiture achevée, seront construits sur place. Même Panasonic Corporation, le partenaire japonais de Tesla Motors, fabriquera ses précieuses piles sous le toit de l'immense usine. Ainsi naît en avril 2015 la Gigafactory 1 de Reno, l'un des édifices industriels les plus vastes de la planète.

Entre-temps, la Model S se vend comme des petits pains. De quelques centaines d'exemplaires sortis en

---

1. En France, il faut attendre l'année 2014 pour voir le premier superchargeur à Auxerre.
2. À l'instar du silicium, du lithium, du nickel, du cuivre, de l'aluminium ou du cobalt.

2012, la production passe à plus de 22 000 exemplaires à la fin de l'année 2013, avant de doubler encore deux ans plus tard. La même année sort la Model X, une autre berline de luxe de Tesla qui connaît un succès aussi foudroyant.

Bienvenue dans l'ère des gigafactories

Automne 2014. Un grand chantier doublé d'un grand défi industriel et commercial. Bâtie en plein cœur du désert du Nevada (pour bénéficier à fond de l'énergie solaire), non loin de la fameuse « zone 51 », la *gigafactory* de Reno est l'usine de tous les records. Sa superficie ne devrait pas couvrir moins d'un million de mètres carrés. Ce sera donc l'usine la plus vaste du monde, bien avant celle de Boeing à Everett (environ 400 000 mètres carrés). À l'intérieur, l'heure sera au respect de l'environnement. Fini les chaînes de montage crasseuses, les murs seront d'un blanc immaculé et le sol brillera comme celui d'un laboratoire flambant neuf. À elle seule, la mégastructure produira trois fois plus de batteries que l'ensemble de la planète. Vue du ciel, l'immense usine recouverte de panneaux solaires ressemblera à un diamant, si ce n'est à un gigantesque microprocesseur. Tandis que les ingénieurs occuperont les bureaux, l'ensemble de l'usine sera automatisé et une armée de robots fera le gros du travail. Dans cette perspective, les lignes d'assemblage s'occuperont de la conception à la fois des cellules cylindriques, de la taille d'une pile standard et du pack batteries avec connexion et système de gestion. Seules les matières premières – lithium, cobalt et graphite – seront acheminées quotidiennement par le train.

Tout cela à seul dessein de diviser par deux les coûts de production. En construisant toutes les pièces, en les assemblant au même endroit, et en produisant en très grandes quantités, Musk entend baisser de 30 % le prix de ses batteries, baptisées *powerpacks*.

En l'espace de six ans, les travaux de l'usine géante vont engouffrer près de 6 milliards de dollars, tandis que plus de sept mille salariés s'activent sous un immense toit en forme de joyau. Pour financer son projet titanesque, Tesla a bénéficié de l'aide de l'État du Nevada, à raison de plus d'un milliard de dollars de subventions[1] sous forme de vingt ans d'exemption de taxes de vente. Nullement désintéressé, le gouverneur du Nevada, Brian Sandoval, espère tirer profit de cet investissement en misant sur l'énorme impact économique[2] qu'engendrera la fameuse Gigafactory 1 dans la région…

Le 29 juillet 2016, alors que les travaux sont loin d'être achevés (seuls 75 000 mètres carrés ont alors été construits), a lieu l'inauguration de l'usine gargantuesque. Entre-temps, Tesla a lancé les travaux de la Gigafactory 2. Implantée à Buffalo, près de New York, cette usine spécialisée dans la fabrication des cellules photovoltaïques sera une mégastructure encore plus titanesque que celle du Nevada. Toujours soucieuse de préserver la propreté de notre planète, la nouvelle usine de Tesla évitera de faire appel aux énergies fossiles tout en prospectant le sous-sol même du Nevada à la recherche de ses principaux minerais ; elle sera aussi

1. Les subventions incluent 195 millions de dollars de crédits d'impôts transférables, que Tesla pourrait vendre. L'entreprise japonaise Panasonic Corporation a aussi investi 2 milliards de dollars dans la *gigafactory* après un accord conclu avec Tesla en juillet 2014.
2. Estimé, à tort ou à raison, à 100 milliards de dollars.

alimentée par une myriade de panneaux solaires et s'équipera d'un système de recyclage de l'eau…

À défaut d'ouverture à proprement parler de l'usine de Reno dès juillet 2016, Elon Musk organise une soirée très arrosée où sont conviés une poignée de clients privilégiés. « Nous voulons vraiment changer le monde », déclare-t-il devant un public conquis. Sans cravate et vêtu d'une simple veste kaki, l'homme de tous les défis annonce les futures étapes de son plan pour la Gigafactory 1. « Les batteries sortiront de l'usine plus rapidement que des balles d'une mitrailleuse », s'enthousiasme-t-il. Six mois plus tard, en janvier 2017, démarre la fabrication des batteries de lithium-ion. Entièrement automatisée, la méthode de construction desdites batteries s'inspire de celle des sodas et de la mise en bouteille ; une conception sept fois plus rapide que ses homologues.

Robots ou pas, les salariés de Tesla travaillent comme des forçats. Tant et si bien qu'en décembre 2018, la production de la Gigafactory 1 du Nevada atteint un rythme de dix mille packs de batteries par semaine. Fortes de l'appui de Panasonic Corporation, les équipes de Musk ont eu l'idée géniale d'automatiser la mise en place des cellules de batteries (c'est-à-dire des piles) au sein de blocs puis de modules, grâce à l'utilisation massive des robots. Ces derniers ont ainsi réuni assez de modules pour alimenter la production des Model S et X[1]…

1. La Model S est la première voiture électrique de série à disposer de batteries cylindriques 18650 que l'on trouve dans les ordinateurs portables. Si les modules comportent six blocs, les blocs contiennent 64, 74 ou 86 cellules cylindriques. Il faut 14 à

Leur nombre augmentant sensiblement, le coût des batteries est réduit d'autant. D'après Sam Jaffe, du cabinet Cairn Energy Research Advisors, le coût de production des cellules de batteries de Tesla dans l'usine phare de Reno ne dépasse pas 116 dollars par kilowattheure, soit un chiffre bien inférieur à celui de l'industrie classique (146 dollars en moyenne). Par voie de conséquence, Tesla a la possibilité d'abaisser les prix de ses modèles. Comme le clame haut et fort Elon Musk, ses voitures vont devenir abordables pour le très grand public. À commencer par la Model 3, vendue dans un premier temps à 53 500 euros, entièrement conçue sous le toit de l'usine du Nevada. Dès la présentation des deux versions de la Model 3 en mars 2016, Standard et Long Range, plus de quatre cent mille exemplaires de la nouvelle voiture de Tesla sont précommandés par des clients du monde entier. Du jamais vu de mémoire de constructeur automobile.

Model 3, la nouvelle offensive de Tesla

Commercialisée aux États-Unis en juillet 2017, puis en Europe en février 2019[1], la Model 3 est pourvue d'une autonomie accrue, jusqu'à 580 kilomètres maximum, et passe de 0 à 100 km/h en l'espace de 3,2 secondes, une performance inégalée pour une voiture électrique. Le fruit d'une longue attente…

La Model 3 effectue sa première apparition publique sur le sol européen lors du Salon international de Genève en mars 2018 (sans l'accord de Tesla qui

---

16 modules pour une batterie ou pack de Model S ou X. Une batterie de Model S de 75 kWh contient 6 216 cellules.

1. Le 8 février 2019, la toute première livraison a lieu à l'usine Tilburg, aux Pays-Bas.

boude le salon suisse) sur le stand de l'équipementier Caresoft[1], juste en face de Hyundai. Elle est ensuite montrée aux Français en octobre 2018 à l'occasion du Mondial de l'automobile à Paris[2]. L'événement a lieu comme il se doit au Parc des expositions de la porte de Versailles. Cette fois, la présentation de la voiture revêt un caractère officiel. Et le public parisien est conquis. *A priori*, rien de nouveau depuis la Model S. Une ligne élégante et sportive similaire, un grand écran tactile performant placé au centre, avec une interface digne d'un smartphone et une conduite autonome grâce au système Autopilot.

Et pourtant, la nouvelle Model est novatrice, voire révolutionnaire. Tout est bien sûr réglé informatiquement. Équipée d'un pack de batterie d'une capacité de 74 kilowattheures, concurrente directe des BMW et des Audi, cette nouvelle version de la berline électrique américaine intègre une pompe à chaleur, de nouvelles jantes et des finitions intérieures inédites. Parmi les accessoires nombreux, un pare-soleil pour toit panoramique, une station d'accueil pour smartphone à connexion rapide, des écrous antivol pour jantes, un tapis de sol tout temps, une bibliothèque multimédia en streaming, un navigateur Internet, etc. Certaines fonctions sont même totalement innovantes, à l'image de la climatisation. Adaptée au temps extérieur, la voiture

1. Cette société spécialisée en ingénierie automobile aurait acheté les Model 3 à prix d'or, environ 100 000 euros par exemplaire. L'objectif de la société Caresoft est clair : procéder à une sorte d'espionnage industriel en démontant et en analysant les voitures pour mieux revendre les informations techniques recueillies aux concurrents de la marque d'Elon Musk.
2. La Model 3 est disponible en France à partir du 4 janvier 2019.

Tesla fait ainsi office de réfrigérateur durant l'été et de radiateur pendant l'hiver !

Pour augmenter l'autonomie du véhicule, les ingénieurs de Tesla en ont réduit la masse en utilisant moins de pièces[1] ; seules trois pièces forment ainsi la structure principale. Pourvu d'un grand pare-brise, c'est un véhicule hyperouvert, hyperdégagé, hyperconnecté. Dotée d'une prise CCS Combo 2, la berline électrique est par ailleurs compatible avec l'ensemble des réseaux de recharge rapide, comme l'atteste la connexion au réseau Ionity[2]. Le 30 décembre 2019, Tesla livre les premières Model 3 tout juste sorties des lignes de production de la Gigafactory 3, une nouvelle usine géante construite en moins d'un an en Chine, à Shanghai.

Le jour de la batterie… et de la flatterie

Septembre 2020. Apparemment, Tesla a remporté son pari : avec 1 971 stations électriques à travers le monde proposant 17 467 bornes de recharges ultrarapides, les fameux superchargeurs, elle a inondé la planète de sa technologie hors pair et commencé à damer le pion au parc des véhicules thermiques[3]. Un succès ? Non, un triomphe. Compétitivité, durabilité, fiabilité,

1. En réduisant la masse de 10 %, les techniciens augmentent l'autonomie de 14 %.
2. À compter du mois de novembre 2016, les constructeurs Audi, BMW, Mercedes, Ford et Porsche s'unissent pour monter un réseau de recharge payant et ultrarapide, jusqu'à 350 kW, destiné aux véhicules électriques en Europe. Les constructeurs originels sont unis à parts égales dans cette joint-venture, mais les autres constructeurs automobiles sont invités à rejoindre ce réseau, à commencer par Tesla.
3. Et ce malgré une pénurie de batteries en 2018, un mauvais pas imputé à Panasonic.

tel est le credo de Tesla pour la décennie à venir. Et un succès qui gêne. Car Elon entend passer par la vente directe, en évitant les garagistes traditionnels, habitués à marchander avec leurs clients, et à gagner leur vie grâce à des frais d'entretien exorbitants.

Fort de cette pénétration en force dans le grand marché mondial de l'automobile, à la manière de Steve Jobs lors des grandes heures des *keynotes* Apple, Elon Musk a promis l'une des « journées les plus excitantes de l'histoire de Tesla » en parlant de son prochain « Battery Day », ouvrant la porte à de nombreuses spéculations quant aux innovations qui pourraient être présentées. Le 22 septembre 2020 à Fremont[1], devant un public singulier uniquement composé de voitures[2] (occupées par des actionnaires de Tesla !), Elon Musk, en t-shirt noir, expose les dernières innovations en matière de batteries, mais aussi la feuille de route concernant l'internationalisation de la production de ses véhicules. Perché sur son estrade, légèrement bedonnant, il est accompagné d'un certain Drew Baglino, lui aussi en t-shirt noir, ingénieur responsable des batteries et moteurs. En ce jour de grande révélation, Musk se contente de faire de grandes constatations. De *mea culpa*, nenni : l'heure est à l'autosatisfaction et aux présentations des futurs projets Tesla pour le monde. À son acolyte qui rappelle la priorité de l'urgence climatique, Musk répond en soulignant ses préoccupations pour Tesla : « Nous n'avons pas encore de voiture abordable, mais nous en aurons dans le futur. » Et de poursuivre : « Nous devons faire baisser la courbe du coût du kilowattheure, qui s'aplatit presque ces dernières années. » Augmenter la

1. L'usine Tesla de Californie.
2. Des Model Y, dernières-nées des usines Tesla.

capacité des batteries (devant s'évaluer en térawatts et non plus en gigawatts), assurer leur approvisionnement et faire baisser le coût des voitures électriques, tels sont les trois piliers des souhaits du Walt Disney de l'automobile. Confortablement installés dans leur Model Y, les actionnaires de Tesla appuient régulièrement sur leur klaxon pour saluer les annonces de leur grand maître.

Surtout, Elon Musk profite du « Battery Day » pour exposer sa dernière poule aux œufs d'or, une nouvelle batterie cylindrique capable d'augmenter l'autonomie de ses voitures de 16 %. Plus imposante que les anciennes versions[1], baptisée 4680, cette cellule de batterie new-look mesure 8 centimètres de long, 4,6 centimètres de large. Outre une fabrication plus simple, la grande nouveauté de cette cellule, c'est l'absence de languette de contact pour faire circuler le courant entre l'anode et la cathode ! Résultat, cette suppression résout en particulier les soucis thermiques constatés à la charge et à la décharge en réduisant la distance à parcourir par les électrons, et donc les risques d'échauffement et d'incendie. Et Musk de ne pas s'embarrasser de superlatifs. Ces batteries 4680 produiront cinq fois plus d'énergie et dégageront six fois plus de puissance. Il en résultera inéluctablement une baisse des coûts au kilowattheure, une recharge plus rapide des véhicules et une autonomie plus longue.

Hormis la fabrication des batteries, Elon Musk aborde aussi la question des métaux utilisés. Priorité est ainsi donnée au silicium, censé stocker neuf fois plus de lithium. Le silicium[2] pourrait en effet à lui seul réduire

1. À savoir les 2170, lesquelles équipent les Model 3.
2. L'élément le plus abondant de la croûte terrestre après l'oxygène. Un handicap toutefois : le silicium se dilate et devient gluant

le prix du kilowattheure de 5 % et augmenter l'autonomie des voitures à hauteur de 20 %. Une révolution technologique ? Non, une anticipation, ou plutôt une adaptation aux temps à venir de l'industrie automobile.

Optimiser l'extraction du lithium dans le sous-sol américain n'est pas la seule option pour réduire les coûts de production. D'après Elon Musk, le continent nord-américain, à commencer par le Nevada, renfermerait suffisamment de lithium pour alimenter en électricité l'ensemble de l'US Navy. Drew Baglino rappelle, quant à lui, que Tesla entend substituer le nickel au cobalt. Non seulement ce dernier est jugé trop polluant, mais ses conditions d'extraction, souvent manuelles, bafouent les droits de l'homme[1]. Le nickel est un métal moins cher et surtout pourvu d'une plus grande densité énergétique. Son meilleur rapport prix/énergie en ferait un matériau de base incontournable pour le futur programme de véhicules de Tesla. Et Musk de plaider auprès des sociétés minières pour qu'elles extraient davantage de nickel. « Optez pour l'efficacité, clame le patron de Tesla du haut de son estrade. Tesla vous consentira un contrat géant pour une longue période si vous extrayez le nickel de manière efficace et respectueuse de l'environnement. J'espère donc que ce message sera entendu de toutes les sociétés minières... »

après plusieurs cycles de recharge. Tesla prévoit alors d'utiliser du silicium brut puis de stabiliser la surface grâce à un revêtement élastique qui augmente l'autonomie de 20 %.

1. Le cobalt est souvent extrait manuellement au fond des mines, notamment au Congo. Des enfants et des adultes extraient ainsi le cobalt dans des tunnels étroits creusés manuellement et sont exposés quotidiennement au risque d'accidents mortels. Ils peuvent aussi souffrir de graves affections pulmonaires.

Pour Elon Musk, la substitution du nickel au cobalt est donc une nécessité et un devoir. En refermant la page du cobalt, pour des raisons aussi bien techniques et commerciales que pour des motifs humanitaires et écologiques, il apparaît ainsi comme un entrepreneur avisé doublé d'un bon Samaritain. Pour rentabiliser l'utilisation du nickel et du silicium, l'ingénieux entrepreneur prévoit aussi de fabriquer ses cathodes *in situ*, une méthode efficace pour réduire le prix du kilowattheure d'environ 12 %. « Réduction », « réduction »... Elon et ses apôtres du tout-électrique n'ont que ce mot à la bouche. « Il est absolument essentiel que nous fabriquions des voitures que les gens peuvent réellement se permettre d'acheter, affirme Musk. Le fait qu'elles soient abordables est la clé de notre évolution. » Les ingénieurs de Tesla entendent rendre leur future voiture high-tech accessible au grand public dans un proche avenir. Au plus tard en 2026.

Une journée « fantastique » qui déçoit les investisseurs

Le « Battery Day » ? Une folle journée selon ses organisateurs. Tant et si bien que les participants s'attendaient à entendre l'annonce de projets fantastiques. Résultat ? Un déluge d'annonces alléchantes, mais pas de véritable révolution technologique. Les inconditionnels de Musk s'attendaient, entre autres, à deux annonces spécifiques : le développement d'une batterie d'une durée de vie de dix ans ou plus, et un objectif de réduction des coûts censé rendre le futur véhicule électrique de Tesla meilleur marché que les voitures à essence. Rien de tout cela n'a été annoncé. En conséquence, les *aficionados* de la marque et les investisseurs sont déçus. « Rien de ce dont Musk a parlé à propos des batteries n'est acquis. Il n'y avait rien de tangible », souligne Craig Irwin, analyste chez Roth Capital Partners.

Le soir même du « Battery Day », l'action de Tesla clôture en retrait de 5,6 % à Wall Street et continue de reculer de 6,9 %, dans les échanges d'après-Bourse. En ce mardi 22 septembre, pas moins de 20 milliards de dollars se sont évaporés en l'espace de deux heures après la clôture des marchés. Il n'en demeure pas moins qu'Elon Musk a déclaré que, d'ici à trois ans, une voiture grand public ne dépassant pas 25 000 dollars allait sortir de son usine de Shanghai : la Model C…

Si la fabrication et l'approvisionnement des batteries obsèdent Tesla, la structure de ses futurs véhicules préoccupe tout autant ses ingénieurs. L'objectif principal des disciples d'Elon est de réduire singulièrement le nombre d'étapes de la fabrication des voitures. Comment ? D'abord en utilisant beaucoup moins de pièces que pour les modèles précédents. Grâce à la Giga Press, l'arrière de la Model Y est ainsi monté en un seul bloc au lieu des quatre-vingts éléments habituellement utilisés. Le coût en serait réduit de 40 %. Par ailleurs, le poids de la voiture est diminué de 10 % et l'autonomie s'élève de 14 %.

Au total, à court terme, l'intégration des nouvelles batteries 4680, l'édification de nouvelles usines géantes[1], le pack batterie complètement intégré dès la conception du véhicule, l'utilisation de métaux adéquats et de cathodes adaptées au marché mondial généreront une augmentation globale de l'autonomie des véhicules électriques Tesla de 54 %, tout en diminuant le tarif du kilowattheure de 56 %. Dès lors, les voitures électriques

---

1. La dernière *gigafactory* en date, la quatrième de ce nom, est celle de Grünheide, construite à une trentaine de kilomètres de Berlin, en Allemagne.

deviendront moins chères que les voitures thermiques. Et Musk d'annoncer un rêve, celui de lancer un modèle ne dépassant pas 25 000 dollars, soit une baisse de 10 000 dollars par rapport au prix habituel de la voiture électrique et autonome. En cet automne 2020, la Tesla la moins chère vaut encore 36 000 dollars…

Les rivaux contre-attaquent

En attendant l'heureux événement programmé au plus tard en 2023, la Model 3 subit un ravalement de façade le mois suivant le Battery Day. De nouvelles roues, des poignées de porte noir mat, un coffre arrière motorisé, un volant chauffant, une pompe à chaleur pour le chauffage. Quoi qu'il en soit, tout ne va pas pour le mieux dans le monde de Tesla. Dès le 25 octobre 2020, la firme de Musk annonce qu'elle rappelle près de trente mille véhicules fabriqués dans une usine de Shanghai, sous prétexte d'imperfections constatées au niveau des suspensions chez les Model S et X. D'après l'administration d'État pour la régulation du marché (SAMR), ces défauts pourraient avoir de graves conséquences sur le plan de la sécurité et provoquer des accidents de la route. De leur côté, les autres constructeurs automobiles, de Volkswagen à Ford en passant par Daimler, Peugeot ou encore Citroën, ne veulent pas laisser la firme californienne prendre le large. Non seulement ils décident d'implanter au plus vite des bornes de recharge plus rapides (dès 2017 !), mais ils misent dorénavant sur le 100 % électrique.

Pour la seule France[1], même si le marché reste encore modeste (seulement 2 % des immatriculations en 2019),

1. En France, seuls quarante-trois mille véhicules électriques ont été vendus aux particuliers en 2019. La Renault ZOE reste leader des ventes, suivie de près par la Model 3 de Tesla.

on ne compte pas moins de quarante-cinq modèles électriques. Parmi eux, bien sûr, la Tesla Model 3, mais aussi l'Audi e-tron, la Mercedes EQC, la Porsche Taycan, la Renault ZOE 2, la Peugeot e-208 ou encore la Volkswagen ID3.

Face à cette contre-offensive, notre ingénieux entrepreneur ne manque pas d'idées. Par exemple, le Cybertruck, un pick-up 100 % électrique présenté dès le mois de novembre 2019 à ses actionnaires, juste à côté des ateliers de SpaceX. De forme étrange, rappelant vaguement la Lotus Esprit amphibie de James Bond, le look de l'engin, avec sa coque en acier inoxydable, est proprement futuriste. Il serait pourvu d'une autonomie de 800 kilomètres grâce à une nouvelle génération de batteries fournie par la société Maxwell. *A priori*, les premiers exemplaires devraient être livrés à la fin de l'année 2024. Deux cent cinquante mille commandes auraient même été faites dès la présentation du projet. Et pourtant, la démonstration en direct a écopé d'un petit raté. Voulant prouver le caractère indestructible de son engin, Elon Musk a demandé à son designer en chef de lancer une boule de métal sur la vitre de son fameux Cybertruck pour en vérifier la solidité. La vitre en question a littéralement explosé, laissant Musk quelque peu médusé. Autant dire que l'avenir de Tesla n'est pas encore écrit…

Autonome ou pas autonome, telle est la question

Accidents en série, incendies de voiture, problèmes de sécurité et de la fonction de pilote automatique, critiques de l'entreprise pour sa gestion sociale… l'univers de Tesla serait loin d'être un modèle économique et technologique. En résumé, la voiture électrique n'est ni vraiment automatique ni vraiment autonome. N'allons surtout pas croire que la voiture hyperconnectée puisse se conduire toute seule : il faut rester vigilant. La direction de Tesla en convient elle-même : « Autopilot n'est pas un logiciel de conduite automatique et ceux qui l'utilisent doivent rester maîtres du véhicule. »

« En avril 2021, le Comité national pilote d'éthique du numérique (CNPEN) a rendu un avis consacré à ces questions, commente Olivier Lascar. Le document insiste sur la nécessité d'adopter l'appellation "véhicule à conduite automatisée" dans les textes réglementaires au lieu de "véhicule autonome", la seconde expression laissant supposer trop facilement que l'être humain a disparu de la conduite de l'automobile[1]. »

Le premier accident recensé remonte au 7 mai 2016. Ce jour-là, un semi-remorque télescope une Tesla. Le conducteur de la voiture électrique, un certain Joshua Brown, meurt sur le coup. Très vite, avant même qu'une enquête soit ouverte, les détracteurs d'Elon Musk s'emparent du fait divers et incriminent la fonction Autopilot du véhicule. En vain : dès janvier 2017, l'agence publique américaine chargée de la sécurité routière, le NHTSA, met hors de cause le système automatique de la Tesla. Si faute il y a, elle est imputable au seul conducteur de la voiture. En effet, l'enquête a démontré que Joshua Brown avait eu sept secondes pour réagir, mais que, absorbé par la lecture d'une vidéo sur Harry Potter, il n'avait pas eu le temps d'éviter la collision.

Qu'importe, les ennemis d'Elon Musk n'en démordent pas. Le 8 août 2022, le Département des véhicules à moteur (DMV) de Californie accuse ainsi Tesla de mentir à ses clients sur le réel degré

1. Olivier Lascar, *op. cit.*

d'autonomie de ses véhicules. Selon le DMV, les seuls termes d'« Autopilot » et de « *full-self-driving* » (FSD) seraient trompeurs[1]. Là encore, le rapport du NHTSA tranche : non seulement la fonction Autopilot réduirait sensiblement le nombre d'accidents des Tesla, mais ses voitures dites autonomes subiraient quatre fois moins d'accidents que les autres véhicules en mode manuel[2].

Pour les concurrents de Tesla, ce rapport est une douche froide. Ce qui ne les empêche pas de contre-attaquer sur un autre terrain : celui de la gestion du personnel. Aux dernières nouvelles, la direction de la *gigafactory* de Fremont serait accusée de racisme. Au contraire des accusations portées contre le fonctionnement automatique des véhicules, le comportement de la direction de l'usine californienne de Tesla semble beaucoup plus discutable.

Tesla accusée de racisme

Mars 2022. Le *Los Angeles Times* ouvre ses colonnes à trois anciens employés noirs de Fremont. Les faits sont accablants. Tesla est accusée de discrimination raciale,

---

1. En 2020, Tesla a déjà été condamnée par la justice allemande pour son usage abusif des termes « conduite autonome » et « autopilote ».
2. Dans le même temps, en janvier 2021, la NHTSA demande à Tesla de rappeler environ 158 000 véhicules pour un problème de sécurité relatif à l'épuisement de la mémoire de l'ordinateur de bord. Les voitures désignées sont les Model S construites entre 2012 et 2018 et les Model X réalisées entre 2016 et 2018. Cette décision entre quelque peu en contradiction avec son rapport sur les accidents de la route. De son côté, Tesla a décidé d'améliorer la technologie Tesla Vision de ses voitures en avril 2022, laquelle sera seulement dépendante des caméras et de l'intelligence artificielle de l'ordinateur des voitures.

à juste titre[1]. Monica Chatman, Kimberly Romby et Nigel Jones dénoncent ainsi des conditions de travail inimaginables. Qualifiés régulièrement de « nègres » et de « fainéants » par leurs responsables, les trois salariés sont systématiquement affectés aux tâches les plus ingrates. Selon eux, pas un jour ne s'écoulerait sans que leurs supérieurs ne les insultent. Ils n'hésitent pas à qualifier l'usine de « plantation » ou de « bateau négrier ». Monica Chatman rapporte ces paroles injurieuses d'un grand cadre de l'entreprise : « Les nègres là-haut, ils n'en foutent pas une. Tout ce qu'ils font, c'est rester assis toute la journée. » Et Kimberly Romby d'ajouter : « Les travailleurs noirs sont régulièrement mis dans un coin de l'usine qui manque de climatisation et où les salariés sont les uns sur les autres. » De son côté, Nigel Jones affirme avoir été licencié en raison de sa couleur de peau. En septembre 2023, les trois salariés licenciés attendaient toujours le verdict du DFEH (California Department of Fair Employment and Housing). De son côté, Elon Musk nie catégoriquement toute forme de ségrégation raciale au sein de sa *gigafactory*. « La race ne joue aucun rôle dans les affectations de travail, les promotions, les salaires ou les mesures disciplinaires de Tesla », affirment les avocats de Tesla[2].

Déjà, pendant l'épidémie de Covid-19, Elon Musk avait eu maille à partir avec les autorités californiennes au sujet du confinement. Il niait d'ailleurs carrément la gravité de la maladie, qu'il comparait à une simple

---

1. En 2021, déjà condamnée pour racisme, Tesla avait dû verser une indemnité de 137 millions de dollars à l'un de ses employés noirs.
2. Ce sont en tout plus de quatre mille employés noirs de l'entreprise qui ont porté plainte.

grippe, tout en déconseillant le télétravail. Refusant de stopper sa chaîne de production à Fremont, le patron le plus disruptif de la planète avait mis ses accusateurs au défi de venir l'interpeller au sein même de son usine. Le résultat de ce bras de fer sera le déménagement du siège social au Texas, un État plus compatissant et compréhensif, en matière d'impôt sur les sociétés notamment.

De Berlin à Austin

Été 2020. Elon Musk a tranché : il n'y aura pas de superusines de batteries de Tesla implantées dans les pays de Molière et de Shakespeare. Si l'Angleterre paie la facture de l'incertitude du Brexit, la France effraie par le poids de sa fiscalité et surtout par son climat social. Pour couronner le tout, les deux pays font pâle figure auprès du géant allemand, lequel aurait une longueur d'avance sur le plan technologique.

À l'humble avis d'Elon Musk, la France de Macron ne serait pas si attrayante. Et pourtant, des années durant, notre pays, et en particulier l'Alsace, était considéré comme une terre idéale pour implanter une nouvelle usine géante de batteries. Musk avait songé à installer sa future *gigafactory* sur l'ancien site de l'usine nucléaire démantelée de Fessenheim, à la frontière franco-allemande. L'idée avait reçu un écho très favorable de Ségolène Royal, ministre de l'Écologie. Apparemment, tout plaidait en faveur de cette option, à commencer par la proximité de l'usine d'assemblage Tesla établie aux Pays-Bas. Mais aux yeux d'Elon Musk, l'Allemagne voisine remportait la palme d'or en matière d'ingénierie, d'informatique et d'électronique. De surcroît, la patrie de BMW et de Mercedes bénéficiait d'une meilleure réputation que celle de Citroën et de Renault auprès des ingénieurs de la Silicon Valley. Et Angela Merkel avait précisé sa volonté de déployer un million de stations de recharge d'ici la fin de la décennie. Et c'est ainsi que la France a perdu la bataille de la voiture électrique.

« *Thank you, Germany!* », s'exclame Elon Musk devant les premières Tesla tout droit sorties des chaînes ultra-automatisées de la *gigafactory* de Berlin [1]. Une première sur le sol européen. Nous sommes le 22 mars 2022, huit ans tout juste après l'ouverture de l'usine géante du Nevada. Et l'entrepreneur quinquagénaire de bondir comme un adolescent gâté devant les hangars ultramodernes de sa nouvelle *gigafactory*, cinquième du nom après celles de Reno, de New York, de Fremont et de Shanghai. Comme à chaque ouverture, il fait de l'inauguration de sa nouvelle usine géante un événement médiatique. Le temps d'une manifestation, le Werner von Braun du XXIe siècle se transforme en Mick Jagger du monde supratechnologique. Sur fond de musique techno, l'homme de tous les défis remet les clés des nouvelles Model Y à leurs propriétaires…

Deux semaines plus tard, le 8 avril, Elon Musk remet ça au Texas, dans les environs d'Austin. Depuis la fin de l'année 2021, le siège de Tesla y a même été transféré. Cette nouvelle usine géante de près d'un million de mètres carrés est surtout consacrée à la fabrication en série de la Model Y. Là encore, un spectacle son et lumière précède l'arrivée d'un Musk ragaillardi et au sommet de sa forme. Chaussé de lunettes noires et coiffé d'un chapeau de cow-boy – n'oublions pas que nous sommes au Texas ! –, le patron de Tesla débarque sur scène en décapotable devant une marée de smartphones, sur fond de musique rap, et sous les acclamations d'une foule surexcitée. Des cris, mais aussi des rires et des

1. Précisément à Grünheide.

larmes. Quinze mille personnes en transe, au bord de l'apoplexie. Pour ses fans qui ont attendu de longs mois cet événement, Musk est plus qu'un entrepreneur génial, c'est un dieu vivant, celui qui va leur ouvrir les portes d'un nouveau monde.

Sous les hourras et les vivats de sa tribu de fans, le fantasque entrepreneur présente alors le tout dernier-né de ces chaînes de production : un prototype de Cybertruck. Détail crucial, celui-ci ne comporte pas de poignées, pour la simple raison que le pick-up détectera à distance l'approche de son propriétaire et ouvrira les portes de lui-même. « Notre usine est plus longue que le Burj Khalifa », s'enthousiasme Elon Musk par allusion au plus haut building de la planète, la fameuse tour de Dubaï. « C'est l'usine automobile la plus sophistiquée jamais vue sur Terre. [...] Les matériaux entrent d'un côté, les voitures en sortent de l'autre. »

Elon Musk a vraiment l'impression d'être le roi du monde. Et il n'est pas loin de l'être...

17

Hyperloop, la dernière lubie d'Elon ?

« Nous voulons vraiment changer le monde. »

(Elon Musk lors de l'inauguration de l'usine de Reno, au Nevada, en 2016)

Hyperloop ? Un nom ésotérique qui cacherait un mode de transport futuriste s'affranchissant à la fois du bruit, du climat et de la pollution. Après les fusées réutilisables, le projet martien, et les voitures électriques autonomes, Elon Musk conçoit désormais le train sous tube à grande vitesse. Le concept est révélé dès l'été 2012 au *PandoDaily* à Santa Monica, en Californie. Le fondateur de SpaceX le présente alors comme un cinquième mode de transport, outre les bateaux, les avions, les voitures et les trains classiques.

À l'instar de son projet Tesla, il s'agit de préserver l'environnement de notre planète sans renoncer au progrès technologique. Après s'être attaqué au monopole des voitures thermiques, Musk entend substituer un nouveau mode de transport à l'aviation, un train qui filerait à plus de 1 200 km/h et serait capable de relier Paris à Marseille en l'espace de quarante minutes. Hyperloop se présenterait comme un curieux croisement entre le Concorde et un canon à propulsion électromagnétique qui n'utiliserait pas les rails et serait propulsé par un champ magnétique circulant dans un double tube couvert de panneaux photovoltaïques. Génial ou complètement utopique, Hyperloop ou entourloupe, plusieurs sociétés industrielles croient dur comme fer à ce projet pharaonique, notamment la société franco-canadienne TransPod. « C'est la vitesse d'un avion avec la fréquence d'un métro », s'enthousiasme au printemps 2018 le Français Sébastien Gendron, cofondateur de TransPod.

Hyperl∞p[1] est en fait le mode de transport écolo le plus fabuleux pour le futur de l'humanité. Loin de bannir le progrès technologique et la vitesse, il veut voir en eux les vrais sauveurs de notre monde.

Sur les pas de Jules Verne

Un train magnétique filant à la vitesse du son dans un double tube : idée postmoderne ? Pas du tout : le concept remonte à plus de cent trente ans. Après *Star Wars*, Elon s'inspire cette fois de… Jules Verne ! Mariant la prophétie et la poésie, l'auteur d'anticipation avait imaginé pour le futur à court terme des tubes pneumatiques dans lesquels les humains pourraient se déplacer à plus de 1 500 km/h au-dessus des océans. D'un rêve avant-gardiste, Elon Musk a pourtant fait une fiction technologique plausible pour les vingt prochaines années, une révolution ferroviaire digne de celle du TGV, le train à grande vitesse français inauguré en 1981.

Depuis l'aube des années 2000, la course à la sustentation magnétique avait déjà donné le ton. Du Shinkansen au Maglev, les trains ultrarapides ont le vent en poupe, en particulier dans les pays asiatiques. Dès le 21 avril 2015, au Japon, un Maglev expérimental a ainsi

1. Écrit ici en mode stylisé.

atteint la vitesse record de 603 km/h. Un record qui fait pourtant encore pâle figure eu égard aux ambitions de l'Hyperloop...

Plus encore qu'en disciple averti de Jules Verne, Elon Musk se pose en héritier de George Stephenson, l'inventeur de la première machine à vapeur, il y a plus de deux siècles[1]. Depuis l'ouverture des premières lignes ferroviaires en Europe, la vitesse des trains a été multipliée par huit. Aujourd'hui, l'avenir du chemin de fer passe par l'absence de chemin de fer. En guise de rails, Elon Musk propose un tube dépressurisé où les wagons seraient propulsés par électromagnétisme. Un rêve de science-fiction devenu réalité au même titre que la navette spatiale, le laser, l'avion supersonique ou encore le cinéma en relief.

Estimant le coût de son train sous tube reliant Los Angeles à San Francisco à 6 milliards de dollars, une somme relativement modique en comparaison de l'investissement prévu dans la ligne du train à grande vitesse, l'homme qui veut envoyer des hommes sur Mars officialise son concept le 12 août 2013. L'idée d'Hyperloop est ainsi publiée dans un article posté sur les sites respectifs de Tesla Motors et de SpaceX. Exposant son train du futur au moyen de plusieurs schémas, Musk livre de nombreux détails techniques, notamment le look de l'engin, son coût, son mode de propulsion magnétique, ainsi que l'infrastructure nécessaire pour propulser les passagers à une vitesse supérieure à celle du son, quelques mètres au-dessus du sol.

---

1. Si la locomotive est née en Angleterre en 1814, il faut attendre l'année 1825 pour voir un train transporter des passagers entre Stockton et Darlington, sur une voie ferrée longue de 40 kilomètres. En France, le premier train de voyageurs date de 1837.

Quoique désireux de se concentrer en priorité à ses projets spatiaux et automobiles, Elon Musk déclare cependant vouloir s'occuper en personne de son train supersonique si aucun investisseur n'entreprend de s'engager pour le soutenir. L'ambitieux entrepreneur compte en particulier sur la production participative. Pour assurer le développement de l'Hyperloop, Elon Musk encourage l'aspect *open source* et collaboratif[1]. Volontairement, il n'a déposé aucun brevet…

Adieu les rails et les aéroports !

Hyperloop est synonyme de « double fin ». Il sonne à la fois le glas de l'ère du rail et de l'avion subsonique. Trop bruyant, trop polluant, trop cher, l'aéronef appartiendra bientôt à des temps révolus. À en croire les partisans de Musk, les anciennes gares et les aéroports seront bientôt des pièces de musée. Dans un avenir proche, se déplacer en avion sera l'apanage de privilégiés ou de nostalgiques du voyage aérien.

En revanche, contrairement aux avions et aux trains, le principal obstacle à la circulation de l'Hyperloop est l'absence de réseaux et d'infrastructures. Ingénieurs et techniciens devront en effet innover pour tout créer, des trains à proprement parler aux tubes sous vide, en passant par les pylônes et les gares[2]. Sans compter les défis techniques prométhéens. Pour remédier à tout ralentissement, les parois des capsules doivent en effet éviter toute friction avec le tube. La très grande vitesse

1. Procédé synonyme de liberté de création, l'*open source* vise à partager librement des données (plans de machines, logiciels) pour qu'elles soient ensuite utilisées, voire améliorées. Un projet parfaitement adapté à l'économie du partage.
2. À un prix faramineux : on parle de 80 millions de dollars le kilomètre de tronçon.

du train et la proximité des capsules de transport avec les parois exigent une linéarité du tube de l'ordre du millimètre. Les tubes, posés sur pylônes, ne doivent pas être trop sensibles aux variations de température, lesquelles pourraient engendrer une série de dilatations et de contractions préjudiciables, voire dangereuses à long terme.

Mais à quoi ressemble ce futur conquérant des transports ? À première vue, à une énorme torpille qui foncerait à une vitesse supersonique et traverserait nos contrées au travers de tubes transparents couverts de panneaux solaires, à une dizaine de mètres environ au-dessus des campagnes. Le mathématicien français Cédric Villani, dans une note rédigée en 2018 pour l'Office parlementaire d'évaluation des choix scientifiques et technologiques (OPESCT), le qualifie de THV (« transport à hypergrande vitesse sous vide »). Techniquement, il s'agit de faire circuler sur un coussin d'air des capsules de moins de trois mètres de diamètre alimentées par des batteries (une fois encore !) et actionnées par des électroaimants géants dans des tubes sous basse pression. Ces véritables moteurs à induction linéaire seraient ainsi placés à intervalles réguliers à l'intérieur des tubes vidés de leur air.

Selon ses promoteurs, un tel système serait extrêmement rentable pour les citoyens. Installé entre Los Angeles et San Francisco, le train de Musk permettrait de relier les centres des deux mégalopoles en moins d'une demi-heure, soit un trajet de 551 kilomètres à plus de 1 100 km/h. Non seulement ce parcours serait plus rapide que celui de l'avion[1], mais il reviendrait à un tarif beaucoup plus accessible pour les passagers…

---

1. Un Boeing parcourt cette même distance en 35 minutes à la vitesse de 885 km/h.

TransPod commence à Droux

Si génial que paraisse ce concept de train magnétique, il n'a jamais été protégé, preuve du désir de Musk de recourir à l'*open source*. Aussi ne faut-il pas s'étonner que d'autres entrepreneurs aux dents longues, à l'instar de Musk, aient voulu tenter l'aventure Hyperloop. À commencer par Richard Branson en personne, le charismatique patron de Virgin, qui lui aussi est « sur les rails ». En décembre 2017, dans le désert du Nevada (à deux pas de la Gigafactory 1), la société Hyperloop One, créée en 2014, a ainsi testé un premier « *vactrain* » en le propulsant à la vitesse de 387 km/h sur une distance de 500 mètres. L'essai était souterrain, alors que l'idée d'Elon Musk est de concevoir un tunnel construit sur pylônes à l'intérieur duquel foncerait son bolide.

Lancée en 2015, la start-up franco-canadienne de Toronto TransPod a emboîté le pas au fondateur de SpaceX. Leur idée première est d'expérimenter leur *vactrain* en France, plus précisément dans le Limousin. Crédible ou utopique, le 19 décembre 2019, le projet Hyperloop des Canadiens s'est quelque peu concrétisé après l'initiative du conseil régional de Nouvelle-Aquitaine de lui concéder une subvention de 2 millions d'euros, mais à la seule condition de faire participer l'université de Limoges à cet immense défi. « Nous demandions que TransPod travaille dans le Limousin avec des laboratoires de recherche de l'université de Limoges, souligne l'entourage du président de région, Alain Rousset. C'est chose faite avec l'implication sur la technopole Ester de deux unités spécialisées[1]. »

---

1. Jean-Pierre Gourvest, « TransPod prêt à lancer son Hyperloop dans le Limousin », *Les Échos*, 17 janvier 2020.

Selon Sébastien Gendron, le cofondateur de TransPod, 3 millions d'euros supplémentaires ont été levés en 2019 auprès de partenaires dont l'identité n'a pas été révélée. Le tout permettrait de démarrer à Droux[1], en Haute-Vienne, l'édification d'un centre d'essais avec une piste de 3 kilomètres, l'ensemble étant estimé au total à 20 millions d'euros. En août 2018, il était ainsi prévu de construire un tube en acier inoxydable long de 2,5 kilomètres pour tester le prototype du TransPod. Théoriquement, le centre devait être érigé sur un terrain mis à la disposition par la mairie de Droux et accueillir une vingtaine de chercheurs et d'ingénieurs. Plus de deux ans plus tard, au crépuscule de l'année 2020, rien n'a encore émergé du sol. Pour cause d'épidémie de Covid, tous les travaux et autres recherches ont été suspendus. Le virus de Wuhan a-t-il eu raison du train supersonique ? Disons que le « diable de l'infiniment petit » a gagné la première manche. Ainsi en décident les impondérables…

Le XXIe siècle sera Hyperloop ou ne sera pas

En attendant la fin du rail, les projets Hyperloop se multiplient. À les en croire, la planète Hyperloop est pour demain. Plutôt que de se lancer dans l'aventure du train ultrarapide, Elon Musk se contente pour sa part d'en énoncer le contenu et de laisser ses concurrents développer leurs projets. Et le moins que l'on puisse dire est que le fantasque créateur de SpaceX a fait des émules. Du Britannique Richard Branson à l'Américain

1. Petit village de 420 habitants, à une cinquantaine de kilomètres au nord de Limoges.

d'origine allemande Dirk Ahlborn[1] en passant par le Canadien Ryan Janzen, le directeur général de TransPod, tous sont convaincus qu'à plus ou moins long terme l'Hyperloop envahira la planète[2]. Sans compter les start-up universitaires issues du concours Hyperloop Pod Competition régulièrement organisé par SpaceX[3]. Chacun a développé sa propre vision technologique. Tous sont d'accord sur les aspects suivants : moins polluant, moins bruyant, moins onéreux[4], et même plus sûr et plus rapide que l'avion, le train sous vide apparaît comme la seule alternative à ceux qui explorent les contrées du futur des transports. Avec une vitesse bien supérieure à celle des avions de ligne, ce *vactrain* pourrait non seulement relier les villes d'un même pays en un temps record, mais aussi les nations et les continents. Dans la ville californienne futuriste et autosuffisante de Quay Valley, conçue pour être entièrement alimentée par l'énergie solaire, la Kings Country Ventures prévoit d'équiper tous les futurs habitants de voitures électriques et de voyager uniquement à bord des Hyperloop pour regagner Los Angeles ou San Francisco. Par ailleurs, il n'y aura plus de contrainte horaire, les passagers pouvant

1. Dirk Ahlborn est le directeur général de la société Hyperloop Transport Technologies (HTT), créée en 2013.
2. Elon Musk songe même à développer le concept de l'Hyperloop sur la planète Mars.
3. Un jury d'experts a jugé cent quinze projets soumis et en a retenu trente pour une phase de tests qui s'est déroulée en janvier 2017 à Hawthorne (Californie). Dans cette dernière étape, trois prototypes ont été sélectionnés pour un essai dans le tunnel créé par l'entreprise SpaceX.
4. Elon Musk insiste sur le prix relativement modique du futur billet, annoncé comme beaucoup moins élevé que celui des avions ou des trains actuels.

s'engouffrer dans les capsules quand ils le désirent dans la journée. Ainsi naîtra le métro planétaire.

Si tout se passe comme prévu, le premier Hyperloop digne de ce nom circulera dès 2028 en Inde – un contrat arraché par Virgin aux gouvernements indiens du Maharashtra et du Karnataka. Aux racines de cette aventure, il y a la signature du projet Original Project Proponent (OPP), en 2017. Selon cet accord, l'Hyperloop en question pourrait relier Mumbai à Pune en moins de dix minutes, alors que les deux villes sont séparées de plus de 117 kilomètres. Chaque année, 75 millions de personnes font plusieurs heures de bus pour voyager entre ces deux mégalopoles. D'après les plans établis, le train supersonique indien, doté de cent vingt capsules dont quelques-unes seraient destinées au transport de fret, devrait véhiculer près de neuf mille personnes par heure.

Hyperloop, une vision d'utopiste ? Non, un projet à la fois réaliste et nécessaire. Aujourd'hui, si aucun test grandeur nature n'a encore été effectué avec des passagers à bord, il n'en demeure pas moins que le train sous vide apparaît comme une alternative nécessaire et souhaitable aux modes de transport actuels. Même l'OPECST[1] le reconnaît : Hyperloop entre dans le cadre de la vision écologique de notre futur proche. Non seulement il répond aux besoins de réduction des bruits et de décongestionnement des routes, mais son fonctionnement induit une grande économie de consommation de carburant. En misant sur ce mode de transport, Elon Musk obéit à la logique d'« un futur d'avance ». Le XXIe siècle sera Hyperloop ou ne sera pas…

---

1. Office parlementaire d'évaluation des choix scientifiques et technologiques.

18

L'avenir inquiétant de l'intelligence artificielle

« L'intelligence artificielle est un risque fondamental pour l'existence de la civilisation humaine. »

(Elon Musk, 15 juillet 2017)

L'explorateur de l'avenir est insatiable. Non content de ses fusées réutilisables, de ses voitures électriques et de ses trains magnétiques propulsés sous tube, Elon Musk s'attaque aussi au domaine des robots et de l'intelligence artificielle. Fondées respectivement en 2015 et 2016, les sociétés OpenAI et Neuralink sont les deux piliers de ce nouvel axe de recherche technologique. Quand OpenAI se présente comme un concepteur de textes à partir d'un ordinateur, Neuralink travaille sur les implants cérébraux. Elon Musk entend ainsi pénétrer les esprits, et pas seulement au sens figuré.

Quoi qu'il en soit, une fois n'est pas coutume, Elon Musk avance ici à pas feutrés vers le futur. Circonspect, pour ne pas dire inquiet devant le développement de l'intelligence artificielle, le créateur de SpaceX craint qu'à long terme la créature n'échappe à son créateur, voire le domine. En d'autres termes, une véritable menace pour l'humanité. À croire que le film *Terminator* cessera bientôt d'être une fiction…

Neuralink, ou la naissance de l'homme-machine ?

2016. Quatorze ans après avoir lancé SpaceX, Elon Musk cède à une autre lubie : celle de l'intelligence artificielle. Œuvrant au développement d'une interface cerveau-machine, les savants de Neuralink[1] introduiront bientôt des puces électroniques de la taille d'une pièce de monnaie dans le cerveau d'un être humain pour le connecter à un ordinateur.

Mesurer en temps réel l'activité de nos neurones ? Tout un programme. L'opération chirurgicale s'effectuera à l'aide d'un robot ultrasophistiqué, une sorte de machine à coudre d'une précision extrême, spécialement conçue pour installer les différents composants électroniques dans votre crâne. Reliée aux électrodes, la puce de 23 millimètres sur 8 millimètres d'épaisseur sera capable d'interpréter les signaux neuronaux, puis de les transmettre par Bluetooth. La puce en question s'appuiera sur le Pedot, un polymère conducteur biocompatible, et elle abritera 1 024 électrodes. « C'est comme une Fitbit [montre connectée] dans votre crâne, avec de petits fils », s'enthousiasme Elon Musk. Les premiers essais ne seront pas une sinécure car il faudra au préalable qu'un chirurgien perce des trous minuscules dans la boîte crânienne sous anesthésie générale. À plus lointaine échéance, un rayon laser pourrait accomplir le travail lors d'une opération aussi légère et indolore que celle de

1. La société Neuralink emploie quatre-vingt-dix personnes. En 2016, cette start-up américaine neurotechnologique est cofondée par Elon Musk et une équipe soudée de huit personnes dont Ben Rapoport, Dongjin Seo, Max Hodak, Paul Merolla, Philip Sabes, Tim Gardner, Tim Hanson et Vanessa Tolosa. Son siège est situé à San Francisco.

la correction de la myopie. Le tout restera malgré tout risqué, puisqu'il faudra éviter les vaisseaux sanguins.

Et pourtant, l'idée d'un implant de stimulation cérébrale n'est pas nouvelle. Elle date de plus de trente ans. « La stimulation cérébrale profonde (SCP), qui consiste à stimuler le cerveau par des électrodes implantées, a été élaborée en 1987 par les professeurs Alim-Louis Benabid et Pierre Pollak du CHU de Grenoble, rappelle à propos le professeur de psychiatrie Mircea Polosan, chef de service psychiatrie au CHU de Grenoble et chercheur à l'Inserm, spécialiste des implants de stimulation cérébrale profonde. Les premiers essais ont été réalisés au départ pour traiter trois pathologies : le "tremblement essentiel", la dystonie et la maladie de Parkinson[1]. »

La révolution muskienne est ici plus d'ordre technologique que conceptuelle. En d'autres termes, là où Musk innove, c'est dans la miniaturisation de l'implant. « Les systèmes actuels possèdent moins d'une centaine de contacts d'électrodes en matériau semi-conducteur que l'on pose sur la zone cérébrale à stimuler. Ce n'est pas très souple ni très précis », poursuit le Pr Polosan. L'implant de Neuralink se compose de mille vingt-quatre « câbles » en polymères plus fins que des cheveux, flexibles, porteurs des microélectrodes souples qui enregistrent l'activité des neurones et les stimulent en retour de manière très fine, très précise et focalisée en fonction du signal enregistré au préalable… « Ce serait comme passer d'un appareil photo numérique à 300 000 pixels il y a quinze ans à 10 millions de pixels aujourd'hui. Ce système pourra contribuer au développement de la

1. Cité par Elena Sander, « Elon Musk a testé son implant Neuralink sur des cochons », Sciencesetavenir.fr, 1er septembre 2020.

recherche en cours sur la stimulation adaptative, dépendante du signal pathologique enregistré au préalable[1] », explique encore le Pr Polosan.

Des hommes, des machines et des singes

En théorie, la puce ronde sera greffée dans notre tête, sans qu'il soit nécessaire de passer une nuit à l'hôpital et sans laisser de trace, si ce n'est une petite cicatrice sous les cheveux. Pour l'instant, en attendant leurs premières expériences sur des hommes, les neurochirurgiens de Neuralink ont trouvé un cobaye inattendu : la truie Gertrude. « Nous avons une truie en bonne santé, heureuse, timide au premier abord, mais manifestement très énergique et aimant la vie, elle a l'implant depuis deux mois », explique Elon à ses interlocuteurs. Au cours de l'été 2020, la truie Gertrude marche sur un tapis roulant, le groin dans une mangeoire accrochée devant elle, pendant que sa puce greffée retransmet ses signaux neurologiques correspondant aux mouvements de ses pattes. Pour les tests humains, Elon Musk affirme avoir reçu en juillet 2020 le feu vert de la Food and Drug Administration, l'agence de régulation sanitaire américaine, afin de poursuivre ses expériences[2].

Pour justifier ses recherches, le fondateur de Neuralink présente son implant cérébral comme le meilleur moyen de lutter contre les lésions cérébrales et les maladies mentales. Et, pour réaliser ces expériences, Neuralink ne se contente plus du concours de la truie Gertrude. En février 2022, le PCRM (Physicians Committee for Responsible Medicine) affirme en effet

1. *Ibid.*
2. La *Breakthrough Device* accélère le développement et l'évaluation des dispositifs médicaux.

haut et fort détenir des documents attestant que seize singes seraient décédés à la suite de l'implantation de puces électroniques dans leur crâne. Une plainte a été déposée auprès du Département de l'agriculture américain (USDA). Plus précisément, le PCRM accuse l'université de Californie à Davis, établissement partenaire de Neuralink, d'avoir enfreint les protocoles scientifiques validés par l'université en utilisant des produits dangereux pour les singes, notamment la colle chirurgicale BioGlue, non autorisée par les protocoles de recherche. « La BioGlue coule dans le cerveau et l'endommage, entraînant la mort de l'animal », déclare Jeremy Beckham, coordinateur au PCRM. La loi sur le bien-être animal aurait même été violée à neuf reprises. « Entre 2017 et 2020, Neuralink a versé 1,4 million de dollars à l'université de Californie Davis pour utiliser le département vétérinaire et ses animaux », précise l'association de médecins. Selon les détracteurs de Neuralink, à la suite de leurs mauvais traitements, les singes en question auraient été victimes à la fois de crises d'épilepsie, d'infections chroniques, de paralysie et d'autres effets secondaires peu désirables. Seul un tiers des vingt-six macaques, soumis à « une souffrance extrême », auraient survécu aux mauvais traitements.

Face à ces révélations, l'USDA a diligenté une enquête[1]. Ce qui n'a pas empêché les autorités sanitaires américaines, le 25 mai 2023, d'autoriser Neuralink à tester ses implants cérébraux connectés sur des êtres humains. Le 16 juin suivant, à l'occasion de sa venue à Paris en tant qu'invité d'honneur du salon Vivatech à la porte de Versailles, Elon Musk n'a pas caché sa volonté

1. À l'heure où ces lignes sont écrites, les résultats de l'enquête n'ont pas encore été publiés.

d'implanter une puce électronique dans le cerveau d'un être humain avant fin 2024.

Quand l'ordinateur devient dieu thaumaturge

L'ambition d'Elon Musk et de ses associés est multiple, voire prométhéenne. D'aucuns diraient que le surdoué sud-africain se prend désormais pour le Christ; par le biais de ses machines et de ses puces électroniques, l'homme de SpaceX et de Tesla veut rendre la vue aux aveugles, la parole aux muets, faire marcher les paraplégiques et lutter contre le vieillissement du cerveau en rajeunissant les cellules. À long terme, le nouvel homme-machine n'aurait plus à souffrir de lésions cérébrales, n'éprouverait plus de perte de mémoire, et se souviendrait des moindres détails de son existence. Dans un avenir relativement proche, Elon Musk en est convaincu, ses puces électroniques greffées dans le cerveau permettront à leurs propriétaires d'écouter du rock sans le truchement d'un quelconque appareil, voire d'ingurgiter et d'assimiler toute une brochure sur la mécanique quantique en l'espace de quelques minutes.

Les perspectives de l'implant de Neuralink sont en effet incalculables et prodigieuses. En somme, Elon Musk entend transformer le cerveau humain en une machine indestructible, voire flirter avec l'immortalité. « Je pense que dans le futur on pourra enregistrer et voir nos souvenirs. Si on a un accès total au cerveau et que l'on arrive à décoder la mémoire, alors on pourra enregistrer, sauvegarder et restaurer nos souvenirs, et pourquoi pas synchroniser sa mémoire avec un corps robotisé », explique-t-il devant les caméras de France 2.

À court terme, le milliardaire « martien » caresse l'espoir de greffer son implant miraculeux chez une personne paralysée pour cause de lésion de la moelle épinière.

« Je suis certain que l'on pourra bientôt retrouver l'usage complet de son corps », précise l'ambitieux entrepreneur, annonçant la fin imminente des maladies neurodégénératives[1] et la disparition prochaine de l'autisme et de la schizophrénie. Propos grandiloquents qui ont tôt fait de faire réagir la National Autistic Society britannique, soulignant avec scepticisme que l'autisme n'est pas une maladie mais un trouble de l'identité inguérissable par le moyen d'implants de stimulation cérébrale.

GPT-3, le logiciel de la peur

Pour autant, Elon Musk ne milite pas activement pour un développement rapide de l'intelligence artificielle. Bien au contraire, tout en y travaillant activement, le milliardaire met l'accent sur les dangers d'un progrès fulgurant de l'AI. Le leadership de l'homme sur Terre pourrait même, selon lui, être menacé. Preuve en est la mise au point du logiciel d'une autre start-up créée par Musk, GPT-3, une invention qui pourrait mettre à mal notre intelligence créatrice elle-même, en mettant au rancart tous nos poètes et nos romanciers.

Au mois de mai 2020, GPT-3[2], un générateur de textes fort de 175 milliards de neurones artificiels,

1. L'implant pourrait aussi mettre un terme aux pensées obsessionnelles et aider à traiter les personnes affectées de troubles obsessionnels compulsifs (TOC).

2. GPT-3, pour transformateur génératif préentraîné. Le dernier logiciel de la société OpenAI, baptisé GPT-2, était sorti en février 2019. Le GPT-3 est réputé cent fois plus puissant que le précédent. En novembre 2022 a été lancé le modèle ChatGPT, un robot conversationnel capable de générer des textes. Disponible en français, le logiciel est accessible gratuitement et a dépassé 100 millions d'utilisateurs en moins de deux mois, un record en matière d'applications. Un succès qui fascine autant qu'il effraie :

est rendu public par la société OpenAI, autre start-up sortie de l'imagination fertile de Musk. Il a été programmé sur l'un des dix plus puissants ordinateurs au monde, propriété de la société Microsoft. Pour apprendre à rédiger des textes, GTP-3 a ingurgité plus de 500 milliards de mots, l'équivalent de plus de deux millénaires d'un journal quotidien, puisés le plus souvent dans Wikipédia et dans de colossales bases de données collectées sur le Net. Aux dires de ses créateurs, le logiciel est si performant qu'il pourrait se substituer à un être humain lors d'une conversation anonyme sur Internet. Il aurait même le sens de l'humour et de la poésie ! Diable, que nous reste-t-il ?

À l'origine, les chercheurs d'OpenAI souhaitaient simplement former le programme à « la prédiction du mot suivant dans une phrase ». À cette fin, ils ont utilisé 40 Go de données issues de huit millions de pages sur le Net. Mais la créature a quelque peu échappé à ses créateurs : en l'espace de quelques tests, le GPT-3 est devenu si performant qu'il imite à s'y méprendre la rédaction humaine et serait même capable de recomposer *Les Misérables* selon un tout autre scénario. « Avant, on pouvait distinguer des textes écrits par une machine de ceux écrits par des humains. C'est de plus en plus dur. Ces systèmes produisent du bois lissé, sans écharde », commente François-Régis Chaumartin[1], président du Proxem, une entreprise spécialisée dans l'analyse sémantique des textes. « Techniquement, c'est

---

ChatGPT peut rédiger des devoirs à la place des élèves, multiplie les risques de plagiat, et bafoue le droit d'auteur. Pour la première fois depuis 5 millions d'années, l'humain perd le privilège de la créativité.

1. Cité par David Larousserie, *Le Monde*, 4 novembre 2020.

compliqué. Conceptuellement, c'est simple. Je suis plus impressionné par la technologie que par la science derrière GTP-3 », constate de son côté François Yvon, chercheur au laboratoire d'informatique pour la mécanique et les sciences de l'ingénieur à Orsay.

Le premier, le quotidien britannique *The Guardian* a pu tester les capacités exceptionnelles du logiciel. À partir de la première ligne de *1984* de George Orwell, le logiciel est parvenu à produire un paragraphe de science-fiction dystopique parfaitement cohérent. Le *Guardian* a également demandé au programme de rédiger un article d'actualité que le quotidien a publié dans ses pages intérieures. Résultat bluffant : aucune faute d'orthographe, une grammaire et une syntaxe exceptionnelles, et un style à faire rougir les meilleurs écrivains. Pour couronner le tout, une kyrielle de citations bien placées. À croire que l'article avait été rédigé par un journaliste en chair et en os. Plus inquiétant, pour ne pas dire plus effrayant, le logiciel d'OpenAI a pondu ce texte en moins de quinze secondes ! En découvrant les résultats de ce test, loin de s'enthousiasmer comme à l'accoutumée, Elon Musk a au contraire décidé de suspendre les travaux de sa société. L'heure est en effet grave : et si l'intelligence artificielle balayait l'intelligence humaine de la surface du globe ?

En novembre 2023, s'inspirant de l'esprit sarcastique du *Guide du voyageur galactique*, Musk a toutefois lancé sa propre interface d'IA générative, baptisée « Grok » : un robot conversationnel en théorie moins politiquement correct que ChatGPT, puisqu'il puise surtout ses informations, en temps direct, sur le réseau X. Ce qui n'a pas empêché Grok, au bout d'un mois d'existence, d'apporter son soutien à Joe

Biden dans la course à la présidence, de comparer les projets spatiaux de SpaceX à des « jeux d'enfant » et de qualifier Elon Musk lui-même de… « taureau dans un magasin de porcelaine » !

Terminator, *de la fiction à la réalité ?*

Déjà, au cours de l'été 2017, Elon Musk s'était inquiété des risques d'un développement accéléré de l'IA. Il avait même réclamé au Congrès américain des mesures de sécurité pour réguler l'usage de l'intelligence artificielle. Trois ans plus tard, en juillet 2020, le double créateur de Neuralink et d'OpenAI met de nouveau l'humanité en garde : « Je n'arrête pas de tirer le signal d'alarme, s'inquiète l'entrepreneur, plus optimiste en temps normal, mais tant qu'ils n'auront pas vu des robots tuer réellement des personnes, ils ne sauront pas comment réagir, tant ça leur paraît irréel. On devrait tous s'inquiéter de ces progrès. »

Pour celui qui voit le futur de l'humanité s'écrire sur d'autres planètes, l'homme risque non pas de disparaître, mais d'être dépassé par les machines. Pour Musk, tout va se jouer avant 2030, si ce n'est avant 2025, ce qui laisse peu de temps aux créateurs des futurs logiciels. Et Musk n'est pas le seul scientifique à jouer les Cassandre quant aux perspectives inquiétantes de la robotique et de l'ordinateur quantique. En juillet 2020, des chercheurs de Stanford se sont montrés tout aussi alarmistes. D'après ces derniers, dès 2024, les robots nous dameront le pion dans le domaine de la traduction de textes, puis, en 2026, dans celui de la dissertation. D'ici à 2050, nous n'aurons même plus besoin de camionneurs, de pilotes, de chirurgiens, ni même de romanciers. Et dans les cinquante années suivantes, c'est l'existence même de l'homme qui sera menacée car les machines pourraient être tentées de l'éliminer. À croire que Terminator vient vraiment du futur !

En attendant Terminator, Elon Musk présente Optimus

Vendredi 30 septembre 2022 à Palo Alto, Californie. Peut-être un jour historique que retiendra la postérité. À l'occasion de la conférence annuelle « Tesla AI Day » sur les derniers développements de l'intelligence artificielle, Elon Musk présente le dernier-né de ses jouets du futur : le robot Optimus, ou plutôt « Bumble C », première version de l'androïde de demain. Devant un parterre de journalistes triés sur le volet et sur fond de décor de science-fiction, apparaît un humanoïde métallique sans visage, au cerveau atrophié, à la démarche hasardeuse. Derrière lui, des images qui le montrent arrosant des plantes ou déposant des colis.

Devant ce prototype encore imparfait, Elon Musk se transforme en prédicateur. À l'entendre, ce robot serait l'avant-garde d'une armada d'androïdes censée transformer notre civilisation en profondeur. D'ici à l'année 2040, à l'instar de la voiture électrique Tesla, des millions d'exemplaires devraient être commercialisés et entreraient dans tous les foyers. Ces compagnons d'un nouveau genre pourraient améliorer notre quotidien. Et Musk d'annoncer que les premières livraisons d'Optimus auront lieu avant la fin de cette décennie. Les premiers modèles devraient être vendus pour moins de 20 000 dollars. « Cela signifie un avenir d'abondance, un avenir où il n'y a pas de pauvreté, où les gens auront ce qu'ils veulent en termes de produits et de services », annonce péremptoirement Elon Musk.

Une fois n'est pas coutume, le visionnaire fait preuve d'une étrange naïveté quant à l'évolution des sociétés. Et que fera-t-il de la masse des désœuvrés privés de travail pour cause de robotisation excessive ? À croire que l'entrepreneur génial qui veut transformer notre futur comprend mieux le monde des machines que celui des hommes…

19

La bataille de l'opinion publique

« Si les règles vous empêchent de progresser,
battez-vous pour les changer. »
(Elon Musk)

En 2022, le rachat de Twitter par l'inénarrable Elon Musk est loin d'être un fait anodin. Il entre en effet dans le cadre de sa stratégie de planétarisation, laquelle repose sur quatre grands piliers : la conquête de l'espace, l'intelligence artificielle, les transports du futur et, désormais, la communication, jusqu'ici parent pauvre du monde selon Musk. Ces grands piliers de son empire sont autant d'axes de pénétration de l'avenir. Aux yeux du visionnaire, Twitter pourrait à long terme devenir la grande plate-forme de la liberté d'expression, une espèce d'agora pour la préparation de sa civilisation prémartienne et transhumaniste. D'une certaine façon, Elon Musk entend chevaucher l'oiseau bleu de Twitter pour mieux approcher la planète rouge.

Délire mégalomaniaque ?

238 millions d'utilisateurs monétisables de Twitter ! Parmi eux, un abonné très disert, Elon Musk, le techno-entrepreneur le plus célèbre et le plus imprévisible de la planète. Il est lui-même suivi par 82 millions de Terriens

sur cette plate-forme sociale. Adepte des déclarations fracassantes, des pensées fantaisistes et des blagues de plus ou moins bon goût, Musk se transforme volontiers en général ukrainien, en diplomate taïwanais ou encore en géopoliticien du dimanche, au grand dam des véritables acteurs des tragédies qu'il commente.

Enhardi par son succès industriel, Musk s'autorise à intervenir à tout moment et à tout propos. En mars 2020, l'homme qui veut décrocher Mars s'est même érigé en spécialiste du Covid en qualifiant le confinement de « mesure fasciste et inutile ». Quant à ses déclarations en faveur de la paix en Ukraine, elles ont ulcéré les autorités de Kiev. Musk a même affirmé, sans plus d'explications, que la moitié de l'Ukraine était prorusse. Dernière saillie en date : en juillet 2023, commentant les émeutes urbaines en France, il s'est étonné que des armes à feu circulent dans un pays où, théoriquement, leur possession est « extrêmement limitée, mais pas nulle ». Armes « volées ou importées illégalement », donc.

D'aucuns parlent de délire mégalomaniaque. Ainsi, dans un tweet hallucinant daté du 14 mars 2022, Musk a carrément défié Vladimir Poutine « dans un combat d'homme à homme » : 318 000 likes, 50 000 retweets – même Ramzan Kadyrov, le sulfureux tyran tchétchène, y est allé de son petit commentaire, précisant que Poutine et Musk ne pouvaient combattre dans la même catégorie en raison de leur différence de poids. Musk n'a pourtant pas précisé dans quel type de combat il entendait affronter le président russe. Un an plus tard, il a toutefois récidivé en défiant cette fois physiquement Mark Zuckerberg en combat singulier de jiu-jitsu brésilien…

La parade de la « pilule empoisonnée »

Quand il ne passe pas son temps à se ridiculiser sur la scène internationale, Musk tire à boulets rouges sur Twitter et sur ses règles de modération, qu'il abhorre. Dans un tweet dévastateur, il a même comparé Parag Agrawal, directeur de la plate-forme depuis novembre 2021, à… Joseph Staline !

Twitter, plate-forme de la dictature ? C'est l'avis de Musk. Quoi qu'il en soit, l'homme le plus riche du monde dispose déjà de 9,2 % de Twitter quand il décide de frapper un grand coup sur la table médiatique. Le mercredi 13 avril 2022, le propriétaire de SpaceX et de Neuralink offre pas moins de 43 milliards de dollars pour faire main basse sur le géant du Web social. Au prix unitaire de 54,20 dollars par action, il entend d'abord sortir le célèbre oiseau bleu de Wall Street. « Depuis que j'ai investi dans Twitter, je me suis rendu compte que l'entreprise ne prospérerait pas et ne servirait pas, sous sa forme actuelle, son impératif social », explique-t-il dans sa lettre officielle de rachat. Ladite entreprise se porte pourtant on ne peut mieux. En 2021, elle a dégagé plus de 5 milliards de dollars de bénéfices[1] …

Face à cette offre jugée hostile, Twitter réagit vivement. Dès le vendredi 15 avril, le groupe de Parag Agrawal cherche à bloquer l'offre d'achat en adoptant la parade de la « pilule empoisonnée », une technique déjà pratiquée en 2021 par Suez contre l'offre publique d'achat de Veolia. Derrière cette expression singulière qui semble surgir d'un mauvais film d'espionnage se cache une série de mesures juridiques et financières

1. Sitôt connue l'offre de rachat d'Elon Musk, l'action de Twitter a chuté de 20 % alors que celle de Tesla a grimpé de 5 %.

visant à contrecarrer l'OPA non désirée. Encore appelée « dragée toxique » au Canada, ce mécanisme de blocage peut prendre plusieurs formes, comme celle de vendre les actions à un prix inférieur à la normale aux actionnaires, lesquels pourraient à leur tour vendre leurs parts à un tarif supérieur, rendant l'achat des actions par Elon Musk ruineux. En l'occurrence, les actionnaires pourraient s'opposer à un investisseur extérieur qui ambitionnerait de racheter au moins 15 % des actions de Twitter sans avoir reçu au préalable l'accord du conseil d'administration. La méthode vise à « réduire la possibilité qu'une entité, une personne ou un groupe ne prenne le contrôle de Twitter en accumulant des titres sur le marché sans payer à tous les actionnaires une prime appropriée ou sans donner suffisamment de temps au conseil d'administration pour prendre des décisions éclairées », souligne Twitter dans un communiqué[1].

Quand l'oiseau bleu se rapproche de la planète rouge

Face à cette contre-offensive imprévue du groupe de San Francisco, Elon Musk ne désarme pas. Le soir même, l'homme le plus riche et surtout le plus influent de la planète contre-attaque en organisant, *via* « Bitcoin Archive », un sondage auprès des abonnés de l'entreprise à l'oiseau bleu. À la question « Voulez-vous qu'Elon Musk achète Twitter ? », 73 % des 19 494 votants répondent par l'affirmative.

À l'entendre, l'ambition de Musk est de donner une seconde vie à Twitter en le transformant en véritable plate-forme mondiale de la libre expression, tant dans

1. Information diffusée le 15 avril 2022 par l'AFP et reprise dans les colonnes du *Monde*.

son fonctionnement que dans sa culture. Dans cette perspective, le techno-entrepreneur entend changer quelque peu les règles, à commencer par l'assouplissement de la modération. Étonnamment, Elon Musk se pose en apôtre, voire en « absolutiste de la liberté d'expression » (selon ses propres termes), alors que la plate-forme est pourtant réputée pour sa largesse d'esprit et de ton.

Pour résumer la pensée de Musk, Twitter deviendrait le Graal de tous les possibles, une arène inclusive où pourrait s'exprimer un large public « dans les limites de la loi », notamment les plus jeunes, à savoir les futurs martionautes. Car l'homme de toutes les audaces ne cherche pas ici le profit, mais à conforter son image de marque et à préparer la future génération d'*Homo spatiens*. Au sujet des contenus controversés, il a d'ailleurs tranché : « Dans le doute, il faut conserver le tweet. » Mieux encore, le double patron de SpaceX et de Tesla entend créer une fonction spéciale d'édition qui permettrait de modifier les tweets une fois publiés.

« Je n'achète pas Twitter pour faire de l'argent... »

À première vue, la liberté d'expression est donc le cheval de bataille d'Elon Musk. Il s'inscrit ainsi dans la droite ligne de l'ancien président américain Donald Trump, banni du réseau social de San Francisco après l'irruption de ses partisans dans le Capitole, le 6 janvier 2021. De son côté, Trump ne montre aucun empressement à rejoindre le Twitter version Musk ; il a créé son propre réseau, Truth Social, « pour résister à la tyrannie des géants de la technologie ».

D'aucuns s'insurgent contre cette mainmise. Ce serait la porte ouverte aux *fake news*, à la diffusion de théories complotistes, ou encore aux discours de haine antisémites, homophobes ou islamophobes. Selon ses détracteurs, sous prétexte de liberté, Elon Musk ne ferait qu'imposer sa propre vision du monde. Il s'agirait de « pouvoir exprimer des opinions susceptibles d'être considérées comme imprudentes par les régulateurs », explique Dan Lane, analyste pour la société d'investissement Freetrade, dans *The Independent*.

Face à ce risque de désinformation et de manipulation de l'opinion, Thierry Breton, commissaire européen en charge du numérique, souligne qu'Elon Musk, malgré son influence et son poids financier, devra « se conformer aux règles européennes ». Appliquant le principe que « ce qui est illégal hors ligne est illégal en ligne », le Conseil de l'Union européenne conçoit le Digital Services Act dès l'été 2022. Ce règlement DSA impliquerait un durcissement de la réglementation des grands réseaux sociaux pour mieux lutter contre les dérives et les contenus illicites tels les attaques racistes ou les images pédopornographiques.

Signée le 5 juillet 2022, cette nouvelle législation sur les services numériques devrait être appliquée à compter de l'année 2024. Quatre jours plus tard, le 9 juillet, Elon Musk annonce renoncer au rachat de Twitter.

Et l'oiseau bleu devient faucon…

Coup de théâtre : Elon Musk suspend, à la surprise générale, son offre d'achat du réseau social de San Francisco. À peine trois mois se sont écoulés depuis sa résolution de s'offrir Twitter. Sans lien apparent avec la décision européenne sur le règlement DSA, Musk avance le véritable motif de son étonnante volte-face : Twitter aurait tout simplement menti sur le nombre de ses faux comptes et de ses spams. Réduit à seulement 5 % de ses abonnés selon la direction de la plate-forme, le chiffre de ces profils usurpés serait en réalité bien plus élevé, probablement aux environs de 20 %. Autrement dit, un utilisateur sur cinq de Twitter n'existerait pas. Une révision à la hausse du nombre de faux abonnés aboutirait nécessairement à une révision à la baisse de la valeur réelle de la plate-forme.

Apprenant la rupture de l'accord d'achat de sa société par Elon Musk, Parag Agrawal ne décolère pas. Sitôt connue la décision du directeur de Tesla, le patron de Twitter lance le 12 juillet une action judiciaire contre lui. Devant la Delaware Court of Chancery, tribunal spécialisé en droit des affaires, Agrawal et son équipe entendent contraindre le fantasque Elon Musk à honorer ses promesses d'acquisition, comme il l'avait stipulé le 13 avril précédent. Faute de rachat, Musk serait contraint de verser un milliard de dollars d'indemnités à la société d'Agrawal. Lequel met aussi en avant le préjudice financier subi du fait des facéties d'Elon Musk : non seulement Twitter a enregistré une chute de ses revenus publicitaires, mais son titre en Bourse s'est effondré autour de 32 dollars le 11 juillet.

De son côté, Elon Musk ne désempare pas. Dès le 30 juillet, il contre-attaque en déposant plainte à son tour contre le groupe californien devant le même tribunal d'affaires de l'État du Delaware. À l'appui, 165 pages d'arguments accusant Twitter d'avoir masqué le nombre réel de ses abonnés : soixante-cinq millions d'entre eux seraient tout simplement fictifs ! Elon Musk qualifie même de « péché » les fausses déclarations de Twitter. Un bras de fer de géants s'engage.

La justice, elle, décide de ne pas trancher avant le 17 octobre. Mais le 5 octobre, énième coup de théâtre : Elon Musk annonce racheter Twitter au prix de 44 milliards de dollars. Le vendredi 28, s'étant rendu au siège de Twitter un lavabo dans les bras, Musk peut enfin tweeter : « L'oiseau est libre. » Quelques jours plus tard, le 1er novembre, l'homme de tous les défis annonce un premier changement au sein de l'entreprise californienne : un abonnement mensuel à 8 dollars pour certifier son compte sur Twitter. Outre la conservation du petit badge bleu, cet abonnement mensuel offrirait, entre autres avantages, celui de pouvoir mettre en ligne des vidéos et des fichiers audios plus longs. Le 23 juillet 2023, Twitter est rebaptisé X.

Après s'être rebaptisé Chief Twit sur son profil, Musk débarque sur-le-champ Parag Agrawal, licencie la moitié du personnel de la société, y compris le conseil d'administration [1], et devient l'unique dirigeant du réseau social. Une nuance toutefois : Elon Musk ne rachète pas Twitter tout seul. Pas moins de dix-huit investisseurs l'ont rejoint, pour un total d'apport de 7 milliards de dollars. Parmi eux, Larry Ellison, le fondateur et ancien patron d'Oracle, qui investit un milliard. Curieuse façon tout de même d'imposer l'ouverture démocratique. En attendant de conquérir Mars, le champion du New Space entend bien dominer la Terre. Bienvenue sur la planète Musk !

Le meilleur et le pire allié des Ukrainiens ?

En cette année 2022, le patron de SpaceX fait décidément beaucoup parler de lui. Et pas seulement pour ses projets de colonisation interplanétaire. Le jour même où il s'empare de l'oiseau bleu, il essuie une véritable volée de bois vert de la part des journalistes « rouges »,

1. En particulier Ned Segal, directeur financier, Vijaya Gadde, responsable des affaires juridiques et Sean Edgett, directeur juridique.

à commencer par Taylor Lorenz, une chroniqueuse du *Washington Post* qui décrit l'arrivée de Musk aux commandes de la société californienne comme un véritable cataclysme, « comme si les portes de l'enfer s'étaient ouvertes sur ce site ce soir »...

Forte de ses succès technologiques, la star mondiale des entrepreneurs semble atteinte de frénésie mégalomaniaque. Rien ne l'arrête plus. Même la géopolitique n'a plus de secret pour lui. *Via* ses fameux tweets, il s'invite périodiquement dans l'actualité bassement terrestre, notamment sur le champ de bataille ukrainien. Le patron de SpaceX s'y érige en général de division, prêtant main forte à l'armée de Kiev *via* son réseau de satellites Starlink. Dès le 26 février, deux jours après le début de l'invasion russe, Mykhailo Fedorov, responsable ukrainien du service numérique, l'a en effet interpellé en ces termes : « Pendant que vous essayez de coloniser Mars, la Russie essaie d'occuper l'Ukraine ! Si vos fusées atterrissent avec succès depuis l'espace, des roquettes russes attaquent des civils ukrainiens ! Nous vous demandons de fournir à l'Ukraine des stations Starlink. »

La réponse de Musk ne se fait pas attendre plus d'une demi-journée : « Le service Starlink est maintenant actif en Ukraine. D'autres terminaux sont en route[1]. » Une réponse directe, franche et efficace qui sera retweetée plus de 14 000 fois. Et qui produit ses fruits dans les jours qui suivent : grâce à la connexion du réseau de satellites muskiens, les Ukrainiens dirigent désormais leurs drones Bayraktar de conception turque vers les blindés russes, même de nuit. Équipés de missiles à guidage laser,

1. À vrai dire, les satellites de Starlink étaient déjà prêts à l'usage. Elon Musk n'attendait que le feu vert des Ukrainiens.

ils auraient détruit une cinquantaine de chars dans la région de Kiev, modifiant ainsi le cours de la guerre. Mais lorsque, en septembre 2022, les Ukrainiens sont en mesure de détruire par ce moyen la flotte russe dans le port de Sébastopol, l'imprévisible Musk fait marche arrière, par crainte d'une réplique nucléaire, et refuse d'étendre son système Starlink à la Crimée.

Quelques jours plus tard, le 4 octobre, après avoir été porté aux nues, le patron de SpaceX est traîné dans la boue. Un seul tweet de 275 signes a suffi : s'invitant sur l'échiquier de la guerre du Donbass, Elon Musk troque son uniforme militaire contre un costume de diplomate. Sans consulter Kiev, il propose ni plus ni moins la cession de la Crimée à la Russie, la tenue de nouveaux référendums sous la surveillance des Nations unies et l'octroi d'un « statut neutre » pour l'Ukraine. En bref, Musk demande au gouvernement de Kiev de capituler devant les exigences de son envahisseur. Un tollé ! Apprenant cette curieuse proposition de leur ancien protecteur, les Ukrainiens ne décolèrent pas. En un seul message, l'icône du New Space s'est transformée en paria de tout un pays qui l'invite plus ou moins poliment à se mêler de ce qui le regarde. Même le président Zelensky y va de son commentaire assassin : « Quel Elon Musk préférez-vous, celui qui soutient l'Ukraine ou celui qui soutient la Russie ? » Son image de marque ne s'en relèvera pas.

Moralité : pressentir l'avenir n'implique pas de maîtriser le présent…

Quand Elon Musk flirte avec l'antisémitisme

Après le conflit en Ukraine, c'est au tour du conflit israélo-palestinien de défrayer la chronique muskienne. Le 7 octobre 2023, l'État hébreu est victime du plus effroyable pogrom de son histoire. En réaction, son armée déclenche un tonnerre de feu sur la bande de Gaza, afin de réduire à néant l'organisation terroriste Hamas. Un conflit brutal à l'origine d'une vague d'antisémitisme inégalée où les victimes font rapidement figure de criminels.

Loin de rester neutre dans cette spirale de violence, la plateforme X devient pratiquement le fer de lance de l'outrance verbale. Foin de modération : sous prétexte de donner libre cours aux opinions de tous bords, Elon Musk laisse se propager une haine antisémite sans précédent sur son réseau, déclenchant la colère de l'Anti-Defamation League, la principale organisation de lutte contre l'antisémitisme aux États-Unis. La Maison Blanche elle-même a réagi en déclarant que Musk était l'artisan d'« une promotion abjecte de la haine antisémite et raciste ». Non seulement le nouveau patron de X ne censure pas les tweets haineux, mais il les encourage et interagit favorablement avec les propagateurs de contrevérités, « likant » par exemple les tweets de l'extrémiste Andrew Torba. Il contre-attaque par ailleurs en accusant l'Anti-Defamation League de promouvoir le racisme anti-Blancs et anti-Asiatiques.

Au regard de ces rebondissements qui ont le don d'éloigner de X des annonceurs tels que IBM, Apple ou Disney, on se dit qu'il est peut-être temps qu'Elon Musk décolle vers d'autres cieux à bord de son Starship et s'accorde quelques semaines de repos sur Mars. Si le patron de Space X a le sens du futur, il n'a pas toujours celui de l'humain…

Épilogue

Au cœur de la bulle privée d'Elon

« Elon est plutôt effronté et amusant.
Il est très tendre. Il est dévoué envers ses enfants.
Il est drôle, vraiment drôle. Il est très changeant.
C'est la personne la plus originale que je connaisse. »
(Talulah Riley)

Dans toute cette créativité résolument tournée vers le futur, la vie privée d'Elon Musk peine à se frayer un chemin. D'aucuns diront qu'elle est chaotique. En l'espace de vingt ans, l'homme de tous les défis a eu quatre compagnes, engendré sept enfants dont des jumeaux et des triplés avec la même femme, l'écrivaine à succès Justine Wilson, rencontrée sur les bancs de la fac de l'Ontario. Après huit ans de mariage, en 2008, Elon divorce de Justine et rencontre une jeune actrice dans un club privé de Londres, une certaine Talulah Riley. L'idylle entre les deux jeunes gens est de courte durée. Mariés en 2010, séparés en 2012, réconciliés en 2014 puis de nouveau divorcés en 2016 : la relation avec la jeune actrice anglaise ne ressemble pas à un long fleuve tranquille. Entre-temps, Elon s'est même remarié avec Justine avant de la répudier une nouvelle fois quelques mois plus tard. Un vrai *roller coaster* sentimental !

Depuis sa séparation avec la jeune Britannique, la vie privée d'Elon Musk n'en est pas moins explosive ; elle est rythmée par les scandales, les procès et les faits insolites. À l'intérieur de sa sphère privée, l'homme de tous les rêves connaît ses pires cauchemars. En témoignent ses relations aussi tumultueuses qu'éphémères avec l'actrice Amber Heard et la chanteuse Grimes. Elon est accusé à la fois d'adultère et de violence conjugale. Même les prénoms de ses enfants ont défrayé la chronique. Le 4 mai 2020, la naissance de « X Æ A-12 » a ainsi déchaîné la colère des chantres du « moralement correct ».

Tout commence sur les bancs de la Queen's University

Elon et les femmes : une passion tardive mais dévorante et cataclysmique. Adolescent, l'enfant de Pretoria est plus captivé par le design des voitures et des fusées que par la volupté et la sensualité des femmes. Sa vie sentimentale ne commence réellement qu'à l'âge de dix-neuf ans, à la faveur de son passage à la Queen's University, une faculté perdue au fin fond de l'Ontario. Il remarque alors une certaine Justine Wilson, une brunette séduisante à la fois sportive et intello[1]. Presque trop parfaite. À compter de cet instant, l'univers d'Elon se borne à cette jeune femme aux jambes de gazelle et à l'esprit espiègle. La harcelant jour et nuit, il en oublie jusqu'à son travail et ses passions. Une obstination payante. « Peu à peu, il m'a eue », confie Justine au biographe Ashlee Vance. Dix ans plus tard, en janvier 2000, les deux tourtereaux de l'Ontario convolent en justes noces. Une première liaison longue

1. Voir chapitre 2, p. 31.

de huit ans marquée par la venue au monde de jumeaux et de triplés, respectivement nés en 2004 et 2006, tous conçus par fécondation *in vitro*. Répondant aux noms de Griffin, Xavier, Damian, Saxon et Kai, les enfants d'Elon et de Justine sont cinq garçons aussi beaux que brillants.

Le bonheur des jeunes époux n'est pourtant pas total. Deux ans après leur mariage, en 2002 – année de la naissance de SpaceX –, Justine et Elon ont dû pleurer la perte de leur premier enfant, le petit Nevada Alexander, frappé de la mort subite du nourrisson[1] après dix semaines d'existence. Ce drame a profondément et durablement ébranlé Elon Musk, mais il n'a pas miné la belle entente du couple. Bien au contraire. La passion entre les jeunes amoureux n'a qu'un seul ennemi : le travail acharné de Musk. En l'espace de trois ans, les fusées Falcon vont torpiller l'union sacrée d'Elon et de Justine.

Le divorce le plus houleux d'Amérique ?

Au fil des ans, SpaceX et Tesla accaparent à tel point leur entrepreneur que Justine se sent peu à peu délaissée. Seul un labeur passionné a progressivement éloigné Elon de sa jeune épouse. Le fondateur de SpaceX passe des journées entières, si ce n'est des mois entiers, sur l'atoll de Kwajalein. Qui plus est, Elon est d'une humeur massacrante. Les deux premiers lancements de sa fusée Falcon se sont en effet soldés par des échecs. À compter de l'année 2007, tout va de mal en pis ; tant et si bien qu'en juin 2008 Elon décide d'engager une

1. Aujourd'hui encore, la mort subite des bébés de moins d'un an reste inexplicable.

procédure de divorce. D'emblée, la presse à scandale s'empare du sujet. Justine s'y décrit comme une simple potiche que son mari exposait lors des dîners mondains, en particulier lors des réceptions démentielles organisées avec faste dans les boîtes de nuit huppées de Los Angeles et au cours desquelles les Musk avaient l'habitude de côtoyer le Tout-Hollywood, par exemple Leonardo DiCaprio ou James Cameron. Elle souligne aussi que son mariage était malsain. Elon la dénigrait, la rabaissait à longueur de temps, et lui recommandait de se teindre en blonde. Dans un article paru dans *Marie Claire*, la première femme de Musk critique l'attitude implacable et machiste de son mari. « J'étais sa *Stater Wife* », allusion à une série télévisée américaine, diffusée en 2007, dont l'héroïne était divorcée d'un milliardaire. « Si tu étais mon employée, je te virerais ! », lui assenait-il régulièrement. Le jour même de son mariage, il lui aurait glissé à l'oreille : « Dans cette relation, je suis l'alpha. » Une réflexion qu'elle avait mise à l'époque sur le compte de sa culture afrikaner.

Le moins que l'on puisse dire est que l'image édulcorée de Musk en sort profondément ternie. Parlant ouvertement, Justine étale tout sur son blog, à commencer par ce qu'elle réclame à son époux. Ses exigences financières sont à la hauteur de son désespoir et de sa frustration au terme de huit années de mariage. Outre 6 millions de dollars en liquidités, Justine exige une pension alimentaire, 10 % des parts d'Elon dans Tesla, 5 % de SpaceX, sans oublier un Tesla Roadster. De son côté, le double patron de Tesla et de SpaceX ne cache pas sa surprise. Dans les colonnes du *Huffington Post*, il explique qu'un accord postnuptial avait été conclu avec sa femme, spécifiant « une séparation des biens du couple qui lui donnait droit au produit de ses sociétés, tandis que Justine aurait droit au produit de ses livres[1] ».

Finalement, une transaction est conclue au terme de plusieurs mois de crise. Outre 2 millions de dollars, Justine hérite de leur maison commune, de 80 000 dollars de pension alimentaire, et du Roadster. Satisfaite ? Pas vraiment. L'épreuve du divorce l'ébranle durablement. Sa déception et sa rage ne feront que s'envenimer quand elle apprendra la liaison de son intrépide mari avec une jeune mannequin britannique…

Rencontre pétillante au Whisky Mist

À peine divorcée de Justine Wilson, Elon Musk s'entiche d'une jeune actrice britannique de vingt-deux ans rencontrée à Londres. La petite histoire débute dans un club huppé de l'élégant quartier de Mayfair. Suivant l'un de ses amis les plus chers, un certain Bill Lee, dans le Londres de la nuit, Elon décide d'oublier les tracas de sa séparation en entrant au Whisky Mist, un bar très apprécié de la jet-set londonienne, le plus prisé des stars et de la famille royale, à deux pas des hôtels de luxe de Park Lane et de Knightsbridge. Au cours de cette soirée aussi arrosée que déjantée, le « fou de Mars » croise une créature au regard de feu, aux jambes exquises et drapée d'une belle robe longue. C'est une jeune actrice montante du cinéma anglais : Talulah Riley. Trois ans plus tôt, en 2005, elle a brillé en endossant le rôle de Mary Bennet dans le film *Orgueil et Préjugés*, dont elle partageait l'affiche avec la non moins charismatique actrice Keira Knightley. En 2007, elle s'est illustrée sous

1. Ashlee Vance, *op. cit.*

les traits d'Annabelle Fritton dans la délirante comédie *St Trinian's, pensionnat pour jeunes filles rebelles.*

La sensualité débordante de la jeune femme a tôt fait d'hypnotiser l'homme qui caresse les étoiles. Faussement timide, Elon lui présente comme un petit garçon les photos de ses voitures et de ses fusées Falcon. De son côté, Talulah ne saisit pas dans l'immédiat que Musk est le patron de plusieurs grandes sociétés. Sans rien comprendre à ce que lui raconte son intrigant interlocuteur, la jeune femme le trouve touchant. Nullement séduite dans un premier temps, elle se sent progressivement captivée au fil de la conversation. Son intérêt pour l'intrépide Sud-Africain augmente d'un cran quand elle constate qu'Elon vient d'éconduire un top model de renom pour mieux se rasseoir à sa table. Aussi accepte-t-elle qu'Elon pose délicatement sa main sur son genou. Il lui propose un rendez-vous à dîner dès le lendemain. Une idylle insoupçonnée vient de commencer…

Deux fois mariés, deux fois séparés

Plus intriguée que subjuguée par ce grand garçon au visage juvénile, Talulah prévient aussitôt ses parents de son insolite rencontre au Whisky Mist. « Un mec qui construit des autos et des fusées », précise-t-elle. En fin limier, son père vérifie sur Internet l'identité du curieux personnage. Diable, c'est un séducteur patenté, internationalement connu et déjà père de cinq enfants ! Talulah tombe des nues : elle qui prenait Elon pour un homme inexpérimenté ! Surprise mais non contrariée, elle sent sa curiosité excitée par cette cachotterie.

Le soir même, elle rejoint Elon au restaurant, mais elle n'est pas seule. Son amie, l'actrice Tamsin Egerton, l'accompagne. Au cours de la conversation, Elon évoque son ex-femme et ses cinq enfants sans que Talulah ait eu besoin de l'interroger à ce sujet. Sa bonne foi la rassure. Se promenant désormais seuls dans le quartier de Soho, les deux tourtereaux prennent un verre au Café Bohême avant de s'embrasser. Dès le lendemain, ils se revoient et visitent une galerie d'art. À aucun moment, Elon ne précipite les choses. Il apprend d'ailleurs que Talulah est vierge. Comme promis la veille, il lui montre les dernières vidéos du lancement de la Falcon sur l'atoll de Kwajalein. Talulah est emballée. L'originalité, la délicatesse et la courtoisie d'Elon ont été payantes. « Ce qui la frappe le plus, c'est ce qu'on appelle "l'enfant à l'intérieur de l'homme", raconte Walter Isaacson. Lorsqu'il est heureux, ce moi intérieur enfantin peut se manifester par une espèce de surexcitation maniaque[1]. »

Moins de deux semaines plus tard, Talulah prend l'avion pour Los Angeles et rejoint Elon dans une miteuse chambre d'hôtel à Beverly Hills. C'est alors que l'homme des fusées, de quatorze ans son aîné, la demande en mariage. Talulah éclate de rire, mais Elon insiste : « Je suis sérieux. Je suis désolé de ne pas avoir de bague[2]. » La jeune actrice de vingt-deux ans craque. Deux ans plus tard, le 25 septembre 2010, les deux protagonistes du Whisky Mist convolent en Écosse. Une relation pour le moins houleuse, ponctuée d'insultes, de réconciliations et de claquements de portes. Talulah et Elon divorcent en 2012, moyennant la coquette somme de 4 millions de dollars versés à la jeune actrice… pour se remarier en juillet 2013, puis de divorcer définitivement en octobre 2016. Elon Musk est contraint

1. Walter Isaacson, *op. cit.*
2. Ashlee Vance, *op. cit.*

de verser 16 nouveaux millions de dollars à Talulah. Décidément, son amour pour « le sexe dit faible » lui coûte cher… Il n'en est pas guéri pour autant. À peine sorti de sa relation avec Talulah, il s'éprend d'une autre actrice magnifique, Amber Heard, tout juste séparée de Johnny Depp. Encore une relation explosive…

La relation de tous les scandales

Avec l'actrice américaine alors âgée de trente ans, Elon Musk tombe au plus bas, alimentant la presse à scandale la plus abjecte. Adultère, violence conjugale, ménage à trois, drogue et alcool, tout est réuni pour ficeler un mauvais feuilleton sur les sentiers les plus bourbeux d'Hollywood. « L'homme des étoiles » côtoie les bas-fonds de la diffamation.

Selon les rumeurs colportées par les tabloïds, la relation entre Elon et Amber aurait commencé dès le mois de mars 2015, alors que tous deux étaient encore mariés. D'après Alejandro Romaro, le concierge de l'Eastern Columbia Building à Los Angeles, Elon et Amber se rendaient visite en catimini, tard dans la nuit, dans le loft de Johnny Depp. Il laisse ainsi entendre qu'Amber Heard aurait trompé la star de la saga *Pirates des Caraïbes* avec l'entrepreneur surmédiatisé de SpaceX, ajoutant qu'Amber aurait fourni à Elon la télécommande de son garage et même la clé de son appartement.

Nonobstant, ce n'est qu'en avril 2017 qu'Elon et Amber officialisent leur relation sur les réseaux sociaux, notamment sur Instagram. Sautant dans le premier avion pour l'Australie, l'entrepreneur de tous les défis rejoint l'actrice sulfureuse sur le tournage d'*Aquaman*. Une idylle de courte durée – pas plus de quatre mois –, mais riche de conséquences et de scandales. Elle était toxique, soupire Kimbal. Un cauchemar[1]. » Très rapidement, Amber Heard accuse Elon Musk de l'avoir frappée. Ici intervient l'incroyable témoignage d'une autre concierge de l'Eastern Columbia Building, nommée Trinity Esparza. D'après celle-ci, l'ex-épouse de Johnny Depp aurait quitté son appartement « avec des coupures et des bleus », quelques instants après que le patron de SpaceX serait sorti de l'immeuble. « Je ne sais pas à quoi ces marques étaient dues, mais elle les avait, précise Trinity. Elle avait trois petites contusions rondes sur le côté gauche de son cou et deux pansements sur son bras. Elle avait également une légère marque sur la joue gauche. »

De son côté, la propre mère d'Amber déclare que Johnny Depp est « soit un ange, soit un saint comparé à Elon ». Des propos diffusés par le *Sun*, toujours à l'affût d'infos croustillantes susceptibles de compromettre les stars. Et d'ajouter que Depp[2] et Musk se seraient querellés à propos d'Amber. L'acteur star de *Pirates des Caraïbes* accuse en particulier l'entrepreneur le plus célèbre au monde d'avoir entretenu une relation avec Amber alors qu'ils n'étaient pas encore divorcés. Pour couronner le tout, le patron de SpaceX doit démentir de nouvelles rumeurs qui l'accusent d'avoir

1. Cité par Walter Isaacson, *op. cit.*

2. En 2019, Johnny Depp poursuit Amber Heard, avec qui il a été marié de 2015 à 2017, lui réclamant 50 millions de dollars après qu'elle l'a accusé de violences conjugales. Johnny Depp a toujours nié avoir levé la main sur elle. L'acteur a reçu le soutien de Javier Bardem, de Penélope Cruz et de ses ex-femmes Vanessa Paradis et Winona Ryder, ont témoigné en sa faveur. Le 2 novembre 2020, Depp perd son procès en diffamation contre le journal *The Sun*, qui l'avait qualifié de « frappeur de femmes ».

fait « ménage à trois » avec Amber Heard et son amie, Cara Delevingne. « Cara et moi sommes amis, mais nous n'avons jamais été intimes. Elle le confirmerait. De plus, je souhaite confirmer à nouveau qu'Amber et moi n'avons commencé à sortir qu'un mois environ après sa demande de divorce. Je ne pense pas l'avoir intéressée pendant son mariage ! Concernant ce procès, je recommanderais à toutes les personnes impliquées d'enterrer la hache de guerre et de tourner la page. La vie est trop courte pour avoir une attitude aussi négative. Personne ne dira, lorsque tout ceci sera terminé, qu'il aurait souhaité que cette bataille judiciaire dure plus longtemps », précise le milliardaire dans les colonnes du *Daily Mail.*

Le dernier rebondissement de la relation tumultueuse Musk-Heard remonte au 29 juillet 2020. Cette fois, c'est l'homme de SpaceX qui contre-attaque. Informé que l'actrice de trente-quatre ans a décidé de conserver les embryons qu'ils avaient congelés en 2017, Elon entend les détruire coûte que coûte. Il craint qu'Amber veuille les garder pour avoir un enfant. C'est du moins ce que rapporte Jennifer Howell, une amie de Whitney Heard-Henriquez, la sœur cadette de l'actrice. Entretemps, Elon Musk s'est recasé avec une autre femme, âgée de trente-deux ans, la chanteuse canadienne Grimes, Claire Boucher de son vrai nom…

« X » et « Y », futurs colons martiens ?

X Æ A-12 : un code extraterrestre ? Pas vraiment. Il s'agit du fils que Claire a donné à Elon Musk – son septième garçon –, le 4 mai 2020. Un prénom imprononçable, bien digne de l'excentricité et de l'originalité qui caractérisent ce couple hors norme. Sur Twitter,

Grimes en dit plus sur la signification de ce prénom atypique : *X* pour l'inconnu, *Æ* comme l'inscription elfique pour AI (l'amour, ou l'intelligence artificielle), *A-12* pour le précurseur du *SR-17*, leur avion préféré. Le chiffre 12, quant à lui, symbolise le signe astrologique chinois du Rat, dont 2020 est l'année. Peu après, Elon Musk en personne explique comment prononcer le prénom de son nouveau-né. Aux dernières nouvelles, « X » se prononce comme la lettre de l'alphabet latin, et « Æ » se lit « *ash* ».

Le prénom a beau enchanter le couple et les amateurs d'exotisme et d'ésotérisme, il n'en déplaît pas moins aux autorités californiennes. En effet, selon la législation en usage dans cet État, l'utilisation de chiffres dans un prénom est rigoureusement interdite. Sous leur pression, « 12 » devient donc « XII », l'équivalent en chiffres romains. En somme, un simple changement d'orthographe pour être conforme aux lois. Finalement, le jeune garçon se prénommera donc… X Æ A-XII ! Toujours aussi imprononçable, mais les parents sont ravis. « Pour être honnête, c'est plus joli », confie la chanteuse. Le 21 juillet, alors que le bébé est tout juste âgé de deux mois et demi, l'homme de tous les défis spatiaux partage une photo de son fils qu'il tient délicatement dans ses bras. « Le bébé ne peut pas encore utiliser une cuillère », commente-t-il avec amusement.

Le 11 mars 2022, Grimes accouche d'un deuxième enfant. Une fois n'est pas coutume, c'est une fille. Tout comme celui de son jeune frère, son prénom est ésotérique : Exa Dark Sideræl, mais on peut l'abréger en… « Y ». Il faut encore y voir un hommage aux merveilles de la technologie et aux mystères de l'univers. « Exa » fait référence à une calculatrice ultrapuissante, tandis que « Sideræl » renvoie bien sûr aux étoiles lointaines et « Dark » (« sombre » en français) à la nuit céleste et aux profondeurs insondables de l'infini. Tout un programme.

La même année, nouveau rebondissement dans la famille Musk : Elon hérite d'une fille inattendue. L'un de ses jumeaux, Xavier, a tout bonnement décidé de changer de sexe, mais aussi de nom. « Je ne veux plus ou ne souhaite plus être lié à mon père biologique de quelque manière que ce soit », déclare-t-il à la presse en juin 2022. Cette singularité-là n'était pas prévue et, contre toute attente, l'homme de toutes les révolutions technologiques se montre peu ouvert aux schémas familiaux non conventionnels. En conséquence, la nouvelle « Vivian Jenna Wilson » rompt avec son père et décide de quitter sa fratrie. De son côté, Elon Musk accuse les réseaux sociaux, qualifiés de néomarxistes, de l'avoir séparé de son enfant. Et ce n'est pas fini ! En juillet 2022, une relation cachée avec la cheffe de projet de Neuralink, une certaine Shivon Zilis, alors âgée de trente-six ans, est dévoilée par le site Business Insider. Elle aurait accouché de deux enfants d'Elon, un garçon et une fille : Strider Sekhar Sirius et Azure Astra Alice, des prématurés de sept semaines… jumeaux !

Au total, le père du New Space est aujourd'hui l'heureux papa de onze enfants. En septembre 2023, Walter Isaacson nous apprend que Claire Grimes avait donné naissance à un petit « Techno Mechanicus ». Surnommé « Tau[1] » en toute simplicité, le garçon a été mis au monde par une mère porteuse. Gageons qu'il

1. Cette lettre grecque représente le nombre irrationnel égal au double de *pi*.

foulera le sol de Mars d'ici la fin du siècle et deviendra le porte-drapeau d'une ère nouvelle, celle d'une humanité qui aurait enfin coupé le cordon ombilical avec la Terre. Elon Musk aurait alors gagné son pari…

Table

Quatrième partie
Le monde selon Musk

DU MÊME AUTEUR (SUITE)

Hannibal, l'homme qui fit trembler Rome, L'Archipel, 2012.

Jeanne d'Arc, Larousse, 2012.

Les Thermopyles, la plus célèbre bataille de l'Antiquité, Larousse, 2011.

Rends-moi mes légions! Le Plus Grave Désastre de l'armée romaine, Larousse, 2010.

Le Mythe de la fin du monde, Trajectoire, 2009.

Mary Stuart, la reine aux trois couronnes, L'Archipel, 2009 ; Archipoche, 2019.

Les Derniers Jours des Romanov, L'Archipel, 2008 ; Archipoche, 2017.

Vauban, le maître des forteresses, L'Archipel, 2007.

Le Mystère des cathédrales, De Vecchi, 2007.

Les Grands Assassinats, Trajectoire, 2006.

La Seconde Guerre mondiale, De Vecchi, 2005.

Voyage au bout de la galaxie : premier guide touristique de la Voie lactée, JMG, 2004.

Le Temps manipulé, F. Lanore, 1996.

Le futur nous observe, Desforges, 1980.

DU MÊME AUTEUR

AUX ÉDITIONS DE L'ARCHIPEL

Jeff Bezos

D'Amazon à la conquête de l'espace

Le nom de Jeff Bezos est lié à Amazon, empire tentaculaire créé en 1994, qui mobilise plus d'un million et demi d'employés dans le monde. Le crédo de son fondateur: l'innovation permanente.

Alexa, Kindle, Amazon Go... autant de concepts disruptifs, tous nés des intuitions de cet inventeur de génie. Malgré ses engagements écologiques, il reste cependant, aux yeux de ses détracteurs, le symbole le plus détestable du capitalisme agressif et financier, fermé à toute forme de dialogue social.

Ses admirateurs, eux, soulignent son rôle de pionnier des révolutions technologiques du XXIe siècle. Récemment, le créateur d'Amazon a passé la main pour se consacrer au rêve qui le hante depuis l'adolescence: la conquête de l'espace et, un jour, la colonisation de l'orbite basse de la Terre, où de vastes arches cosmiques accueilleront l'humanité en exil.

Vol après vol, les fusées *New Shepard* de sa société Blue Origin pavent le futur chemin des étoiles. Sur les routes de l'espace et de l'intelligence artificielle, le milliardaire américain n'a désormais qu'un concurrent sérieux: Elon Musk, le patron de SpaceX.

Jeff Bezos a absorbé la chaîne Whole Foods Market, remis à flot le *Washington Post* et s'est même offert la Metro Goldwyn Mayer.

Jusqu'où s'étendra sa galaxie?

ISBN 978-2-8098-4415-3 / 240 pages / 20 €

100 idées reçues, contrevérités et faits insolites sur la conquête de l'espace

avec Philippe Poinas

- Il ne restait que 20 secondes de combustible lors de l'alunissage du module d'Apollo 11, le 20 juillet 1969.

VRAI

- L'Américain Neil Armstrong disait sa prière avant de poser le pied sur le sol lunaire.

FAUX

- Le père des programmes Apollo était un ancien nazi.

VRAI

- La Grande Muraille de Chine est visible depuis la Lune.

FAUX

- Les chutes de météorites ont tué plus de cent personnes en un siècle.

FAUX

- Titan est l'astre le plus lointain exploré *in situ* par l'homme.

VRAI

- Un trou noir de la taille d'un ballon de foot pourrait avaler la Terre.

VRAI

Vrai ou faux ? De *Spoutnik* à *Apollo 17*, de la conquête de Mars à l'odyssée des sondes Voyager, ce livre pourfend les idées reçues et rétablit la vérité quant aux principales étapes de la conquête de l'espace. Une aventure à laquelle ont pris part, depuis soixante ans, quelque six cents astronautes. En attendant la première mission habitée vers Mars… ou le retour de l'homme sur la Lune.

ISBN 978-2-8098-2660-9 / 432 pages / 22 €

Cet ouvrage a été composé
Par Soft Office (à Eybens)

Impression réalisée par
CPI France
en janvier 2024
pour le compte des Éditions de l'Archipel
département éditorial
de la S.A.S. Écriture-Communication.

#lisez! engagé
Pour plus d'information :
www.lisez.com
Imprimé sur du papier issu de forêts gérées durablement.

Imprimé en France
N° d'impression : 3054812
Dépôt légal : janvier 2024